THILO BODE
Die Demokratie verrät ihre Kinder

THILO BODE

Die Demokratie verrät ihre Kinder

Deutsche Verlags-Anstalt
Stuttgart München

Für Kerstin

INHALT

1
ES FEHLT EINE GERECHTE GLOBALISIERUNGSPOLITIK

GLOBALISIERUNG OHNE ZIEL

Ginge es nach Anzahl, Dimension und Absichten internationaler Konferenzen, die globale Probleme lösen sollen, müßte die Menschheit sich auf einem guten Weg befinden. Im Spätsommer 2002 nahmen 50 000 Delegierte und 100 Regierungschefs an der bisher größten Konferenz aller Zeiten, der »Weltkonferenz für nachhaltige Entwicklung«, in Johannesburg teil. Aber auch eine Rassismuskonferenz in Durban, eine Welternährungskonferenz in Rom, eine Konferenz für die Finanzierung von Entwicklungshilfe in Monterrey, eine Klimakonferenz in Neu Delhi, eine zur Rettung der Urwälder in Den Haag sowie Menschenrechtskonferenzen und Abrüstungskonferenzen der Vereinten Nationen in Genf standen im gleichen Jahr neben Dutzenden anderer Treffen auf der Agenda. Staaten mit unterschiedlicher politischer Ausrichtung fanden sich zudem in der von den USA organisierten »Allianz gegen den Terror« zusammen.

Trotz dieser inflationären Bemühungen um globale Zusammenarbeit gibt es gleichwohl bedrückende Anzeichen, daß die Welt sich in eine Richtung entwickelt, die nicht ihre Einheit, sondern ihr Auseinanderbrechen zur Folge haben könnte. Der sogenannte Krieg gegen den Terror hat nicht ansatzweise mehr Sicherheit gebracht: Die Zahl der Terroranschläge steigt. Hunger, Armut und Krieg breiten sich in den ärmsten Entwicklungsländern weiter aus, und die räuberische Nutzung von Meeren, Wäldern und der Atmosphäre zerstört die Existenzgrundlagen der Menschen.

Um diese verhängnisvolle Entwicklung zu stoppen, braucht es eine globale Politik. Eine solche Politik muß drei Ziele verfolgen:

die Armut in der Welt besiegen, globale Sicherheit schaffen, die natürlichen Lebensgrundlagen schützen – und damit die Globalisierung gerecht gestalten. Gerecht, weil sie sowohl die bestehenden Ungerechtigkeiten überwinden würde, aber auch den zukünftigen Generationen Gerechtigkeit widerfahren ließe.

Keines der drei Ziele kann ohne die jeweils anderen beiden erreicht werden: Globale Sicherheit kann es ohne die weltweite Durchsetzung von Menschenrechten und Demokratie nicht geben. Denn Diktatur und Unterdrückung schüren den Extremismus und destabilisieren somit die globale Sicherheit. Demokratie und die Achtung der Menschenrechte sind auch wichtige Voraussetzungen für die Überwindung der Armut. Nur in einer Gesellschaft, die grundlegende Individualrechte schützt, haben die Armen eine Chance, sich aus der Armut zu befreien. Denn ohne Eigentumsrechte und ohne Schutz vor politischer Willkür bestehen für den einzelnen weder ein Anreiz noch die Möglichkeit für unternehmerische Aktivitäten. Und schließlich ist Armut eine der Ursachen für die Zerstörung von natürlichen Ressourcen, beispielsweise wenn Siedler aus purer Not Wälder abholzen. Sie ist aber auch Folge einer Wirtschaftspolitik, die die Ökosysteme übernutzt. Die Ärmsten werden am meisten unter den von der globalen Erwärmung verursachten Naturkatastrophen leiden, weil sie sich nicht dagegen schützen können.

In diesem Buch will ich darlegen, daß eine gerechte Globalisierungspolitik Armutsbekämpfung, Sicherheitspolitik und Umweltpolitik integrieren muß. Diese Integration ist gegenwärtig nicht gegeben. Ferner will ich zeigen, daß es die Politik der größten Industrieländer ist, die dieser Integration im Wege steht. Nicht der radikale Islam, sondern die Globalisierungspolitik der Industrieländer ist die eigentliche Bedrohung für diese Welt. Auch Deutschland, das zu den führenden Industrienationen zählt, nimmt seine Verantwortung nicht wahr. Dies ist jedoch, so ist zu zeigen, nicht eine Frage des fehlenden politischen Willens, sondern im System begründet. Letztlich, so meine These, wird es ohne eine grundlegende Reform der nationalen Demokratien auch keine gerechte Globalisierungspolitik geben.

DER MACHTVERLUST DER NATIONALSTAATEN ALS AUSREDE

Globalisierungspolitik erfordert, daß die Staaten der Welt zusammenarbeiten. Wie gut und effektiv die Zusammenarbeit ist, obliegt jedoch nicht nur den zahllosen internationalen Konferenzen und internationalen Organisationen, wie es in der Öffentlichkeit gerne suggeriert wird. Letztlich ist das Verhalten der Nationalstaaten ausschlaggebend, die diese Konferenzen und Organisationen beeinflussen, und zwar vor allem dasjenige der Staaten, die in der Welt etwas zu sagen haben. Es ist ein Märchen, die Nationalstaaten seien durch die Globalisierung entmachtet worden. Trotz unbestreitbarer Abhängigkeit nationaler Volkswirtschaften, etwa von den internationalen Kapitalmärkten, ist der nationale Gestaltungsraum viel größer, als vorgegeben wird. Nationalstaaten können sehr wohl eine Energiepolitik, die den Ausstoß von Treibhausgasen drastisch mindert, umsetzen, gerechte und dennoch effiziente Sozialsysteme haben und eine an den Menschenrechten orientierte Außenpolitik vertreten. Nur zu oft ist die beklagte Machtlosigkeit nationaler Regierungen eine Ausrede, um von verdeckten Interessen oder von eigenem Versagen abzulenken. Und wenn die Gestaltungsspielräume, wie beispielsweise in der europäischen Agrarpolitik, beschränkt sind, dann sind sie es, weil es die Regierungen so beschlossen haben. Demokratie ist nicht nur Delegation, sondern auch Kontrolle von Herrschaft. Im internationalen Kontext aber haben die Nationalstaaten in verantwortungsloser Weise Herrschaft an internationale Gremien delegiert, ohne für die notwendige demokratische Kontrolle dieser Herrschaft zu sorgen.

Diese »Entdemokratisierung durch Globalisierung« (Ralf Dahrendorf) charakterisiert auch den Zustand der Europäischen Union, die sich ständig vergrößert, aber deren Handlungsfähigkeit auch zugleich abnimmt – weil die notwendige demokratische Legitimation für harte und eindeutige Entscheidungen fehlt. Angesichts dieser selbstverschuldeten politischen Kastration wirkt das Lamento von EU-Staaten über die imperiale Politik der USA deplaziert. Es ist aber auch deshalb deplaziert, weil auch die EU eine koloniale Handelspolitik auf Kosten der Ärmsten betreibt. Sie verfolgt in ihrem Einflußbereich, wie etwa in Nordafrika, eine Außenpolitik à la USA, die Terrorismus und Extremismus fördert. Eine Außenpolitik jedoch, die Menschenrechte und Demokratie aktiv durchsetzt, muß die Souveränität von Nationalstaaten, die diese Werte mißachten, in Frage stellen.

DEUTSCHE GLOBALISIERUNGSPOLITIK: FEHLANZEIGE

Die einflußreichsten Nationalstaaten dürfen nicht länger auf die internationalen Organisationen verweisen, sondern müssen selber aktiv werden, um die Globalisierung umzugestalten. Als einer der mächtigsten Industriestaaten in der Welt wird Deutschland ebensowenig wie andere Staaten seiner globalen Verantwortung gerecht. Die Regierung spricht zwar von der neuen politischen Rolle Deutschlands in der Welt, aber Impulse für eine gerechte Globalisierungspolitik, beispielsweise für eine zivile Strategie gegen den Terror, sendet Deutschland nicht aus. Gibt es tatsächlich einmal eine Debatte über Globalisierungspolitik auf nationaler Ebene, wird nur heiße Luft produziert.

In seiner Regierungserklärung zur »Zukunftssicherung durch Nachhaltigkeit« am 16. Mai 2002, die er zur Vorbereitung auf die erwähnte Mammutkonferenz in Johannesburg abgab, sagte Bundeskanzler Gerhard Schröder: »Die Verwirklichung des Leitbildes der nachhaltigen Entwicklung ist die gemeinsame Antwort auf die Herausforderungen der Globalisierung.« Da er weder definiert, was er unter Globalisierung und deren Herausforderungen versteht, noch seine Auffassung von »Nachhaltigkeit« verdeutlicht, kann er den maßlos überstrapazierten Begriff der nachhaltigen Entwicklung sogar noch dafür mißbrauchen, den von der SPD favorisierten Kündigungsschutz als Teil einer Nachhaltigkeitsstrategie zu verteidigen. Wenn es zum Schwur kommt, kneifen die Politiker. Bundespräsident Johannes Rau hat sich in seiner 3. »Berliner Rede« am 13. Mai 2002 des Themas Globalisierung angenommen. Dabei beschrieb er zwar »Fehlschläge«, wie etwa die mangelnde Mitsprache der Entwicklungsländer in den internationalen Gremien und die protektionistische Handelspolitik der Industrieländer; nicht angesprochen hat er jedoch, was die Lösung dieser Probleme erfordern würde: nämlich sich mit denen, die vom *status quo* profitieren, anzulegen. Also mit der Agrarlobby und den Fleischkonzernen, der Zuckerindustrie, großen Teilen der Lebensmittelindustrie, der Deutschen Bank und dem Internationalen Währungsfonds, der Textilindustrie sowie mit den französischen Freunden und den amerikanischen Alliierten. Anstatt die Gewinner und Verlierer einer Globalisierungspolitik zu benennen, wies der Bundespräsident nur verschwommen darauf hin, daß die Politik sich um erforderliche politische Strukturveränderungen »kümmern« müsse. Ansonsten empfahl er den Verbrauchern, nicht das ganze Jahr über Erdbeeren essen zu wollen. Diese »Globalisierungspolitik light«, die keinem weh tut, zeigt, daß die Politik die zunehmenden Warnsignale nicht ernst nimmt.

DIE RATIONALITÄT DES POLITIKVERSAGENS

Daß es zwar viel globales Schwadronieren, aber keine von Deutschland formulierte und auch vertretene konkrete Globalisierungspolitik gibt, hat wenig mit ungenügendem politischem Willen oder mangelnder Ethik von Politikern, Unternehmern und Wählern zu tun. Das Versagen hat System. Es ist durchaus rational, daß Politiker und Parteien keine gerechte Globalisierungspolitik entwickeln und umsetzen. Eine derartige Politik müßte langfristige über kurzfristige Interessen und Allgemeinwohlinteressen über nationale Partikularinteressen stellen. Das in der repräsentativen Demokratie gegenwärtigen Zuschnitts bestehende politische Anreizsystem belohnt kurzfristiges Denken und bestraft diejenigen Politiker, die sich mit den Interessengruppen anlegen. Gesellschaftlicher Stillstand hat sich als eine solide Strategie erwiesen, um die Macht zu erringen und sie zu erhalten. »Macht auf Zeit« statt »Verantwortung auf Dauer« ist das Grundprinzip der etablierten Politik.

Die Rationalität der Kurzfristigkeit setzt sich auf internationaler Ebene fort. Dort ersetzt das Feilschen demokratische Prozesse. Wenn Bundeskanzler Gerhard Schröder den Dieselsubventionen für niederländische und französische Spediteure zustimmt, um sich im Gegenzug dafür eine Verlängerung der deutschen Steinkohlesubventionen in Höhe von 25 Milliarden Euro für die nächsten 8 Jahre zu erkaufen, ist das ganz und gar nicht heuchlerisch, sondern höchst rational. Die Bundestagswahlen finden nämlich in Deutschland und nicht in Brüssel statt.

Von den deutschen Parteien Impulse für eine gerechte Globalisierungspolitik zu erwarten, wäre vergeblich. Sie sind viel zu stark verkrustet, um neue gesellschaftliche Strömungen aufzugreifen. Das gilt auch für die Grünen, die die Globalisierungsdebatte verschlafen haben. Anstatt sich mit den Globalisierungskritikern konstruktiv auseinanderzusetzen, hat Joschka Fischer deren Protest als abgestandenen Antikapitalismus abqualifiziert. Globalisierungspolitik taugt für die Politiker und Parteien nur als Thema für Sonntagsreden oder Enquete-Kommissionen. Sie taucht deshalb auch nur an untergeordneter Stelle in der Parteiprogrammatik auf.

Die Integration von wirtschaftlicher Globalisierung, Umwelt- und Außen- und Sicherheitspolitik vermißt man in allen Programmen. Die Wähler erfahren nicht, welche Auswirkungen die Globalisierung auf sie hat und welche Maßnahmen die Parteien zu ergreifen gedenken. Dabei sind die Folgen der Globalisierung offensichtlich: Zuwanderung, internationale Kriminalität, Drogenhandel, Massenentlassungen bei der Deutschen Bank oder bei der Tele-

kom, terroristische Bedrohungen, das Primat des *shareholder-value*
und die Ausschläge an den Börsen, Kriegseinsätze der Bundeswehr
und steigende Militärausgaben, Einschränkung der Bürgerrechte,
der Zustand der sozialen Sicherungssysteme, der Umgang mit embryonalen Stammzellen und globale Umweltbedrohungen – alles
hängt mit der Globalisierung zusammen, auch wenn der Zusammenhang nicht immer unmittelbar erkennbar ist.

DEMOKRATIEREFORM: NUR DURCH DRUCK VON AUSSEN

Angesichts des offensichtlichen Versagens der etablierten Politik,
Globalisierung gerecht zu gestalten, ist es nicht verwunderlich, daß
die Globalisierungskritiker als neue soziale Bewegung des 21. Jahrhunderts zunehmend Unterstützung und Sympathie erfahren. An
ihren Protesten wird gerne moniert, daß diese nur vage seien und
auch widersprüchliche Zielsetzungen verträten und im wesentlichen emotional argumentierten. Diese Analyse übersieht allerdings,
daß es ein zentrales, einigendes Element der Protestbewegung gibt:
die Frustration und Unzufriedenheit mit der nationalen und internationalen Politik und deren Unfähigkeit, die großen Probleme der
Welt, wie etwa die Kluft zwischen Arm und Reich und die globale
Umweltzerstörung, zu lösen, sowie auch deren Mangel an Transparenz und demokratisch legitimierten Entscheidungen.
     Die Politik muß die wirtschaftlichen, rechtlichen und politischen
Rahmenbedingungen schaffen, die das Handeln von Unternehmen
und Verbrauchern, aber auch das Handeln der Politiker selbst in
eine Richtung lenken, die zu einer gerechten Globalisierung führt.
Unser politisches System wird allerdings erst in der Lage sein, diese
notwendigen Änderungen hervorzubringen, wenn es selbst unabhängig und stark genug ist, sich gegen die Partikularinteressen
durchzusetzen. Zuerst muß deshalb unsere Demokratie grundlegend reformiert werden. Sie muß vom Einfluß der Interessengruppen entschlackt, die Parteien müssen entmachtet werden, der Sou-

verän muß wieder entscheiden. Nur eine derartige Demokratie ist in der Lage, langfristige Politik zu machen und damit die Politik einer gerechten Globalisierung zu entwerfen und umzusetzen. Die Institutionen der Demokratie und ihre Protagonisten, die Parteien, haben jedoch kein Interesse an Veränderung. Für sie ist es rational, den Status quo zu verteidigen. Unabhängigkeit von Interessengruppen, mehr direkter Einfluß des Souveräns würde ihre Position schwächen und ihre Privilegien abbauen. Daß Parteien sich freiwillig für ein Verbot von Industriespenden einsetzen oder dafür, daß Parteivertreter nicht mehr in Fernseh- oder Rundfunkräten sitzen, ist höchst unwahrscheinlich. Es ist deshalb nicht zu erwarten, daß die Demokratie sich von innen heraus erneuern kann. Der Druck muß von außen und von unten kommen. Die neue soziale Bewegung muß es schaffen, die nationalen und internationalen politischen Systeme so zu reformieren, daß diese (wieder) langfristig verantwortliche Politik machen.

Es reicht nicht mehr, zur Wahl zu gehen, weil es einen echten Wettbewerb der Parteien nicht gibt und wir nur durch die Abgabe unserer Stimme das System nicht ändern. Wir müssen direkten Druck machen. Möglichkeiten gibt es viele. Zahllose nationale und internationale Organisationen setzen heute schon gegen die etablierte Politik Anliegen des Gemeinwohls durch. Ob Umwelt-, Sozial-, Menschenrechts- oder Verbraucherprobleme, Fortschritte auf diesem Gebiet kommen weder von der Politik noch von den Konzernen, sondern durch Druck von außen zustande. Ohne die Gruppen, die sich dieser Themen angenommen haben, wäre unsere Demokratie schon längst bankrott.

In meinen langen Jahren bei Greenpeace konnte ich erfahren, welchen Einfluß man ausüben kann, wenn man sich zusammenschließt und entschlossen ein Ziel verfolgt. Wir haben viel mehr Macht, als wir denken, und viel mehr Möglichkeiten, als wir uns vorstellen. Die Fassade der Stillstands- und Interessenpolitik bröckelt schnell, wenn wir uns nur organisieren. Mit diesem Buch möchte ich all denen Mut machen, die bisher an der Politik, verzweifeln, und diejenigen motivieren, die sich engagieren wollen, es aber noch nicht getan haben. Es lohnt sich, aber es ist auch unsere Pflicht. Wir leben in einem Staat, der eine wichtige Stimme in der Welt hat. Zusammen mit einer Handvoll Ländern bestimmen wir, wo es in der Welt langgeht. Und momentan geht es in die falsche Richtung.

2
DIE DOPPELMORAL DER MARKTPREDIGER

SCHANDFLECK FÜR DIE MENSCHHEIT

Die Welt war noch nie so reich. Das jährliche Einkommen der Weltbevölkerung beträgt 30 Trillionen Dollar, im Vergleich zu 15 Trillionen Dollar vor 30 Jahren. Die Welt war aber auch noch nie so arm, denn der beispiellose Anstieg des Wohlstandes kam nur einem Fünftel der Menschheit zugute. Die Bilanz ist trostlos. Auf der Erde leben 6,2 Milliarden Menschen, 4,6 Milliarden Menschen in den Entwicklungsländern. Davon sind mehr als 850 Millionen Analphabeten, fast eine Milliarde hat keinen Zugang zu sauberem Trinkwasser, und 2,4 Milliarden verfügen nicht über einfachste sanitäre Einrichtungen. Über 300 Millionen Jungen und Mädchen gehen nicht zur Schule, und 11 Millionen Kinder unter fünf Jahren, etwa 30.000 pro Tag, sterben jedes Jahr aus vermeidbaren Gründen. Über eine Milliarde Menschen lebt mit weniger als einem Dollar am Tag, fast zwei Milliarden Menschen, also ein Drittel der gesamten Erdbevölkerung, müssen mit weniger als zwei Dollar täglich auskommen. Sie haben weniger zum Leben, als die Bewohner der reichen Industrieländer für Hundefutter ausgeben. 800 Millionen Menschen haben nicht genug zu essen. Die krasse Armut eines großen Teils der Weltbevölkerung stellt eine permanente Verletzung des Menschenrechts auf Leben dar.

Arm sein heißt nicht nur, wenig Geld und nichts zum Essen zu haben. Arm sein heißt auch: krank sein, ohne Aussicht auf Heilung, unwissend sein, ohne Chance auf Fortbildung, durch staatliche Willkür gegängelt zu sein, ohne sich wehren zu können, von Überschwemmungen und Erdbeben bedroht, ohne versichert zu sein. Arm sein heißt, sich erniedrigen zu müssen und zu töten, um leben

2

zu können: mehr als 300.000 Jungen und Mädchen in 40 Ländern kämpfen als Kindersoldaten. Arm sein heißt: keine Zukunft haben, keine Option, sein Leben zu gestalten. Dieser Zustand ist eine Schande für das wohlhabende Viertel der Menschheit, das in Saus und Braus lebt und dessen größtes Gesundheitsproblem daraus resultiert, daß es zu viel frißt.

Armut ist kein Schicksal und nicht Folge armer Böden, Naturkatastrophen, ungünstiger klimatischer Bedingungen, mangelnder intellektueller Kapazität oder einer zu großen Bevölkerung. Armut und Hunger sind gemacht. Sie sind eine Folge verantwortungsloser Politik, die insbesondere die Landwirtschaft völlig vernachlässigt. Aber vor allem sind Hunger und Armut eine Folge von Kriegen und Staatsverfall. Die drei Länder mit dem höchsten Anteil an Armen an der Gesamtbevölkerung (über 70 Prozent) sind die Demokratische Republik Kongo, Somalia und Afghanistan. In allen drei Ländern herrschen Krieg und Willkür. Kongo ist eines der an Bodenschätzen reichsten Länder der Welt.

Über ein Drittel der absolut armen Menschen leben in Afrika. Die Aids-Seuche verschärft die akute Hungersnot im südlichen Afrika (Lesotho, Malawi, Mosambik, Sambia, Simbabwe und Swasiland), da sie vor allem die junge, produktive Bevölkerung trifft. In vielen Gegenden bleiben die Felder unbestellt, weil wegen der Seuche die Arbeitskräfte fehlen. Von 42 Millionen HIV-infizierten Menschen leben 29 Millionen in Afrika. Auch ist Afrika der einzige Kontinent, in dem in den neunziger Jahren die Zahl der bewaffneten Konflikte nicht zurückging. Während die Zahl der Kriege weltweit zwischen 1992 und 1998 von 52 auf 32 abnahm, blieb die Gewalt in Afrika auf hohem Niveau. Insgesamt gab es in den neunziger Jahren in Afrika etwa 25 bewaffnete Konflikte, von Algerien über den Sudan und das Horn von Afrika (Somalia), in Ostafrika (Ruanda/Burundi) und Zentralafrika (Republik Kongo und Demokratische Republik Kongo), in Westafrika (Sierra Leone und Liberia) bis ins südliche Afrika (Angola). Diese Auseinandersetzungen nahmen teilweise eine verheerende Eigendynamik bis zum Staatsverfall (Somalia) an.

Der angeblich so energische Kampf gegen Armut und Hunger ist aus globaler Sicht erfolglos. Die Zahl der absolut Armen hat sich in den letzten zehn Jahren nicht verringert, sondern ist mit 1,2 Milliarden unverändert. Durch die gewachsene Weltbevölkerung ist damit lediglich der Anteil der Armen an der Gesamtbevölkerung von 29 auf 24 Prozent zurückgegangen. Das ohnehin schon völlig unzureichende Ziel, den Anteil der Armen an der Weltbevölkerung bis 2015 um die Hälfte zu reduzieren, ist aus heutiger Sicht pures Wunschdenken. Jährlich verringert sich die Zahl der Hungernden nur um 6 Millionen. Auf dem Welternährungsgipfel der Vereinten Nationen im Juni 2002 in Rom mußten die versammelten Regierungen deshalb feststellen, daß die Zielvorstellungen und Beschlüsse zahlloser internationaler Konferenzen eben nur wohlklingende Absichtserklärungen sind und keine einklagbaren politischen Verpflichtungen.

Gleichwohl hat es beeindruckende regionale Erfolge in der Armutsbekämpfung gegeben. Während die Anzahl der absolut Armen in Lateinamerika etwa gleichblieb und sich in Afrika südlich der Sahara, aber auch in Südasien erhöht hat, ist sie in Ostasien von 450 Millionen auf 290 Millionen zurückgegangen. Dieser signifikante Rückgang hat praktisch in nur zwei Ländern stattgefunden, nämlich in Vietnam und China, die beide in den neunziger Jahren ein rasantes wirtschaftliches Wachstum erzielten, das auch breiteren Bevölkerungsschichten zugute kam.

Die Kluft zwischen Arm und Reich auf dem Planeten hat sich weiter vertieft. Das durchschnittliche Einkommen der 20 reichsten Länder ist heute fast 40mal so hoch wie das Einkommen der 20 ärmsten Länder – eine Verdoppelung des Abstandes in den letzten 30 Jahren. Die weltweiten Einkommensunterschiede sind um ein ungleiches höher, als sie es in den Ländern mit den schärfsten internen Einkommensunterschieden sind. Die Statistik beschreibt jedoch nur unzureichend die sich öffnende Kluft zwischen Arm und Reich. Denn die wirtschaftlich aufsteigenden und besonders bevölkerungsreichen Entwicklungsländer, wie etwa China, verringern tendenziell durch ihr stark angewachsenes Gesamtvolkseinkommen den Abstand zwischen armen und reichen Ländern auf der Welt. Allerdings erkaufte China seinen neuen Wohlstand mit wachsenden internen Einkommensunterschieden. Das Einkommen des reichsten Fünftels der Bevölkerung dort ist nunmehr zehnmal so hoch wie des ärmsten Fünftels; vor zehn Jahren betrug dieser Abstand nur das Fünffache.

Auch in den Industriestaaten des Nordens hat sich die Kluft zwischen Arm und Reich vergrößert. In den USA hat sich das Einkommen der mittleren Schichten nicht erhöht, das der Führungskräfte in der Industrie jedoch vervielfacht. 1970 verdienten 0,01 Prozent der Bevölkerung 70mal soviel wie der Durchschnitt, 1998 waren die Einkommen dieser Bevölkerungsgruppe 300mal so hoch. Die 13.000 reichsten Familien verfügen damit über soviel Geld wie die 20 Millionen ärmsten. Auch in Deutschland erhöhen die Reichen und Spitzenverdiener ihr Einkommen kontinuierlich, während immer mehr Familien, insbesondere mit Kindern, in Armut leben müssen. Der globale Graben zwischen Arm und Reich wird also in Zukunft weniger einer sein, der Nord und Süd teilt. Immer reichere Wohlstandsinseln im Norden werden in einem wachsenden Meer der Armut schwimmen, während im Süden mehr und mehr Wohlstandsinseln im großen Meer der Armut auftauchen.

DIE PRODUKTIVE MACHT DER MÄRKTE

Armut und Hunger sind keine neuen Probleme, es gab sie auch während des Kalten Krieges. Aber nach dem Fall der Mauer und dem weltweiten »Sieg« der Marktwirtschaft soll – so sehen es die Vertreter der Wirtschaft und auch die meisten Politiker – die gleichsam magische Kraft der wirtschaftlichen Globalisierung diese Probleme lösen. Nicht weniger, sondern mehr Globalisierung, also eine verstärkte Integration der armen Länder in die Weltwirtschaft, sei nötig, heißt es. Die eindrucksvollen wirtschaftlichen Erfolge der

Länder in Ostasien seien eine Folge der Globalisierung; Fehlentwicklungen, wie in Afrika, dagegen die Konsequenz von zuwenig Globalisierung aufgrund unfähiger Regierungen und korrupter Eliten. Diese Fehlentwicklungen könne man nicht der Globalisierung anlasten. Das simple Rezept suggeriert die Fortsetzung einer Politik, die jedoch gar nicht stattfindet, und unterstellt die Wirksamkeit einer Politik, die per se gar nicht gegeben ist.

Als Student der Ökonomie war ich von den in den siebziger Jahren an den Universitäten vorherrschenden marxistischen Lehrmeinungen geprägt gewesen. In meiner Diplomarbeit über Kapitalakkumulation in Entwicklungsländern hatte ich im Schlußkapitel einen flammenden Aufruf – nicht zur Erbauung des betreuenden Professors, des späteren Präsidenten des Deutschen Instituts für Wirtschaftsforschung (DIW), Lutz Hoffmann – zu einer sozialistischen Kapitalakkumulation als einzig möglichem Ausweg aus der Armut in den Entwicklungsländern verfaßt. In der Praxis jedoch änderten sich meine Anschauungen beträchtlich. 1982 arbeitete ich als Berater der Weltbank für einige Monate im chinesischen Kohleministerium. Die Weltbank hatte seit kurzem offizielle Beziehungen zu China aufgenommen und finanzierte die Planung von zwei Kohlebergwerken. Es waren die ersten Großprojekte, die mit internationaler Entwicklungshilfe gebaut werden sollten. Der Aufenthalt bleibt mir auch deshalb im Gedächtnis, weil ich – zuständig für die Finanzplanung – große Mühe hatte, meinem chinesischen Team das betriebswirtschaftliche Konzept der Abschreibungen (die Kosten der jährlichen Abnutzung von Maschinen) zu erklären. Abschreibungen, so gab man mir zu verstehen, seien in der Kulturrevolution als kapitalistisches Teufelszeug »abgeschafft« worden, sie könnten jetzt aber, wenn es erforderlich sei, wieder eingeführt werden!

In dieser Zeit der vorsichtigen Öffnung Chinas war es kaum möglich, sich als westlicher Ausländer frei zu bewegen. Deshalb war die »Betreuung« durch unsere Gastgeber ausgesprochen intensiv. Unsere Betreuer (oder Bewacher) sorgten für ein dichtes Freizeitprogramm, so daß Langeweile oder abwegige Neugier nicht aufkommen konnte. An einem Wochenende wurde uns bedeutet, wir könnten eine der neuen Errungenschaften der chinesischen Volkswirtschaft besichtigen. Ein Bus brachte uns zu einem kleinen Markt, auf dem Bauern aus der Umgebung ihre Produkte feilboten: Eier und Hühner, Obst, den unvermeidlichen Chinakohl, getrocknete Fische, einige Süßigkeiten. Es war nichts Besonderes und doch eine Sensation. Wir waren, ohne es zu ahnen, Zeuge des Beginns des einmaligen chinesischen Wirtschaftswunders der folgenden zwei Jahrzehnte geworden: Die Bauern durften den Teil der Produktion, den sie über das vorgegebene Plansoll erwirtschafteten, frei vermarkten. Im Vergleich zu den verstaubten, staatlichen Kaufhäusern mit ihren muffigen Bediensteten herrschte ein lebhaftes Treiben, und man spürte die Dynamik des Marktes; die Bauern priesen ihre Ware engagiert und gutgelaunt an. Die Kunden standen staunend vor dem Angebot, auf das sie jahrelang hatten verzichten müssen. Ausschlaggebend für das Gelingen dieses – noch kleinen – chinesischen Wirtschaftswunders waren die Rahmenbedingungen, die der Staat schuf: Er stellte den Marktplatz zur Verfügung und schützte das neue, zusätzliche Privateigentum der Bauern. Die Liberalisierung der Agrarproduktion löste einen gewaltigen Produktivitätsschub der chinesischen Landwirtschaft aus; sie war die Grundlage für die Industrialisierungswelle in den achtziger und neunziger Jahren mit einer der weltweit höchsten Wachstumsraten. Die großen sozialen Probleme in der ehemaligen Sowjetunion beim Übergang von der Planwirtschaft zum Kapitalismus liegen auch daran, daß die russische Regierung die Landwirtschaft nicht vergleichsweise förderte.

China hingegen durchlief eine atemberaubende Entwicklung von einer rigiden Planwirtschaft hin zu einem dynamischen, kapitalistischen System unter einer sich als kommunistisch bezeichnenden Ein-Parteien-Herrschaft. Als ich dreizehn Jahre später wieder nach Peking fuhr (um dieses Mal mit Greenpeace auf dem Platz des Himmlischen Friedens gegen die Atomtests der chinesischen Regierung zu protestieren), kamen wir beinahe nicht rechtzeitig zur Aktion, weil wir in einem Verkehrsstau steckenblieben. 1982 hatte es noch keine Privatautos gegeben. Im November 2002 beschloß der 16. Parteitag der Kommunistischen Partei Chinas, daß auch Privatunternehmer (es gibt mittlerweile 44 Millionen) wichtige Stützen der chinesischen Gesellschaft seien und sie das Recht hätten, Mitglieder der Kommunistischen Partei zu werden.

Die Entwicklung der chinesischen Wirtschaft ist aus vielen Gründen erfolgreicher als die anderer Entwicklungsländer, beispielsweise in Afrika. Die wesentliche Ursache für die Erfolgsgeschichte ist jedoch die Förderung der Landwirtschaft. Die dort erwirtschafteten Überschüsse sind notwendig, um den Aufbau der Industrialisierung zu finanzieren. China hatte dabei einen »Vorteil«, den die afrikanischen Regierungen nicht haben: Die Machtbasis der Kommunistischen Partei ist auf dem Land verankert. Die Bauern tragen – auch heute noch – die Partei. Diese konnte es sich zumindest damals nicht leisten, es sich mit den Bauern zu verderben. In Afrika ist es genau andersherum: Afrikanische Regierungen stützten nach der Entkolonialisierung gemeinhin ihre Macht auf die städtische Bevölkerung und die städtischen Eliten. Diese wurden mit subventionierten Nahrungsmitteln versorgt – entweder durch verbilligte Importe über einen künstlich hohen Wechselkurs oder durch direkte Benachteiligung der inländischen Bauern, denen zugunsten der städtischen Bevölkerung niedrige Erzeugerpreise aufgezwungen wurden. Die Folge waren Armut auf dem Land und eine starke Landflucht in die Städte.

Die Weltbank hat nachgewiesen, daß in allen Ländern der Dritten Welt, die in den letzten zwei Jahrzehnten eine positive wirtschaftliche Entwicklung durchlaufen haben, die nationale Landwirtschaft eine entscheidende Rolle gespielt hat und daß die Förderung der kleinbäuerlichen Landwirtschaft, z. B. eine Landreform, eine wichtige Voraussetzung für die erfolgreiche Entwicklung bildete. Dies war der Fall in Südkorea, Taiwan, Vietnam, aber auch in Malaysia. Die Entwicklung der Landwirtschaft steht am Anfang jeder Industrialisierung. So war es auch in Japan, wo die Agrarreform im

Zuge der Meiji-Revolution in der Mitte des 19. Jahrhunderts die beispiellose Industrialisierung des Landes auslöste.

DIE KOLONIALE HANDELSPOLITIK DER INDUSTRIESTAATEN

Die Leistungsfähigkeit von Märkten ist, wie das Beispiel Chinas zeigt, unbestritten. Dennoch ist die simple Forderung: »Mehr Globalisierung!« nicht nur falsch – sie ist auch verlogen. Sie verdrängt die aktuelle Funktionsweise der Märkte im globalen Maßstab und damit auch die Notwendigkeit von Veränderungen, die den Interessen derer, die vom gegenwärtigen Zustand profitieren, zuwiderlaufen. Mehr Globalisierung zu fordern, ohne konkret zu sagen, was sich insbesondere in den Ländern des Nordens ändern muß und welche Voraussetzungen in den ärmsten Ländern gegeben sein müssen, kann nur bedeuten: »Weiter wie bisher«. Das wird die Lage jedoch verschlechtern und nicht verbessern.

Die realen Märkte sind nicht frei; sie sind verzerrt und von Macht und Interessen gesteuert. Die Geschichte der Verhandlungen über den Abbau von Zollschranken und über die Öffnung nationaler Märkte für den Welthandel ist eine Geschichte der gebrochenen Versprechungen seitens der Industrieländer. Während die Entwicklungsländer sukzessive ihre Märkte für Industriegüter aus dem Norden geöffnet haben, machten die Industrieländer das Gegenteil. Entweder setzten sie die Vereinbarungen nur teilweise um oder erschwerten den Handel noch. Nicht nur die Landwirtschaft, auch die Industrie der Industrieländer profitiert davon, z. B. die Textilindustrie. In den ärmsten Ländern hat dies fatale Folgen gezeigt. Die Globalisierungsrhetorik der Industrieverbände des Nordens spart diesen Aspekt jedoch aus. Sie richtet sich angeblich an die »protektionistische Dritte Welt«. Diese ist jedoch der falsche Adressat.

Die Dritte Welt fordert seit Jahren Zugang zu den Märkten der Industrieländer für ihre Agrarprodukte. Zwar stimmen die Industrieländer diesem Ansinnen verbal zu, aber sie machen das Gegenteil: Sie reden von Globalisierung der Gütermärkte und schotten ihre Landwirtschaft weiter ab. Alle Industrieländer zusammen subventionieren ihre Landwirtschaft mit 360 Milliarden Dollar im Jahr – geben also jeden Tag eine Milliarde Dollar dafür aus. Dies nicht nur auf Kosten der Dritten Welt, sondern auch zu Lasten ihrer eigenen Bürger, die diesen Unsinn bezahlen müssen. Die Subventionspraxis hat die landwirtschaftliche Produktion auf Kosten von Qualität, Umwelt, Tierschutz und Gesundheit weit über den Bedarf hinaus aufgebläht. Die Kosten des irrsinnigen Systems werden externalisiert; das heißt, der Konsument zahlt sie an anderer Stelle, über höhere Steuern für die Agrarsubventionen oder über höhere Aufbereitungskosten für Trinkwasser wegen Überdüngung und Verschmutzung mit Pestiziden.

Den künstlichen Wettbewerbsvorteil durch hohe Subventionen zementieren hohe Zölle und Handelsbarrieren sowohl für landwirtschaftliche Rohstoffe als auch für verarbeitete Nahrungsmittel. Im Schnitt werden Produkte der Nahrungsmittelindustrie aus Entwicklungsländern mit dreimal so hohen Zöllen belastet wie vergleichbare Produkte aus Industrieländern. Je höher der Verarbeitungsgrad, desto höher die Zölle. Während Kaffeebohnen zollfrei importiert werden können, müssen Exporteure von Pulverkaffee einen hohen EU-Importzoll zahlen. Mangos aus Mali können eingeführt werden, aber eine Mangomarmelade scheitert an der Zollhürde. Der Aufbau einer auf nationalen Rohstoffen basierenden Industrie in den Entwicklungsländern wird somit systematisch behindert.

Insbesondere die ärmsten Entwicklungsländer leiden unter diesem Regime. Selbst die EU-Initiative »everything but arms«, die freien Zugang für Produkte der 48 ärmsten Entwicklungsländer garantiert, ist eine Mogelpackung. Kritiker bezeichnen sie deshalb auch richtiger als »everything but farms«-Initiative. Nicht nur, daß viele andere, kaum ärmere Entwicklungsländer von dieser »Entwicklung« ausgeschlossen sind. Der für diese Länder lebenswichtige Export von Bananen, Reis und Zucker bleibt ihnen bis 2006 bzw. 2009 versagt. Statt dessen schützt die EU die eigene Produk-

3

tion dieser Produkte zu Lasten des Steuerzahlers, indem sie zum
Beispiel den wasserintensiven Anbau von Bananen auf der unter
Wasserknappheit leidenden spanischen Insel Teneriffa subventioniert. Besonders pervers ist auch das europäische Zuckerkartell,
von dem vor allem der größte europäische Zuckerkonzern, die
deutsche Südzucker AG, profitiert. Das Kartell kostet die europäischen Verbraucher jährlich 6,5 Milliarden Euro, weil diese über-
höhte Preise zahlen müssen.

Am schädlichsten sind jedoch die Exportsubventionen der EU.
2001 beliefen sie sich auf knapp 10 Milliarden Euro. Sie ermöglichen den Herstellern und Exporteuren, ihre Produkte trotz höherer Produktionskosten zum niedrigeren Weltmarktpreis in die Dritte Welt zu exportieren und sich die Verluste erstatten zu lassen. So
ist in der Elfenbeinküste die heimische Fleischproduktion zum Er-
liegen gekommen, weil diese mit dem hochsubventionierten Fleisch
aus der EU nicht konkurrieren kann. In Jamaika ist die inländische
Milchwirtschaft verdrängt worden, weil die Hausfrauen billigeres
Milchpulver aus der EU einkaufen. Die EU zahlt zwar jährlich etwa
120 Millionen Euro Entwicklungshilfe an Südafrika, aber der Schaden, der für die südafrikanische Wirtschaft dadurch entsteht, daß
europäischer Zucker auf dem südafrikanischen Markt zu Schleu-
derpreisen angeboten wird, beläuft sich auf etwa 100 Millionen Euro. Nicht nur die Exporteure von landwirtschaftlichen Rohstoffen,
auch die Hersteller von Fertigwaren kommen in den Genuß der
diskriminierenden Vorzugsbehandlung. Ihnen werden die Kosten-
unterschiede bezogen auf den wertmäßigen Anteil der Rohstoffe
in der Fertigware erstattet. Die Hersteller/Exporteure von Milchpulver erhalten somit auf den Milchgehalt der Trockenmilch die
entsprechenden Subventionen. In Europa hat der Nestlé-Konzern,
weltgrößter Trockenmilchhersteller, in den letzten Jahren eine Vier-
telmilliarde Euro an Exporterstattungen erhalten. Die EU ist mittlerweile auf dem Weltmarkt zum führenden Anbieter von Trockenmilch geworden – mit weitreichenden Folgen für die Wirtschaft
vieler armer Entwicklungsländer.

Auch den Handel mit Industrieprodukten dominiert die schamlose Doppelmoral der Industrieländer, die zwar Marktwirtschaft
predigen, aber sie nur umsetzen wollen, wenn es ihren Interessen
nicht zuwiderläuft. In der Herstellung von Textilien haben Entwicklungsländer beträchtliche Vorteile; sie verfügen über die nötigen
Fasern und Rohstoffe und zudem über billige Arbeitskräfte. Seit
Jahrzehnten weigern sich die Industrieländer jedoch, ihre Märkte
zu öffnen. Die im Welttextilabkommen gemachten Versprechungen
wurden immer und immer wieder gebrochen. Den Entwicklungsländern bleiben wenig Gegenmittel. Sie haben keine Macht, ihre
Interessen durchzusetzen, sie sind auf die Produkte der Industrieländer mehr angewiesen als umgekehrt. Ähnliches gilt für andere
arbeitsintensive Industriegüter, die die Entwicklungsländer in die
Industrieländer exportieren könnten. Im Schnitt sind die Importzöl-
le, die die Industrieländer auf derartige Produkte erheben, viermal
so hoch wie auf die Importe aus anderen Industrieländern. Die gesamtwirtschaftlichen Kosten dieser Doppelmoral für den Süden
sind immens. Insgesamt kostet der Protektionismus der Industrieländer die Dritte Welt etwa 100 Milliarden Dollar im Jahr. Das ist
zweimal soviel wie die gesamte internationale Entwicklungshilfe. In
Wirklichkeit ist der Verlust noch viel höher, weil dadurch auch die
Wachstumsimpulse ausbleiben, die eine erhöhte Exportproduktion
nach sich zöge.

DIE KOLONIALE FINANZARCHITEKTUR

Die Industrieländer dominieren nicht nur die Gütermärkte, sondern
auch die Finanzmärkte, meistens zum Nachteil der Entwicklungsländer. Doppelmoral und doppelte Standards sind auch hier
die Regel. Eine unrühmliche Rolle spielt der Internationale Währungsfonds (IWF). Dessen ursprüngliche Aufgabe war es, Ländern
in Zahlungsbilanzschwierigkeiten mit Beistandskrediten zu helfen.
Im letzten Jahrzehnt haben sich jedoch die Aufgaben des IWF er-

3

weitert. Ausgangspunkt waren die Schuldenkrisen von Ländern wie Mexiko, die wiederum ihren Ursprung in den Ölpreisschocks 1973 und 1979 hatten. Petrodollars überschwemmten die Finanzmärkte, und die westlichen Banken, ohne die Konsequenzen zu bedenken, pumpten diese Dollars in Schwellenländer, teilweise für recht zweifelhafte Projekte. Um die vielen faulen Kredite zu retten, verband der IWF fortan seine Hilfsprogramme mit strengen wirtschaftspolitischen Auflagen, die häufig negative soziale Auswirkungen entfalteten. Im Zentrum der Programme stand die Konsolidierung der Staatshaushalte, die meistens das Ende der Subventionierung von für Arme lebensnotwendigen Gütern, wie Grundnahrungsmitteln, bedeutete. Durch die IWF-Strategie, begleitet von einer Hochzinspolitik der Zentralbanken, die den Abfluß von Kapital verhindern sollte (dies aber nicht bewirkte, sondern die Wirtschaftsaktivitäten abwürgte), wurde auch die Asienkrise von 1997 verschärft. Thailand, Indonesien und Südkorea erlitten volkswirtschaftliche Schäden, von denen sie sich heute noch nicht erholt haben. In Indonesien kam es zu schweren sozialen Konflikten und Unruhen. Zwanzig Millionen Menschen fielen seither unter die Armutsgrenze.

Ausgelöst hatte die Krise ein »Spekulationsangriff« westlicher Investmentbanken. Ihre Analysten hatten den labilen Zustand der drei überhitzten Volkswirtschaften erkannt: Immobilieninvestitionen, die nicht solide finanziert waren, und ein marodes Bankensystem. Die Spekulanten heizten durch Leerverkäufe der Währungen (die Unternehmen liehen sich große Summen einheimischer Währung, verkauften diese am Devisenmarkt gegen Dollar und zahlten dann wegen des durch die massiven Verkäufe im Wert stark gesunkenen Kurses mit einem Bruchteil der eingewechselten Dollars die Kredite zurück) eine Abwertungsspirale an, gegen die die Stützungskäufe der nationalen Zentralbanken am Ende machtlos waren. Während die Investmentbanken prächtig verdienten, standen schließlich die drei Länder am Rande der Pleite und mußten die Bedingungen des als Retter einspringenden IWF akzeptieren. Die Stützungskredite des IWF entschädigten jedoch im wesentlichen ausländische Gläubiger, sie kamen nicht den Volkswirtschaften der betroffenen Länder zugute.

Von der Krise drohten auch China und Malaysia in den Strudel gerissen zu werden. Die internationale Finanzwelt zitterte vor einer Abwertung der chinesischen Währung. China und Malaysia folgten jedoch nicht den Standardregeln des Währungsfonds und liberalisierten ihren Kapitalmarkt nicht. Malaysia führte sogar entgegen der neoliberalen Philosophie rigorose Kapitalverkehrskontrollen ein, verhinderte damit einen destabilisierenden Abfluß von Kapital und überstand so die Krise am besten von allen Ländern. Mittlerweile gestehen auch Experten des IWF ein, daß die sture Anwendung von Liberalisierungsregeln, unabhängig von der jeweiligen ökonomischen und politisch strukturellen Situation eines Landes, keinen Sinn macht.

Der Vorwurf an den IWF ist zweifach. Einmal, daß er seine Rezepte bislang völlig mechanisch anwendet, ohne die besonderen Umstände des betroffenen Landes zu bedenken. Zweitens, daß er einseitig die Interessen der internationalen, sprich westlichen Finanzwelt verfolgt. Diesen Verdacht erhärten die Machtstrukturen des IWF. Die Stimmrechte im IWF ergeben sich aus den Einzahlungsquoten der Mitgliedsländer. Die USA können allein sämtliche Initiativen verhindern, die sieben größten Industrieländer können praktisch alle Entscheidungen durchsetzen. Die von Währungskrisen betroffenen Länder aber haben nichts zu sagen. Unter dem ideologischen Deckmantel der Globalisierung verfolgen die westlichen Finanzminister eine unflexible, einseitig an westlichen Gläubigerinteressen ausgerichtete Politik.

EINE SELBSTVERSTÄNDLICHKEIT IST KEINE »VORLEISTUNG«

Die Industrieländer betreiben eine koloniale Handelspolitik. Dieser Kolonialismus sollte nicht Gegenstand von Verhandlungen sein, sondern als das bezeichnet werden, was er ist: eine Schande. Es ist eine Selbstverständlichkeit, daß der industrialisierte Norden den ersten Schritt machen und bei sich die Voraussetzungen dafür schaffen muß, daß die ärmsten Länder sich wirtschaftlich entwickeln können. Dazu müssen die Industrieländer ihre Märkte öffnen. Das heißt aber, bisher geschützte Wirtschaftssektoren im eigenen Land gemäß den selbst propagierten Regeln der Globalisierung dem internationalen Wettbewerb auszusetzen und damit auch deren Schrumpfen in Kauf zu nehmen. Diese Marktöffnung ist aber beileibe kein karitativer Akt und auch keine »Vorleistung«. Sie liegt letztlich auch im gesamtwirtschaftlichen Interesse der Industrieländer. Volkswirtschaftlich vorteilhafter ist es, öffentliche Mittel nicht für Subventionen von Gütern zu verschwenden, die andere Länder billiger herstellen können, sondern Kapital und Ressourcen dort einzusetzen, wo die Industrieländer Wettbewerbsvorteile haben. So zumindest die Theorie der Marktwirtschaft. Alle hätten mehr davon, sowohl die Steuerzahler und Bürger der Industrieländer als auch die der Entwicklungsländer. Die gegenwärtige Handelspolitik des Nordens befriedigt jedoch Interessen von Minderheiten auf Kosten der globalen Allgemeinheit.

Trotz der Vorteile für alle ändert sich jedoch die Politik der Industrieländer nicht. Die Regierungen wagen es nicht, sich mit den Interessengruppen anzulegen, die einerseits die Segnungen freier Märkte und der Globalisierung beschwören, andererseits nur das Ziel verfolgen, ihre Klientel zu befriedigen. Um diese (oft willkommene) Politik des Stillstandes zu rechtfertigen, kommt Politikern der Zwang, sich international einigen zu müssen, weil nationale Alleingänge nicht möglich sind oder keinen Sinn machen, sehr gelegen. Sie können sich verbal fortschrittlich geben in dem sicheren Gefühl, diese Forderungen niemals einlösen zu müssen. Eine der größten Heuchlerreden auf der Weltentwicklungskonferenz in Johannesburg hielt der französische Präsident Jacques Chirac, der radikales ökologisches Umdenken und eine neue Wirtschaftsweise forderte, gleichzeitig aber innerhalb der EU den Fortbestand der Agrarsubventionen mit Zähnen und Klauen verteidigt. Ihm stand

Bundeskanzler Schröder in nichts nach: Er forderte energisch die
Öffnung der Märkte der Industrieländer für Produkte der Dritten
Welt, wohl wissend, daß er dieses Versprechen in der EU nicht einlösen muß, solange sich Frankreich dagegenstemmt, und klagte den
Abbau ökologisch schädlicher Subventionen ein, obwohl er selber
vor wenigen Monaten in der EU die weitere Subventionierung des
deutschen Steinkohlebergbaus durchgesetzt hatte. Eine Woche
nach Johannesburg sicherte Gerhard Schröder dem französischen
Präsidenten zu, an den landwirtschaftlichen Subventionen bis 2006
nicht zu rühren.

Deutschland kann keine eigene Handelspolitik betreiben, sondern nur innerhalb der EU. Aber es kann die Position der EU bei
internationalen Verhandlungen eindeutiger und transparenter als
bisher beeinflussen. Bisher nutzte die deutsche Regierung die auf
europäischer Ebene stattfindenden Verhandlungen, die aus gegen-
seitigen Tauschprogrammen bestehen, um klare Positionen in der
Frage des Subventionsabbaus und der Zollsenkungen auf EU-Ebene zu vermeiden. Eine gerechte Globalisierungspolitik aus deutscher Sicht muß jedoch das, was sie anstrebt, klar beim Namen nennen. Sie muß sich mit den Wirtschaftssektoren und Unternehmen,
die davon betroffen sind, auseinandersetzen, in Deutschland also
etwa mit der Milch-, Fleisch-, Textil- und Zuckerindustrie.

GEGEN DAS GLOBALE ALLGEMEINWOHL: DIE AGRARLOBBY

Wohlklingende Phrasen auf europäischer und globaler Ebene von
der Verantwortung gegenüber der Dritten Welt verdecken den
zähen Kampf der Lobby gegen Veränderungen des westlichen Han-
delskolonialismus. Mit besonders harten Bandagen agiert die
Agrarlobby, die weniger einzelne Landwirte umfaßt als mächtige
Verbände wie den Deutschen Bauernverband oder den Deutschen
Raiffeisenverband (DRV); letzterer dominiert monopolartig den
Landhandel mit Dünger, Chemikalien und Landmaschinen. Er und

seine mächtigen Funktionäre werden die Verlierer einer Öffnung des Agrarmarktes für die Dritte Welt sein. In seinem Jahresbericht 2001 schreibt der DRV unverblümt: »Der DRV begrüßt, daß die Europäische Kommission bei der Doha-Konferenz (WTO-Verhandlungen, Anm. d. Verf.) offensiv die Interessen der europäischen Agrarwirtschaft vertreten hat. ... Ohne ausreichenden Außenschutz ... läßt sich das europäische Agrarmodell nicht dauerhaft absichern.« Das europäische Agrarmodell ist allerdings kein erstrebenswerter Zustand, sondern in ökonomischer, ökologischer und handelspolitischer Hinsicht eine schlimme Fehlentwicklung. Viele andere profitieren von dem Modell, auch zahlreiche mittelständische Unternehmen, die auf kommunaler und Länderebene den Status quo verteidigen.

Die gemeinhin vorherrschende Meinung, bäuerliche Betriebe wären die alleinigen Nutznießer des Agrarsystems, ist allerdings falsch. Vielmehr diskriminiert dieses System kleinere und mittlere Bauern. Es profitieren die bäuerlichen Großbetriebe, besonders aber die vor- und nachgelagerten Liefer-, Handels- und Produktionsbetriebe. 2001 erhielten 100 Firmen Exportsubventionen für Getreide (z. B. Alfred C. Toepfer International GmbH 5,6 Mio. DM), 140 Firmen bezogen Erstattungen für Milch (z. B. Nordmilch EG 23 Mio. DM) und bei Rindfleisch waren es 216 Firmen (z. B. Bonn Fleisch Ex- und Import GmbH 25 Mio. DM und Südfleisch GmbH 10 Mio. DM). Diese Zahlungen, die den Steuerzahler und die Entwicklungsländer schädigen, müßten sofort gestrichen werden. Doch die Bundesregierung und die anderen EU-Länder nutzen in schäbiger Weise die Exportsubventionen als Faustpfand bei Verhandlungen mit den Entwicklungsländern.

DIE MOGELPACKUNG DER EU-AGRARREFORM

Die Agrarlobby und die Verfechter einer ökologischen Landwirtschaft bilden eine unheilige Allianz, wenn es um die Öffnung der

Agrarmärkte geht. Die ökologische Landwirtschaft arbeitet arbeitsintensiver als die konventionelle, Entwicklungsländer haben deshalb dabei Vorteile. Diese müssen den Entwicklungsländern auch zugestanden werden. Die konventionelle Landwirtschaft wehrt sich gegen Importe aus der Dritten Welt mit dem absurden Argument, diese würden die hohen ökologischen Standards in Europa unterlaufen. Kein Agrarsystem in der ganzen Welt produziert jedoch derart ökologisch schädlich wie das der Industrieländer, vor allem der EU. Denn nur die Industrieländer verfügen überhaupt über die notwendigen finanziellen Mittel, um derartig massiv den Gebrauch von Chemikalien und Mineraldünger zu subventionieren. Auch die schlimmsten Formen der Massentierhaltung, der Einsatz von Mastbeschleunigern und Antibiotika kommen in den USA und in Europa vor, weniger in der Dritten Welt. Solange die Industrieländer selber nicht die ökologischen Standards ihrer konventionellen Landwirtschaft anheben, haben sie also kein Recht, sich mit ökologischen Argumenten vor den Importen aus der Dritten Welt zu schützen. Mittelfristig müssen internationale Mindeststandards der landwirtschaftlichen Produktion in einem internationalen Abkommen vereinbart werden, um ein ständiges Absinken der Standards (»race to the bottom«) bei der Nutzung der Ressourcen »Boden« und »Tier« zu vermeiden.

Die im Herbst 2002 von der EU-Kommission vorgeschlagene Reform der Agrarpolitik ist bestenfalls ein Anfang. Schlimm ist, daß das schlechte System jetzt auch auf die EU-Beitrittsländer übertragen wird. Aus Furcht vor Konflikten drückt sich die Politik um die Aufgabe, die Vision einer Landwirtschaft in den Industrieländern zu entwickeln, die zugleich ökologisch und rentabel ist, ohne jedoch protektionistisch zu sein. Zwar ist es besser, wie die Reform vorsieht, die Subventionen nicht mehr wie bisher an der Menge der Produktion festzumachen. Doch sollen sich nach dem Plan die »neuen« produktionsunabhängigen Subventionen an der Höhe der zuletzt gezahlten Subventionen orientieren und nunmehr für Landwirtschafts- und Kulturpflege ausgegeben werden. Es besteht somit die sehr reale Gefahr, daß die alte Praxis unter anderem Namen fortgesetzt wird.

Das Problem muß jedoch von Grund auf gelöst, die Landwirtschaft radikal umgestaltet werden. Sie muß, wie andere Wirtschaftssektoren auch, dem Verursacherprinzip unterworfen werden, das heißt, die Produzenten müssen für die von ihnen verursachten Schäden aufkommen. Die Anforderungen an Landschaftspflege und Nahrungsindustrie und deren Umfang müssen genau definiert werden. Schließlich kann es ja nicht Absicht sein, ganz Deutschland in eine kleinbäuerliche Idylle zu verwandeln. Landschaftspflege ist nicht überall erforderlich, sondern nur in bestimmten Gegenden, etwa Touristik- oder Naherholungsgebieten. Ansonsten ist die natürliche Vegetationsdecke in Deutschland der Wald. Nur ein derartiger Ansatz ermittelt den echten Bedarf für Subventionen und kann deshalb die Ausgaben für die Landwirtschaft wesentlich verringern.

Wollen die Industrieländer Agrarprodukte, die sich in Konkurrenz zu Produkten aus der Dritten Welt befinden, beispielsweise aus Gründen der Landschaftspflege schützen, müssen sie dafür die Entwicklungsländer entschädigen. Die landwirtschaftliche Produktion in Europa wird in diesem Modell zwangsläufig schrumpfen und sich in weniger industrialisierte Länder verlagern. Die ungenutzten Flächen können aufgeforstet beziehungsweise für energetisch hochwertige Pflanzen zum Zwecke der regenerativen Energieerzeugung genützt werden.

Die sogenannte Agrarwende der rot-grünen Koalition ist keine, denn sie zielt darauf ab, die Marktanteile der ökologischen Landwirtschaft durch Fördermaßnahmen (Ökosiegel, Werbung, begrenzte materielle Hilfen) in zehn Jahren auf 20 Prozent zu erhöhen. Selbst wenn dieses völlig unrealistische Ziel erreicht würde, bliebe die ökologische Landwirtschaft das, was sie ist: eine Luxus-Nischenproduktion für ein Hochpreissegment. Diese halbherzige Politik geht nicht an den Kern des Problems: Sie beseitigt nicht die untragbaren Auswirkungen der konventionellen Landwirtschaft.

Diese ist der Wirtschaftsbereich in den Industrieländern, der die Umwelt am gründlichsten schädigt. Er verschmutzt und kontaminiert Grundwasser und Flüsse, verringert die Bodenfruchtbarkeit, vermindert die Artenvielfalt, zerstört die Landschaft und stößt doppelt soviel Treibhausgase aus wie kontrolliert ökologischer Landbau. Die Kosten dieses Irrsinns zahlt der Steuerzahler, nicht an der Ladentheke, aber etwa über einen höheren Wasserpreis. Um Natur und Steuerzahler zu entlasten, Tiere nicht mehr zu quälen und der Dritten Welt faire Handelschancen zu geben, muß eine echte Agrarwende vollzogen werden.

DOPPELTE STANDARDS

Die Industrieländer feilschen erbittert mit den Entwicklungsländern um die Öffnung ihrer Märkte. Teil der Strategie des Nordens ist das Beharren auf Umwelt- und Sozialstandards. Diese Standards sollen, so der Norden, Handelsverzerrungen vermeiden. Mit ihnen, so befürchten allerdings die Entwicklungsländer zu Recht, werden die Industrieländer vereinbarte Marktöffnungen durch die Hintertür wieder unterlaufen. Zweifellos müssen Qualität und Beschaffenheit von Produkten (zum Beispiel Hygiene) internationalen Standards unterliegen. Aber die nunmehr von den Industrieländern favorisierten Umwelt- und Sozialstandards beziehen sich auf die Art und Weise, wie Produkte hergestellt werden, also auf die Arbeitsbedingungen oder die Umweltauswirkungen der Herstellungsverfahren. Setzen sich die Industrieländer durch, wird es zu endlosen Handelsdisputen kommen, ob dieses oder jenes Produkt vereinbarten Sozial- und Umweltstandards entspricht – letztlich zu Lasten der Entwicklungsländer, die weniger Verhandlungsmacht haben.

Die Herstellungsweise eines Produktes sollte jedoch lediglich durch standardisierte Kennzeichnung sichtbar gemacht werden. Die Verbraucher können dann selbst entscheiden, ob sie die Herstellungsweise eines Produktes akzeptieren oder ablehnen (z. B. Käfighaltung bei der Eierproduktion). Herstellungsstandards von Produkten werden um so weniger wichtig sein, je entschiedener die Welthandelsorganisation WTO internationale Umwelt- und Sozialabkommen als völkerrechtlich gleichrangig neben den internationalen Handelsabkommen anerkennt. Aus völkerrechtlicher Sicht gibt es überhaupt keine Rechtfertigung dafür, daß das WTO-Regime andere internationale Abkommen dominieren sollte. Allerdings ist es im Sinne der Wirtschaftslobby und der WTO-Bürokratie, diese Gleichstellung zu unterlaufen. Die Gleichstellung wird die Lösung von Handelskonflikten vereinfachen. Werden z. B. internationale Arbeitsnormen, wie das Verbot der Sklavenarbeit, oder internationale Umweltabkommen, wie das Montreal-Protokoll, das die Produktion und die Anwendung von Substanzen regelt, die die Ozonschicht zerstören, verletzt, dann können handelspolitische Maßnahmen ergriffen werden. Voraussetzung für eine praktikable Regelung ist allerdings, daß sich die internationalen Abkommen nur auf globale Umweltprobleme, wie die Zerstörung von Urwäldern, oder wirklich fundamentale soziale Rechte, wie das Verbot von Zwangsarbeit, beziehen. Wenn in Entwicklungsländern noch die 48-Stunden-Woche gilt, darf das der Norden nicht als Handelsbeschränkung interpretieren. Die Industrieländer müssen der Dritten Welt ein »Recht auf Verschmutzung«, soweit nur die lokale Umwelt betroffen ist, und auch ein »Recht auf niedrige Sozialstandards« zugestehen.

Die Industrieländer sind zu wirtschaftlichem Wohlstand gekommen, weil sie die Umwelt geschädigt haben und niedrigere Sozialstandards bestanden. Die Aufforderung an die Entwicklungsländer, die Fehler der Industrieländer nicht zu wiederholen, weil diese letztlich gesamtwirtschaftlich teurer kämen, ist zwar richtig, aber praktisch nicht hilfreich für Länder, die einer großen Anzahl von armen Menschen relativ schnell Wohlstand verschaffen müssen. Eine effiziente Bekämpfung der globalen Armut muß dieses Zugeständnis machen. Es ist ein Gebot der globalen Fairneß, das auch einen An-

reiz verschafft, in wichtigen Fragen, in denen es noch keine Vereinbarungen gibt – wie etwa in der Landwirtschaft –, zügig zu internationalen Konventionen zu kommen.

KONTROLLIERTE GLOBALISIERUNG

Der Abbau von Marktverzerrungen, Handelsbeschränkungen und
die Beseitigung der ungleichen Machtverhältnisse auf Güter- und
Finanzmärkten sind eine notwendige Voraussetzung, um Armut
wirkungsvoll zu bekämpfen, aber dies trägt nicht automatisch dazu
bei, die Armut zu überwinden. Zwar ist wirtschaftliche Entwicklung für ein Land ohne internationalen Handel nicht mehr denkbar.
Dafür ist die internationale Spezialisierung viel zu weit fortge-
schritten: Früher war es noch möglich, sich eine Lokomotive im
Ausland zu kaufen und diese nachzubauen; so hat das japanische
Modell der Industrialisierung funktioniert. Doch allein die komplexe und hochspezialisierte, auf internationale Standards angewie-
sene Informationstechnologie verbietet eine derartige Strategie.
Kein Entwicklungsland würde heute Computer und Software selber entwickeln oder nachbauen. Daraus ergibt sich allerdings auch
eine besondere Verantwortung der Industrieländer. Eine schnelle
und unstrategische Öffnung von Volkswirtschaften, die für diesen
Schritt nicht entsprechend vorbereitet sind, überwindet die Armut
nicht, sondern erhöht sie.

Keines der Länder, die heute als positives Beispiel der Integration
in den Weltmarkt und für ihre wirtschaftspolitischen Erfolge ge-
rühmt werden, hat seine Erfolge mit einer übereilten und unüber-
legten Öffnung seiner Märkte erreicht, weder die kleinen »asiatischen Tigerstaaten« noch China. Die Erfolge der »Tigerstaaten«
beruhen auf einer forcierten Politik der Exportexpansion in Verbindung mit ausländischen Direktinvestitionen. Ausländische Unternehmen wurden zu günstigen Konditionen ins Land gelockt, um eine eigene Exportindustrie aufzubauen. Die inländischen Märkte

4

wurden dagegen nur vorsichtig geöffnet und sind auch heute noch geschützt. Die ärmeren Entwicklungsländer müssen deshalb weiterhin die Möglichkeit haben, ihre Märkte gegen Dumpingimporte, auch aus anderen Entwicklungsländern, angemessen abzuschotten. Denn schon überschwemmen chinesische Billigimporte, wie Textilien, Plastikgeschirr und andere Güter des täglichen Bedarfs, die afrikanischen Märkte.

Um Auswirkungen einer abrupten Öffnung einheimischer Märkte gegenüber überlegener Konkurrenz zu betrachten, braucht man nicht bis nach Afrika zu gehen. Die deutsch-deutsche »Mini-Globalisierung« nach der Vereinigung machte das verrottete, nicht wettbewerbsfähige Industriesystem der ehemaligen DDR in kurzer Zeit platt. Im Handstreich übernahmen westliche Firmen die wenigen interessanten Objekte, die anderen gingen in Konkurs; es fand eine beispiellose Deindustrialisierung statt, die gleichzeitig eine noch heute andauernde Arbeitskräfteflucht in den Westen auslöste. Wäre es nach der Theorie des Marktes gegangen, hätten dort eigentlich ganz von allein »blühende Landschaften« entstehen müssen, zumal der Staat mit unglaublichen Summen die ebenfalls verrottete Infrastruktur des Landes (Straßen, Kraftwerke, Telekommunikation, Wasser- und Abwasserversorgung) wieder instand setzte. Trotz eines jährlichen Transfers von etwa 75 Milliarden Euro für die Aufbauhilfe Ost in die ehemalige DDR (etwa eineinhalbmal soviel wie die gesamte internationale Entwicklungshilfe) findet aber die erwünschte Entwicklung nicht statt. Ein Umstand, der manchem Dritte-Welt-Land zu denken geben müßte und Zweifel an den Lobpreisungen der positiven Effekte der Globalisierung bestätigt.

Eine Marktöffnung muß demnach behutsam erfolgen. Vor allem die Grundvoraussetzungen privatwirtschaftlicher Entwicklung, also etwa das Recht auf Eigentum, eine rudimentäre Rechtssicherheit für Unternehmer und Konsumenten, ein funktionierendes Bankensystem, eine funktionierende öffentliche Verwaltung, eine Mindestausstattung mit Bildungs-, Gesundheits- und Sozialeinrichtungen für die Bevölkerung, müssen gegeben sein. Diese Voraussetzungen bestanden in den erfolgreichen südostasiatischen Ländern, auch in China und Vietnam. In Ländern ohne diese Ausgangslage führte eine schnelle Öffnung zu negativen Entwicklungen. In Osteuropa ist es nach dem Niedergang des Kommunismus und der Einführung der Marktwirtschaft mangels leistungsfähiger Institutionen (unter anderem Gerichtsbarkeit, Bankensystem) und mafioser politischer Strukturen zu einer erheblichen Verarmung der Bevölkerung gekommen.

Erfolgreiche Armutsbekämpfung erfordert gewisse institutionelle Voraussetzungen. Die Weltbank schreibt dazu richtigerweise: »Armutsüberwindung ist eine Folge des Zusammenwirkens von Wirtschaft und Politik. Sie ist ein Ergebnis der Verantwortlichkeit und der Reaktionsbereitschaft von staatlichen Institutionen.« Eine Schlüsselrolle kommt hierbei dem gesicherten Recht auf Eigentum zu. Alle Staaten der Zweiten und Dritten Welt, in denen krasse Armut herrscht, sind Staaten, die keine funktionierenden Eigentumssysteme haben. Die Möglichkeit für Privatpersonen, ihr Eigentum als Grundlage für eine eigene wirtschaftliche Existenz zu verwenden, also beispielsweise zu beleihen, entfällt. Somit gibt es auch keine Anreize zu investieren. Warum sollte der Landpächter in sein Land investieren, wenn der Wertzuwachs dem Lehnsherren zufällt? Warum sollte der Slumbewohner seine Blechhütte ausbauen und in ein kleines Geschäft investieren, wenn er über Nacht vertrieben werden kann? Die ohne gesicherte Eigentumsverhältnisse existierende Schattenwirtschaft in der Dritten Welt bindet etwa 9 Trillionen Dollar, die den Volkswirtschaften als Produktivkapital fehlen. Derartige Strukturen existieren, weil demokratische Institutionen und deren Kontrolle fehlen. In nichtdemokratischen Systemen beziehen Politiker einen Großteil ihrer Macht aus der Zuteilung von Eigentumstiteln an arme Bevölkerungsschichten. Sie können ihre Untertanen so beliebig erpressen. Für große Teile der dritten Welt funktioniert der Kapitalismus nicht richtig, weil ein gesichertes Grundrecht auf privates Eigentum nicht existiert.

Um Armut erfolgreich bekämpfen zu können, muß ein Staat die

4

Stellung der Frauen in der Gesellschaft stärken sowie in die Altersversorgung und Sozialversicherung investieren. Diese Maßnahmen sind notwendig, um das Bevölkerungswachstum zu kontrollieren. Geschieht das nicht, macht der Zuwachs der Bevölkerung alle Anstrengungen der Armutsbekämpfung wieder zunichte. China und Vietnam haben diesen Weg beschritten. Ihre erfolgreiche Politik ist eine intelligente Mischung aus freigesetzten Marktkräften und institutioneller Politik.

In den Ländern dagegen, in denen die Zahl der Armen nicht abgenommen, sondern zugenommen hat, waren die beschriebenen Voraussetzungen nicht gegeben. Das Argument, die mangelnde politische Kapazität vieler besonders armer Länder sei schließlich nicht die »Schuld« der Globalisierung, sticht nicht. Man kann nicht Rezepte verschreiben, wenn bekannt ist, daß diese Rezepte nicht wirken, sondern vielleicht für den Patienten sogar tödlich sind. Es liegt in der Verantwortung der Industrieländer, die die wirtschaftliche Globalisierung steuern und vorantreiben, dafür zu sorgen, daß diese Voraussetzungen erfüllt sind.

DER MARKT IST DER WEG – NICHT DAS ZIEL

Die Forderung nach einer Öffnung der Märkte der Industrieländer stößt bei Teilen der globalisierungskritischen Bewegung auf Widerstand. Es gibt eine unsichtbare Trennlinie zwischen den Globalisierungskritikern, die im Prinzip den internationalen Handel von Gütern und Dienstleistungen als Entwicklungsmotor akzeptieren, und denjenigen, die freien Handel als schädlich ansehen. Erstere – sie kommen vor allem aus Ländern der Dritten Welt – setzen sich für die Marktöffnung der Industrieländer und mehr internationalen Handel ein. Letztere – im wesentlichen Gruppen aus dem industrialisierten Norden – betonen, Exporterlöse für die Dritte Welt brächten keinen Nutzen, da die Gelder den tatsächlich Bedürftigen nicht zugute kämen. Eine Freigabe des Zuckermarktes würde beispielsweise in Ländern wie Brasilien nur den »Zuckerbaronen« zugute kommen und nicht den Kleinbauern. Außerdem würden Nahrungsmittelexporte die Nahrungsmittelversorgung in den Entwicklungsländern gefährden. Ähnlich argumentieren Umweltverbände: Zusätzlicher Handel mit landwirtschaftlichen Produkten wäre wegen des erhöhten Transport- und Energieaufwandes ökologisch schädlich und sollte deshalb vermieden werden.

Eine derartige Position benutzt eigene politische Überzeugungen dazu, um anderen Rechte, die man für sich selber in Anspruch nimmt, zu verweigern. Man stelle sich vor, ein Entwicklungsland würde den Import eines Produktes aus einem Industrieland verwehren, weil die Erlöse aus diesem Export monopolartigen Industrien zugute kämen, oder es würde die Einfuhr aufgrund der ökologischen Nachteile der Transportkosten ablehnen.

Hinter der Kontroverse wird die uralte Auseinandersetzung um Markt und Staat sichtbar. So wie die Globalisierungsfanatiker glauben, der Markt sei das Allheilmittel für alle Probleme, sei das Ziel und nicht das Mittel, so hegt ein großer Teil der Globalisierungskritiker ein abgrundtiefes Mißtrauen gegenüber Marktmechanismen. »Freier Handel ist Weltherrschaft« stand auf einem Transparent von Globalisierungskritikern anläßlich des G8-Treffens 2002 in Vancouver geschrieben. Auf der anderen Seite findet sich bei den Vertretern der Wirtschaft schon eine fast religiös anmutende Verehrung für die Wunderkräfte des Marktes. Rolf Breuer, der ehemalige Vorstandssprecher der Deutschen Bank, erklärt die Finanzmärkte sogar zur fünften Staatsgewalt, die die Aufgabe hätten, die Regierungen zu kontrollieren. Würde man sich darauf verständigen, daß der Markt lediglich das beste Mittel ist, um Arbeitskräfte, Maschinen, Energie und Rohstoffe so einzusetzen, daß der größte Effekt mit dem geringsten Aufwand erzielt werden kann, würde diese unergiebige Diskussion nicht geführt werden.

Erstaunlich ist vor allem, daß es diese Debatte überhaupt noch gibt. Wie kein anderes System ist das marktwirtschaftliche in der Lage, die Produktivkräfte sich entwickeln zu lassen und damit wirtschaftlichen Wohlstand herbeizuführen. Doch in der Realität der bestehenden Märkte dominieren nicht eine unsichtbare Hand oder ein ideales Gleichgewicht, sondern handfeste Interessen die Märkte, deren Funktionieren nur gewährleistet ist, wenn Interventionen systembedingtes Marktversagen korrigieren.

FAIRNESS STATT ALMOSEN

Der Marktskeptizismus der Globalisierungskritiker führt zu einem folgenschweren Trugschluß. Er suggeriert, die Entwicklungshilfe sei in der Lage, die Armut zu überwinden. Charakteristisch dafür ist die Vereinbarung, die Attac Deutschland mit dem Deutschen Gewerkschaftsbund DGB im Dezember 2002 geschlossen hat. Beide Organisationen betonen die Forderung, die Entwicklungshilfe zu erhöhen, während die Bundesregierung vor weiteren Verhandlungen über weltweite Marktliberalisierung deren Auswirkungen auf die Umwelt und soziale Lage in den Entwicklungsländern prüfen solle. Die Arroganz dieser Haltung ist angesichts der geschilderten diskriminierenden Abschottung der Märkte der Industrieländer gegenüber der Dritten Welt nicht zu überbieten.

Die Forderung nach höherer Entwicklungshilfe ist Allgemeingut. Wer hätte etwas dagegen, das Elend in der Dritten Welt zu besiegen? Die Bekenntnisse zu höherer Hilfe – so auch wieder anläßlich der UN-Konferenz zur Finanzierung der Entwicklung im März 2002 in Monterrey – sind jedoch scheinheilig. Tatsächlich sinkt die Hilfe seit einem Jahrzehnt kontinuierlich; statt der international vereinbarten 0,7 Prozent des Bruttosozialproduktes geben die Industrieländer im Schnitt nur noch 0,22 Prozent (Deutschland 0,27). Noch bedenklicher ist allerdings, daß die Wirksamkeit dieser Zuwendungen nicht ernsthaft diskutiert wird. Die wenigen ausführlichen Analysen zu diesem Thema haben die Institutionen der Entwicklungshilfe selbst erstellt oder in Auftrag gegeben, sie sind kaum objektiv. So etwa die peinliche Darstellung der Weltbank vor der

Monterrey-Konferenz, die ihre ach so erfolgreiche Afrika-Politik preist. Man fragt sich nur, warum trotz angeblich erfolgreicher Projekte sich die wirtschaftliche und politische Situation der meisten Länder Schwarzafrikas verschlechtert hat. Es gibt keinen Bereich in der Politik, der so wenig transparent und so wenig unabhängiger Kontrolle unterzogen wird wie die Entwicklungshilfe.

Als Instrument der Außenpolitik im Kalten Krieg hat die staatliche Entwicklungspolitik – sowohl die westliche als auch die östliche – korrupte Regime dauerhaft subventioniert, politische Reformen damit verhindert und indirekt die Bevölkerung bluten lassen. Darunter leidet vor allem Afrika noch heute. Der korrupte, milliardenschwere Diktator Mobutu Sese-Seko , ehemaliger Präsident von Zaire, der sein Land in Grund und Boden gewirtschaftet hat, wurde noch durch westliche Entwicklungshilfe alimentiert, als seine Durchstecherei bekanntermaßen unappetitliche Ausmaße angenommen hatte. Aber Mobutu galt – eine völlig abwegige Bewertung – eben als Bollwerk gegen den Kommunismus. Der Zerfall des ehemaligen Zaire (heute Demokratische Republik Kongo) in einem Bürgerkrieg, der bisher etwa 2,5 Millionen Todesopfer gefordert hat, ist Folge der immer wieder schöngeredeten Kooperation mit einem Diktator.

Nach Ende des Kalten Krieges verlor der Westen rasch das Interesse an Afrika und entdeckt es auch heute nur, wenn Rohstoffinteressen im Spiel sind oder das Schicksal von Weißen tangiert ist. So etwa als Robert Mugabe, eigentlich demokratisch gewählter Präsident von Simbabwe, Anfang des Jahres 2002 weiße Farmer ermorden ließ, um Stimmung für seine Wiederwahl zu machen.

Fatal an dem bisherigen Entwicklungshilfemodell hat sich ausgewirkt, daß in undemokratischen Systemen, vor allem in den tribalistisch organisierten Staaten Afrikas, das von Regierung zu Regierung fließende Geld auf der Seite der Nehmerländer einseitig die jeweils herrschenden Stämme und Clans bevorzugt hat. Diese ungleiche Verteilung trug zu vielen schrecklichen Bürgerkriegen bei, die entweder bis heute andauern oder deren Auswirkungen noch schmerzhaft zu spüren sind. Etwa in Somalia, wo sich der Clan des ehemaligen Präsidenten Siad Barre so lange bereicherte, bis die anderen Clans zurückschlugen. Oder in Burundi, wo die Gelder der Entwicklungshilfe bei den herrschenden Tutsis hängenblieben, während die unterdrückte Landbevölkerung, vornehmlich Hutus, nicht davon profitieren konnte. Die dadurch verursachte soziale Schieflage ist mitschuldig an dem entsetzlichen Gemetzel zwischen den beiden Volksgruppen.

Der Erfolg von Entwicklungshilfe wird trotz dieser Erfahrungen noch immer an »Projekterfolgen« gemessen, außen vor bleiben die übergeordneten Auswirkungen der entwicklungspolitischen Zusammenarbeit. Ruanda war für Deutschland seit jeher Schwerpunkt der Entwicklungshilfe, und Deutschland ist heute der größte Einzelgeldgeber. In den 1980er Jahren hat Deutschland auch ruandisches Militär ausgebildet. Über 20 Jahre haben deutsche Diplomaten und Entwicklungshelfer mit dem früheren Präsidenten Juvénal Habyarimana, einem Despoten, gekungelt – und der Vorbereitung des Genozides an einer Million Menschen im Jahre 1994 kritiklos zugesehen. Eine Aufarbeitung dieser Vorgänge hat bisher nicht stattgefunden.

Der kurzfristige Demokratisierungsschub in zahlreichen afrikanischen Staaten in den neunziger Jahren brachte keine wirkliche Wende. Viele der Regierungen setzen das alte System nur unter einem demokratischen Etikett fort. Das Desinteresse des Westens, insbesondere Europas, die postkolonialen Verbindungen europäischer Länder, die dem entschiedenen Aufgreifen von Menschenrechtsverletzungen entgegenstehen, und das nach wie vor unkontrollierte Agieren westlicher Unternehmen, die zumindest indirekt mit ihren Geschäftstätigkeiten bewaffnete Konflikte finanzieren, haben diese negative Entwicklung durchaus befördert. Nach wie vor bestimmen internationale Öl- und Rohstoffkonzerne über das Schicksal der Regierungen in Angola, Gabun oder der Republik Kongo mit, finanzieren Minengesellschaften Bürgerkriegsparteien, in der Hoffnung auf lukrative Schürfrechte. Eine konsistente europäische

Afrika-Politik, die die institutionellen Voraussetzungen für eine wirtschaftliche Entwicklung, auch unter Druck, einfordert, gibt es nicht.

Diejenigen Länder, die heute ein hohes Wirtschaftswachstum und Erfolge im Kampf gegen die Armut vorweisen können, beispielsweise Vietnam, Thailand, China oder Indien, hätten dies auch ohne Entwicklungshilfe erreicht. Der Nutzen der Kredite zur Entwicklungshilfe bestand (und besteht) für sie in dem Mitnahmeeffekt des mindestens 25prozentigen Zinsvorteils gegenüber Marktzinsen für die Finanzierung von Projekten, von denen sie die meisten ohnehin realisiert hätten. Außerdem ist der Anteil der Entwicklungshilfe an den Bruttoinvestitionen in Indien, China oder Thailand volkswirtschaftlich bedeutungslos, er liegt bei kaum mehr als einem Prozent der Wirtschaftsleistung. Geht man lediglich von der Zinsdifferenz als »Hilfe« aus, verschwindet dieser Anteil im Promillebereich.

In den ärmsten Ländern hat die Entwicklungshilfe größere Bedeutung. In Afrika südlich der Sahara erreicht ihr Anteil an den inländischen Bruttoinvestitionen etwa 20 Prozent und beträgt pro Kopf 20 Dollar pro Jahr. Die Zahl der Armen ist jedoch gestiegen, der Hunger hat zugenommen, Bürgerkriege wüten, viele Staaten zerfallen. Die Entwicklungshilfe steht vor einem Scherbenhaufen. Oder hätte sie einfach nur höher sein müssen? Paradoxerweise ist es gerade ihr relativ größeres Gewicht, das diese negative Entwicklung mit verursacht hat. Besonders negativ wirkt sich aus, daß die staatliche Entwicklungshilfe von den Geberländern als staatliche Dauersubvention der in den Empfängerländern an der Macht befindlichen Elite und Bürokratie konzipiert ist.

Diese Art von Hilfe – eine von den Gebern diktierte zwischenstaatliche Dauersubvention – erzeugt nicht nur eine schlimme »Nehmermentalität«, sondern entmündigt die Empfängerländer auch. Eine für den Erfolg der Projekte so entscheidende Eigeninitiative kann sich nicht entfalten. Zudem wird die Hilfe in den Empfängerländern von einer absurd aufgeblähten Entwicklungshilfebürokratie abgewickelt. Manchmal suchen gleichzeitig 40 bis 50

Geber nach »guten« Projekten – eine Überforderung für jede afrikanische Verwaltung und eine ideale Brutstätte für Korruption. Die in dieser Bürokratie beschäftigten Heerscharen von Beamten fehlen den unterentwickelten Volkswirtschaften an anderer Stelle. Die Konkurrenz der Geber verhindert eine koordinierte Hilfe, die auch als politisches Druckmittel, um politische Veränderungen zu erzwingen, eingesetzt werden kann. Versuche, die Hilfe durch strenge Auflagen zu konditionieren und damit effektiver einzusetzen, sind aufgrund der Dynamik der Geber-Nehmer-Beziehungen gescheitert, wie die Weltbank desillusioniert feststellt. Die Hilfe fließt selbst dann weiter, wenn die Auflagen nicht erfüllt werden – auch deshalb, weil die staatliche Hilfe miteinander unvereinbaren Zielen dient. Neben entwicklungs-, geo- und handelspolitischen Interessen soll sie noch die Menschenrechte wahren und den Frieden sichern.

Das Argument, daß trotz dieser Defizite wenigstens ein kleiner Teil der Hilfe bei den Armen ankomme, trägt kaum. Abgesehen davon, daß von den durchschnittlich 20 Dollar pro Kopf einige in die Taschen korrupter Staatsdiener gehen und andere in die Geberländer zurückfließen, setzt der verbleibende Rest keine Wachstumsprozesse – die wesentliche Voraussetzung für Armutsbekämpfung – in Gang. Wegen des zwischenstaatlichen Charakters der Hilfe gehen 70 Prozent der Investitionen in den öffentlichen Sektor, insbesondere in Straßen, Flughäfen, Kraftwerke, Telekommunikation und große Wasserversorgungsanlagen, deren Unterhalt die Staatshaushalte überbeansprucht und die den Armen relativ wenig nützen. Die gern gezeigten »Brunnen in Afrika« sind leider ganz und gar nicht repräsentativ für die staatliche Entwicklungshilfe.

Der Nutzen ist deshalb so gering, weil die staatliche Entwicklungshilfe von der grundsätzlich falschen Prämisse ausgeht, daß nur die notwendige Infrastruktur geschaffen werden müsse, dann würden sich die Produktivkräfte schon entwickeln. Weit gefehlt, wie auch das deutsche Beispiel Aufbau Ost zeigt. Es ist vielmehr wie zu

Zeiten der Industrialisierung der heutigen Industrieländer: Die Entwicklung der Produktivkräfte stimuliert die Investitionen und den
Aufbau der Infrastruktur, nicht umgekehrt.

Der Drang, in große Infrastrukturprojekte zu investieren, wird
noch verstärkt, indem man den Erfolg der Hilfe maßgeblich an der
Menge des ausgegebenen Geldes mißt. Wer viel für die Entwicklungshilfe gibt, erfährt deshalb internationale Wertschätzung. Diesem Mechanismus entspringen auch die Milliardenzusagen für
Afghanistan – die negativen Auswirkungen einer derartigen Politik
sind leicht vorauszusehen: eine zunehmend moderne Infrastruktur – aber keine wirtschaftliche Dynamik, die den Unterhalt der Investitionen letztlich gewährleistet. Am Ende stehen Entwicklungs-
ruinen und erhöhte Korruption.

Die Förderung großer Infrastrukturprojekte hat noch eine weitere negative Konsequenz. Da die erwarteten positiven volkswirtschaftlichen Auswirkungen dieser oft kreditfinanzierten Projekte
ausblieben, hat sich die öffentliche Auslandsverschuldung der Länder Afrikas südlich der Sahara zwischen 1980 und 2000 von rund
fünf Milliarden Dollar auf knapp 40 Milliarden Dollar erhöht.
Bis zu 20 Prozent ihrer Staatshaushalte müssen die ärmsten Länder heute für den Schuldendienst ausgeben, das Geld fehlt für die
Bekämpfung der Armut. Die hohe Verschuldung vieler armer Entwicklungsländer ist mithin nicht nur die Folge eines Regierungsver-
sagens seitens der Empfängerländer, sondern auch Konsequenz
einer von den Geberländern forcierten Entwicklungsstrategie.
Rechnet man die Aufwendungen für die Schuldenlast der alten Kredite gegen die neuen Zusagen, bleibt von der Hilfe netto praktisch
nichts übrig. Nach Auffassung der Weltbank ist die Verschuldung
heute das größte Hindernis für eine effektive Hilfe.

Die Bilanz nach 40 Jahren staatlicher Entwicklungshilfe ist deprimierend. Die positiven Entwicklungen in einigen Ländern (zum
Beispiel in Südostasien) hätten auch ohne die Unterstützung aus
dem Norden stattgefunden. Trotz einzelner erfolgreicher Projekte
konnte diese Art Hilfe jedoch in der Mehrzahl der ärmsten Län-

der – besonders in Afrika – keine positive Dynamik anstoßen und
hat sogar negative Entwicklungen unterstützt.

Darüber hinaus besteht die paradoxe Situation, daß die Hilfe
zwar so hoch war, daß sie sich negativ auswirken konnte, aber andererseits so niedrig, daß sie die Erwartungen, die »Finanzierungs-
lücke« einer positiven Entwicklung zu schließen, nicht erfüllt hat:
Die gesamte multilaterale und bilaterale staatliche Entwicklungshilfe beläuft sich auf etwa 55 Milliarden Dollar im Jahr. Das zur
Entwicklungsfinanzierung benötigte Kapital hat ganz andere Di-
mensionen. In Afrika südlich der Sahara müssen beispielsweise, um
in zehn Jahren Vollbeschäftigung zu erreichen, jedes Jahr etwa
15 Millionen neue Jobs geschaffen werden. Die dafür notwendigen Investitionen betragen, bei durchschnittlichen Kosten von
25 000 Dollar im modernen Industrie- und Dienstleistungssektor
(eine konservative Annahme) mindestens 350 Milliarden Dollar im
Jahr. Das ist etwa 15mal soviel wie die gesamte staatliche Entwicklungshilfe für Afrika. Nur Privatkapital kann diese Finanzierungs-
lücke schließen.

Die Lösung des Problems heißt deshalb nicht: mehr Geld. Sondern Marktöffnung und Demokratie. Mit einer konsequenten
Außenpolitik, insbesondere in Afrika, müssen die Industrieländer,
muß die EU diejenigen Reformen in den Entwicklungsländern
durchsetzen, die garantieren, daß die Effekte einer Marktöffnung
und einer verstärkten Integration in die Weltwirtschaft wirklich die
möglichen positiven Auswirkungen zeigen. Rechtssicherheit und
Demokratie sind die besten Garanten dafür, daß dann auch das private Kapital fließt.

DER GELDKOFFER

In vielen Projekteinsätzen in Afrika wuchs meine Aversion gegen
die dortigen Regierungsapparate und deren Repräsentanten derart,
daß ich die eigene Verantwortung völlig verdrängte. Wir waren es

schließlich, die den Regierungen das Geld geradezu aufnötigten. Ein trauriges Beispiel ist Somalia, dem gegenüber Deutschland eine erhebliche Schuld abzutragen hatte, nachdem dessen Regierung 1977 zuließ, daß die deutsche Eliteeinheit GSG 9 die von RAF-Sympathisanten gekaperte Lufthansa-Maschine »Landshut« in Mogadischu stürmte. Anschließend floß das deutsche Geld reichlich, und wir hatten alle Mühe, es unterzubringen. Als zuständiger Bearbeiter bei der Kreditanstalt für Wiederaufbau für Somalia flog ich eines Tages nach Mogadischu, um einen Vertrag über drei Millionen Mark mit der nationalen Wasserbehörde (WDA) über die Lieferung von LKWs und anderen Hilfsgütern zu unterschreiben. Als ich das Büro des Generaldirektors der Behörde betrat, zeigte dieser auf meinen schwarzen Aktenkoffer und fragte mich unverblümt, ob ich denn das Geld auch mitgebracht hätte.

Es hatte sich eine unschöne Allianz zwischen Gebern und Nehmern entwickelt. Beide Seiten waren am fortgesetzten Geldfluß interessiert. Wir mußten unser Geld loswerden, um unsere Verpflichtungen zu erfüllen, und die andere Seite wußte dies. Zudem hatte (und hat) auch die deutsche Entwicklungshilfebürokratie ein starkes Eigeninteresse, das Geld weiter auszugeben. Es war der Beleg für ihre Existenzberechtigung. Ähnliches Eigeninteresse haben die deutschen Experten vor Ort und vor allem die deutschen Botschafter. Ihr Einfluß und ihre Stellung in einem Entwicklungsland ist in erster Linie eine Funktion der Höhe der Entwicklungshilfe aus ihrem Heimatland.

Elf Jahre war ich in der entwicklungspolitischen Zusammenarbeit tätig, und ich kann mich an kein größeres Projekt aus dieser Zeit erinnern, das ich als Erfolg bezeichnen würde. Die impertinente Forderung nach mehr Entwicklungshilfe, um die strukturellen Probleme Afrikas zu lösen, ist ein tragischer und bequemer Trugschluß. Der Norden kauft sich von unbequemen wirtschaftspolitischen Maßnahmen frei, und die Regierungen der Entwicklungsländer lassen sich dieses Freikaufen teuer bezahlen. Sie stärken durch viel Auslandshilfe ihre eigene Machtposition.

Auf der Weltentwicklungskonferenz in Johannesburg ist der sogenannte Rio-Prozeß, der 1992 von der Umwelt- und Entwicklungskonferenz in Rio de Janeiro euphorisch initiiert wurde und spürbare Fortschritte im globalen Umweltschutz und der Armutsbekämpfung bringen sollte, zu Grabe getragen worden. Auf dem Weg zur Lösung der zwei größten globalen Probleme, des Schutzes der natürlichen Lebensgrundlagen und der Bekämpfung der Armut, konnten in Johannesburg nicht einmal ansatzweise Fortschritte erzielt werden. Noch schlimmer aber ist, daß das, was schließlich auf dem Gipfel mit vielen »Wenns und Abers« beschlossen wurde, nicht nur unzureichend, sondern auch kontraproduktiv ist. Die Vereinbarung, den Anteil der Bevölkerung, die keinen Zugang zu sauberem Trinkwasser und geordneten Sanitärsystemen haben, bis zum Jahr 2015 zu halbieren, spiegelt präzise die verfehlte Strategie wider, die versucht, mit zusätzlichem Geld für Infrastrukturmaßnahmen die wirtschaftliche Situation der Ärmsten zu verbessern. Dies ist die Strategie der Entwicklungspolitik der letzten zwanzig Jahre gewesen, und sie ist jämmerlich gescheitert. Mehr Infrastruktur und mehr öffentliche Gelder gehen nicht an den Kern des Problems. Sie ermöglichen allerdings den Industrieländern, sich von den wirklich wichtigen politischen Maßnahmen freizukaufen, und sie versprechen den fast ausschließlich repressiven Regimes der ärmsten Länder zusätzliche öffentliche Gelder, die sie gewiß gern willkommen heißen.

EIN NEUER NORD-SÜD-DEAL

Wir kommen nicht darum herum: Die Nord-Süd-Beziehungen müssen radikal umgestaltet werden, damit die Armut in der Welt endlich besiegt werden kann. Ein Nord-Süd-Deal, der sich an den jeweiligen und den gemeinsamen Allgemeininteressen des Nordens und des Südens orientiert und nicht mehr schmarotzerhafte Partikularinteressen befriedigt, ist dafür nötig. Den ärmsten Entwicklungsländern müssen endlich faire Handelsbedingungen gewährt werden. Der Norden muß seine für die Landwirtschaft und damit für die Wachstumsprozesse in der Dritten Welt tödlichen Agrarsubventionen stoppen. Es ist ein Skandal, daß sich Europa im Rahmen der aktuellen WTO-Handelsrunde lediglich zu »Verhandlungen« über den Abbau der Subventionen eingelassen hat.

Gleichermaßen müssen endlich die Zollschranken für den Import von Agrar- und Industriegütern fallen. Europa muß mit diesen Selbstverständlichkeiten vorangehen, es gibt keinen Grund, hierüber langwierig zu feilschen. Europa kann seine Zollhürden gegenüber der Dritten Welt abbauen und seine Subventionen senken, gleichzeitig die Importbeschränkungen gegenüber den USA aufrecht erhalten, ohne die WTO-Regeln zu verletzen. Das WTO-Prinzip der Nicht-Diskriminierung bleibt dann gewahrt, solange die USA ihrerseits die Zollhürden beibehalten. Diese Maßnahmen erfordern jedoch eine wirkliche EU-Agrarreform und keine Agrarpolitik, die das verbraucherfeindliche und umweltzerstörende Agrarsystem auch noch auf die EU-Beitrittsländer überträgt.

Für Produkte der verarbeitenden Industrie muß Europa den ärmsten Ländern zugestehen, sich in Übergangsfristen vor der übermächtigen Weltmarktkonkurrenz der Industrieländer zu schützen, um der Entwicklung eigener Industrien eine Chance zu geben. Umwelt- und Sozialstandards dürfen nur insoweit an die internationalen Handelsregeln gebunden werden, als sie sich auf internationale Konventionen beziehen. Die EU muß sich deshalb energisch für die völkerrechtliche Gleichstellung von WTO-Vereinbarungen und internationalen Sozial- und Umweltkonventionen einsetzen.

Neben den unfairen Handelsbedingungen ist die hohe Verschuldung das größte Hindernis für die Entwicklung der ärmsten Länder. Diese müssen umfassend entschuldet werden. Die auf dem G8-Gipfel in Köln beschlossene Initiative für die ärmsten, hoch verschuldeten Entwicklungsländer (HIPC-Initiative) reicht bei weitem nicht aus. Mehr Länder müssen zu realistischeren Bedingungen von der Entschuldung profitieren.

Schließlich muß die Entwicklungshilfe »entstaatlicht« werden. Die »Hilfe« darf nicht mehr von Regierung zu Regierung fließen, sondern von den Kredite oder Zuschüsse gewährenden Institutionen direkt an die Empfänger. Organisationen aus den ärmsten Ländern können bei Banken (zum Beispiel der Europäischen Investitionsbank oder der Kreditanstalt für Wiederaufbau) Kredite zu Vorzugskonditionen beantragen, die diese Anträge ausschließlich nach Kriterien der Förderungswürdigkeit prüfen. Zusätzlich können fachliches Know-how und Wissen zu geringen Kosten durch Stiftungen in den Industrieländern, die staatliches Stiftungskapital verstärken kann, zur Verfügung gestellt werden. Auch hier darf nur die Qualität der Anträge zählen, der Staat bleibt außen vor, die Initiative geht von den Entwicklungsländern aus. Die Entmündigung hat ein Ende, und Eigeninitiative sowie »Ownership« werden gefördert. Nur die besten Projekte kommen zum Zuge. Die riesig aufgeblähte Entwicklungshilfebürokratie in Nehmer- und Geberländern wird abgebaut, das Bundesministerium für wirtschaftliche Zusammenarbeit aufgelöst.

Eine neue Qualität der Nord-Süd-Beziehungen, die auf echter Teilhabe und nicht auf Almosen und Erpressung aufbaut, benötigt zudem eine Außenpolitik, die institutionelle Reformen durchsetzt, um die Voraussetzung dafür zu schaffen, daß intensivere Handelsbeziehungen auch die gewünschten positiven Effekte zeigen. Themen wie die Durchsetzung von Menschenrechten und Demokratie können weder der Entwicklungshilfe aufgebürdet noch von dieser jemals zufriedenstellend behandelt werden. Diese Aufgaben müssen einer europäischen Afrikapolitik, die nicht kommerzielle Partikularinteressen befriedigt, sondern die Entwicklung des Kontinents in den Mittelpunkt stellt, überlassen werden.

Eine derartige Politik muß über zwischenstaatlichen Druck Menschenrechte und Demokratie durchsetzen und damit wirtschaftliche Prosperität in den ärmsten Ländern Afrikas fördern. Dazu gehören die permanente Ächtung und Sanktionen gegen jene Regierungen, die ihre Völker ausbeuten, ihnen Grundrechte und soziale Sicherheit verwehren und damit die Armut perpetuieren. Die beim G8-Treffen 2002 in Kanada beschlossene NEPAD-Initiative (Neue Partnerschaft für die Entwicklung Afrikas) geht in die falsche Richtung. Sie belohnt mit zusätzlichem Geld höchst vage definierte Verbesserungen der demokratischen Entwicklung und der Achtung von Menschenrechten, aber ächtet und bestraft nicht deren Verletzung und die Unterdrückung demokratischer Prozesse. Die NE-PAD-Initiative setzt damit die jahrelange, erfolglose Politik im Umgang mit autokratischen und diktatorischen Systemen fort. Das Konzept ist somit nur eine Einladung an die menschenverachtenden Regierungen, weiter so wie bisher zu machen.

Eine effektive Strategie der Armutsbekämpfung hieße für die Industrieländer, Ressourcen, Macht, Einfluß und Chancen fair zu teilen und die Entwicklungsländer als selbstverantwortliche Partner ernst zu nehmen. Den Strategiewechsel kann nicht ein Land allein stemmen. Aber Deutschland kann die notwendige Diskussion in Europa vorantreiben.

3
HÖCHST EFFIZIENT: WIE DIE GLOBALISIERUNG
UNSERE LEBENSGRUNDLAGEN ZERSTÖRT

TREIBHAUSEFFEKT UND VERLUST DER BIOLOGISCHEN
VIELFALT

Aus der unübersehbaren Zahl heutiger Umweltprobleme ragen zwei besonders wichtige heraus: der Treibhauseffekt, also die globale Erwärmung durch das exzessive Verheizen von fossilen Brennstoffen wie Kohle, Öl und Gas, sowie der Verlust der biologischen Vielfalt, primär verursacht durch den Raubbau an tropischen Urwäldern.

Beim Verbrennen von fossilen Brennstoffen wird der darin enthaltene Kohlenstoff freigesetzt; als Kohlendioxid (CO_2) reichert er sich in der Erdatmosphäre an und behindert die Infrarotstrahlung ins Weltall. Deshalb wird es auf der Erde wärmer – mit weitreichenden Folgen für das Klima. Vor allem die Industrieländer sind für die in der Atmosphäre übermäßige Konzentration von CO_2 verantwortlich. Obwohl sie nur knapp ein Drittel der Weltbevölkerung stellen, entfallen auf sie 60 Prozent der Emissionen.

Das große Artensterben dagegen findet überwiegend in den Ländern des Südens statt, die über das größte Reservoir an biologischer Vielfalt verfügen. Hauptursache des Artensterbens ist die Zerstörung der Urwälder, von denen nur noch etwa 20 Prozent erhalten sind. Daneben spielen die Übernutzung und Belastung der Meere und anderer sensibler Ökosysteme (z. B. Korallenriffe durch die Erwärmung des Meerwassers) eine Rolle. Über 60 Prozent aller terrestrischen Arten werden allein in den Wäldern des Amazonasbeckens vermutet. Die negativen Auswirkungen des Raubbaus an den Urwäldern und die der globalen Erwärmung verstärken sich gegenseitig. Auf das Konto der Brandrodung im Tropenwald gehen ein Viertel der weltweiten Kohlendioxidemissionen, der Klimawandel gefährdet wiederum die Tropenwälder.

Es gibt heute keinen wissenschaftlichen Dissens mehr, daß der größte Teil des zu beobachtenden Treibhauseffektes von Menschen gemacht wird. Die Durchschnittstemperatur auf der Welt hat sich in den letzten 100 Jahren um 0,9 Grad Celsius erhöht, mit starken regionalen Ausschlägen (Arktis: 1,8 Grad). In den Zeitraum 1990 – 2002 fielen die zehn Jahre mit den höchsten Durchschnittstemperaturen seit Beginn der Messungen. Die regelmäßig in den Medien auftauchenden Meldungen, der Treibhauseffekt sei eine »natürliche« Erscheinung, entpuppen sich genauso regelmäßig als Nebelkerzen – meistens geworfen von interessierter Seite. Den nachdrücklichsten Beweis dafür, daß die wissenschaftlichen Erkenntnisse nicht mehr zu leugnen sind, lieferten die USA, die sich bekanntlich weigern, den Reduktionsverpflichtungen der internationalen Klimakonvention, des »Kyoto-Protokolls«, nachzukommen. Über Jahre hat die Regierung der USA die wissenschaftliche Haltbarkeit der Klimaprognosen angezweifelt. Seit Januar 2002 gehen auch sie davon aus, daß der Treibhauseffekt durch die Menschen verursacht und seine Folgen »real« sind. Hans Joachim Schellnhuber, Gründungsdirektor des Potsdamer Instituts für Klimaforschung und Mitglied des wissenschaftlichen Beirats der Bundesregierung Globale Umweltveränderungen, schreibt: »Praktisch alle international ausgewiesenen Klimawissenschaftler erwarten eine durchgreifende Destabilisierung der bisherigen Atmosphärendynamik, wenn wir auf dem gegenwärtigen sozioökonomischen Entwicklungspfad verharren. Dieser Konsens hat sich paradoxerweise in den letzten Jahren, also im Kreuzfeuer der Skeptikerpolemik, deutlich erhärtet. Wer die chemische Zusammensetzung der Lufthülle im Sinne einer effektiven Verdopplung der präindustriellen Kohlendioxidwirkung verfälscht, wird mit einer globalen Erwärmung von bis zu 3,5 °C, aber nicht unter 1,5 °C bestraft.«

Die gering anmutenden Temperaturunterschiede sind in Wirklichkeit gewaltig: Die Differenz zwischen der heutigen Durchschnittstemperatur zu derjenigen der letzten Eiszeit beträgt etwa 3,5°. Die Auswirkungen globaler Erwärmung sind schon deutlich wahrnehmbar: von Verhaltensänderungen der Brutvögel, Überschwemmungen, milden, schneelosen Wintern über den dramatischen Rückzug der Gletscher in den Alpen bis hin zur Ausbreitung neuer Krankheiten. Der häufige Einwand: »Das gab's schon immer!« ist zwar richtig, denn klimatische Veränderungen gehören zur erdgeschichtlichen Entwicklung. Wärmeperioden folgten auf Kälteperioden und beeinflußten die Existenz der Tier- und Pflanzenwelt, aber auch die Lebensbedingungen und kulturelle Entwicklung der Menschen. Das herausragende Merkmal des menschengemachten Klimawandels ist jedoch dessen Geschwindigkeit. Für viele Teile der Erde und der Menschen bleibt keine Zeit der Anpassung.

Alle Klimamodelle sagen einen Anstieg des Meeresspiegels und eine Zunahme extremer Wetterereignisse vorher. In Kontinentaleuropa werden wegen der milden Winter die extremen Winterstürme zunehmen, die höheren Durchschnittstemperaturen werden die Häufigkeit extremer Hitzeperioden im Sommer erhöhen, und generell wird durch die starke Verdunstung die Anzahl extremer Niederschläge steigen. Diese »unnatürlichen« Naturkatastrophen werden die Menschen in Zukunft deshalb fast überall stärker als früher bedrohen.

Die globale Erwärmung stellt somit nicht nur ein ökologisches, sondern auch ein ökonomisches Problem dar. Die Höhe der durch Orkane, Überschwemmungen und andere Extremereignisse verursachten jährlichen Versicherungsschäden hat sich seit den 1960er Jahren ständig erhöht und betrug in den letzten 10 Jahren etwa 100 Milliarden Dollar. Die Rückversicherungen, die für die Schäden aufkommen müssen, mahnen deshalb auch seit Mitte der neunziger Jahre verstärkt eine wirksame Klimapolitik an.

Die Auswirkungen des Treibhauseffektes werden die Dritte Welt am schwersten treffen, und zwar die Länder, die am wenigsten dazu beitragen, wie beispielsweise die Staaten Afrikas. Pro Kopf ihrer

Bevölkerung emittieren sie dreißigmal weniger Kohlendioxid als die Einwohner Europas. Aber sie können sich am wenigsten gegen die durch den Treibhauseffekt ausgelösten Naturkatastrophen schützen – weil sie arm sind. Das Schicksal einiger Länder ist schon jetzt abzusehen. Viele der kleinen Inseln im Südpazifik werden schlicht und einfach im Meer versinken. Vergeblich hat die Organisation dieser Inselstaaten (AOSIS) bisher versucht, die Industrieländer für ihr Schicksal haftbar zu machen. Die Klimapolitik ist die Schnittstelle zwischen globaler Umwelt- und globaler Sozialpolitik. An ihr wird sich zeigen – neben der Handelspolitik –, ob die Industrieländer es mit einem gerechten Ausgleich zwischen Nord und Süd ernst meinen.

Während sich die Schäden des Treibhauseffektes in Geld beschreiben lassen (die Versicherer sagen jährliche Schäden von 150 Milliarden Dollar voraus), ist eine Abschätzung der Kosten durch den Verlust der biologischen Vielfalt unmöglich. Das Absterben von Arten ist wie klimatische Veränderungen ein »normaler« Vorgang der erdgeschichtlichen Entwicklung, doch der Mensch hat auch diesen Vorgang um das Tausend- bis Zehntausendfache beschleunigt.

Eine genaue Schätzung, wie viele Tier- und Pflanzenarten es überhaupt gibt, existiert nicht. Bislang sind 1,75 Millionen Arten beschrieben worden. Die größte Gruppe davon sind mit 950.000 Arten die Insekten. Wissenschaftler gehen davon aus, daß es insgesamt zwischen 5 Millionen und 30 Millionen Arten gibt. Die meisten Arten werden vermutlich verschwunden sein, bevor sie überhaupt entdeckt wurden. Der Verlust der biologischen Vielfalt ist endgültig und unumkehrbar. Es gibt zwar Untersuchungen über den in den tropischen Urwäldern enthaltenen materiellen »Wert«, d. h. den Wert der dem Menschen zur Verfügung gestellten Dienstleistungen (z. B. das Potential, neue Kulturpflanzen sowie medizinisch nutzbare Stoffe zu entdecken), doch derartige Übungen treffen nicht den Kerns des Problems. Es besteht nämlich durchaus die Wahrscheinlichkeit, daß sich der Mensch mit der Vernichtung der biologischen

Vielfalt auch selber ausrottet. Die biologische Vielfalt zu bewahren heißt beileibe nicht nur, Panda-Bären, Leoparden und Wale zu schützen. Der wichtigste anthropozentrische Grund für die Bewahrung der biologischen Vielfalt ist die existentielle Rolle, die Pflanzen und Insekten im Ökosystem spielen.

KLIMAPOLITIK IST GLOBALE SOZIALPOLITIK

Die internationale Klimakonvention, das Kyoto-Protokoll, ist trotz vieler Schlupflöcher und unzureichender Ziele das bedeutendste internationale Umweltabkommen, das jemals geschlossen wurde. Erstmals hat sich die Menschheit auf der Basis wissenschaftlicher Erkenntnis dazu bekannt, ein reichlich vorhandenes, essentielles Gut, nämlich fossile Energieträger, freiwillig in geringerem Ausmaß zu nutzen, als dies möglich wäre. Die Kohle-, Öl- und Gasvorräte sollen demnach zu großen Teilen in der Erde bleiben und nicht verheizt werden. Das Kyoto-Protokoll sieht für die Industrieländer und die Länder des ehemaligen Ostblocks eine Reduktion um rund 5 Prozent bis zum Jahre 2012, bezogen auf das Jahr 1990, vor. Dieser Rückgang ist wegen der Auswirkungen des Wirtschaftswachstums mühsamer, als es erscheint. Wächst die Wirtschaft durchschnittlich um 2,5 Prozent und verringert sich (dies ist der historische Trend) die für die Produktion eingesetzte Energie im vorgesehenen Zeitraum um ein Prozent jährlich, müssen die CO_2-Emissionen insgesamt um knapp 40 Prozent zurückgehen, nur um die Vorgaben des Kyoto-Protokolls zu erfüllen. Die scheinbar harmlosen 5 Prozent sind also bedeutsam für die Energie- und Wirtschaftspolitik der Industrieländer. Deshalb bekämpfen auch die USA das Protokoll so intensiv und haben es bisher nicht ratifiziert. Aufgrund ihres starken wirtschaftlichen Wachstums liegen die Emissionen in den USA heute bereits um 18 Prozent über dem Niveau von 1990.

Die Hauptverantwortung, das Klima zu stabilisieren, liegt – trotz anderslautender Propaganda der Energiewirtschaft – bei den Industrieländern. Der weltweite CO_2-Ausstoß beträgt jährlich rund 24 Milliarden Tonnen (davon entfallen etwa 13 Milliarden auf die Industrieländer) und muß bis Mitte des Jahrhunderts auf 12 Milliarden Tonnen sinken, um den durchschnittlichen Temperaturanstieg auf höchstens 2 °C zu begrenzen. Unter der Prämisse, daß alle Staaten die Atmosphäre in gleichem Ausmaß (das heißt pro Kopf der Bevölkerung) belasten dürfen, müssen somit die Emissionen der Industrieländer um 80 Prozent auf rund 3 Milliarden Tonnen sinken (knapp drei Tonnen pro Kopf), und die Entwicklungsländer müssen bei wachsender Bevölkerungszahl ihre Emissionen stabilisieren. Das bedeutet für die Dritte Welt, sie müßte ihren viel geringeren Pro-Kopf-Ausstoß an CO_2 (gegenwärtig zwei Tonnen gegenüber 11 Tonnen in den Industrieländern) sogar noch absenken, um die Klimaziele zu erreichen. Das Ergebnis ist klar: In erster Linie haben die Industrieländer die Pflicht, aber auch wegen des viel höheren Pro-Kopf-Verbrauchs das Potential, weniger CO_2 zu emittieren. Daran ändert auch die Tatsache nichts, daß die Energienutzung in der Dritten Welt insgesamt weniger effizient ist und Einsparungen sich dort kostengünstiger erreichen lassen. Diese Spielräume müssen genutzt werden, machen jedoch die Reduktionsverpflichtungen der Industrieländer nicht überflüssig.

Es gibt nur eine wirksame Strategie, um die Beschleunigung der globalen Erwärmung zu bremsen: eine schnelle und drastische Senkung des CO_2-Ausstoßes der Industrieländer. Das bedeutet auch: eine Senkung des Energieverbrauchs. Denn es ist eine Illusion zu glauben, daß Sonnen-, Wind- und Wasserkraft in den nächsten 10 – 15 Jahren den Einsatz von Öl, Kohle und Gas in vollem Umfang ersetzen können. Was allein hilft, ist die deutlich effizientere Nutzung der fossilen Energie. Schon Windenergie ist etwa fünfmal so teuer wie Kohlestrom, Strom aus Photovoltaik kostet das Fünfzigfache. Die Ursache liegt in der geringen Energiedichte und dem größeren Aufwand, erneuerbare Energie einzufangen und zu spei-

chern. Windenergie braucht Ersatzkapazitäten, wenn die Windrä-
der still stehen, und an regnerischen Tagen ohne Wind helfen weder
Wind noch Sonne. Die erneuerbaren Energien werden immer teurer
sein als die fossilen Energieträger – auch weil die fossilen Energieträger nur scheinbar preiswert sind. Ihr Preis reflektiert nämlich
keineswegs deren tatsächliche Kosten (etwa die Schäden durch Naturkatastrophen). Die Erhöhung der Effizienz der gegenwärtigen
Energieerzeugung und -nutzung muß also vorangehen. Nur wenn
wir mit einem radikal geringeren Energieeinsatz Licht, Wärme und
Mobilität produzieren, ist der Einsatz erneuerbarer Energien rentabel und damit realistisch. Nur wenn unsere Häuser so gebaut sind,
daß sie ein Zehntel der bisherigen Energie für Wärme und Licht benötigen, die Auto- und Lkw-Motoren so konstruiert sind, daß sie
ein Fünftel des Treibstoffs verbrauchen, können Sonne, Wind und
Biomasse volkswirtschaftlich verträglich und flächendeckend eingesetzt werden.

Über die Kosten einer drastisch erhöhten Energieeffizienz gehen
die Meinungen – je nach Interessenslage – weit auseinander. Mit
Horrorzahlen erwecken Energiewirtschaft und betroffene Indu-
striebranchen den Eindruck, daß es eigentlich günstiger wäre, auf
Klimaschutz zu verzichten und mit dem dadurch erst möglichen zusätzlichen wirtschaftlichen Wachstum die Klimaschäden zu bezahlen. Die Industrie suggeriert erfolgreich, daß betriebswirtschaftliche Verluste zugleich Verluste für die Gesellschaft seien und ihre
Profite gleichzeitig gesellschaftlichen Gewinnen entsprächen. Dem
ist mitnichten so. Ein geringerer Energieverbrauch ist volkswirtschaftlich vorteilhaft – allein schon wegen geringerer Ölimporte,
die die Zahlungsbilanz entlasten.

Eine intelligente Klimapolitik kann die CO_2-Emissionen nicht
nur kostengünstig, sondern anfänglich auch mit volkswirtschaft-
lichem Gewinn reduzieren. Sie erfordert allerdings einen langfristigen Ansatz, der sofort umgesetzt werden muß. Die durchschnittliche Lebensdauer von Gebrauchs- und Investitionsgütern reicht
von sechs (Haushaltsgeräte) über 10 (Kraftfahrzeuge) bis zu 60 Jah-

ren (Gebäude). Nur wenn heute die neuen Autos, die neuen Haushaltsgeräte und die neuen Gebäude bereits für die Klimaziele von morgen gebaut werden, kostet der Umstieg wenig. Warten wir zu lange, müssen wir Gebrauchs- und Investitionsgüter aus dem Verkehr ziehen, die noch betriebstauglich sind. Das wird sehr teuer, denn damit wird Kapital vernichtet.

Eine intelligente Klimastrategie muß zuerst massiv auf Effizienz setzen, denn die ist umsonst zu haben. Das Einsparen von CO_2 durch das Erzeugen erneuerbarer Energie kostet dagegen viel Geld – mehrere hundert bis mehrere tausend Euro pro Tonne CO_2 –, je nach Energieart und Energieverwendung. Technologien zur effizienten Energieerzeugung und -nutzung sind bekannt und erprobt. Die deutsche Energieagentur, eine dem Wirtschaftsministerium unterstellte Behörde, geht davon aus, daß 30 Prozent des Energieverbrauchs ohne jeden zusätzlichen Aufwand eingespart werden können und daß sich der Aufwand für 50 Prozent Einsparung bei den gegenwärtigen Energiepreisen schon nach kürzester Zeit amortisiert. So können wir ohne Mehrkosten Gebäude errichten, deren Energiebedarf um die Hälfte geringer ist, und Kraftfahrzeuge bauen, die mit 50 Prozent weniger Sprit auskommen. Ohne einen Cent ausgeben zu müssen, können wir lediglich durch eine veränderte Fahrweise 30 Prozent beim Autofahren einsparen. Standby-Schaltungen, die sinnlos Energie verschwenden, beanspruchen allein die Leistung von zwei Kernkraftwerken. Durch Milliarden sinnloser Subventionen schließlich, etwa in der Landwirtschaft, fördern wir ebenso sinnlosen Energieverbrauch. Wir verprassen in einem ungeheuren Ausmaß Energie – weil Energie zu billig ist.

VON DER INDUSTRIE- ZUR VERSCHWENDUNGSGESELLSCHAFT

Es ist der viel zu niedrige Energiepreis, der die maßlose Nachfrage nach Öl, Kohle und Gas ausgelöst hat. Bis Mitte des letzten Jahrhunderts sind die Energiepreise im gleichen Ausmaß wie die anderer Güter des täglichen Bedarfs gestiegen. Doch plötzlich konnte man im Mittleren Osten Erdöl anzapfen, das gleich unter der Oberfläche zu holen war. Die Produktivität der Erdölförderung entwikkelte sich durch immer effektivere Technologien sprunghaft. Heute ist der Preis für die Förderung einer Tonne Rohöl im Mittleren Osten nicht höher, als er es vor 100 Jahren war, er beträgt etwa einen Dollar. Diese dramatische reale Verbilligung des Energieträgers Öl ist der Auslöser für die beispiellose Verschwendung von Energie: Unsere gesamte industrielle Technologie baut mittlerweile auf Verschwendung und nicht auf effizientem Einsatz von Energie auf.

Der Eintritt des Erdöls als Massenenergieträger bewirkte eine Zeitenwende. Die Industriegesellschaft wurde zur Konsumgesellschaft. Die billige Energie verhindert, daß die Stoffe im Kreislauf konsequent wieder genutzt werden (im Kreislauf gibt es keine Abfälle – Abfall ist tote und damit verschwendete Energie), also alle Abfälle wiederum als Vorprodukte für neue Produkte dienen. Die heutige Güterproduktion ist dagegen ein linearer Prozeß. Mit unverhältnismäßig hohem Energieeinsatz werden Produkte hergestellt, deren Gebrauch wiederum viel Energie erfordert und die nach immer kürzerem Gebrauch als Abfall entsorgt werden müssen.

ENERGIE: DAS UMWELTPOLITISCHE KERNPROBLEM

Zu billige Energie ist nicht nur die wesentliche Ursache für den Treibhauseffekt, sondern für die meisten anderen Umweltprobleme. Mineralischer Dünger beispielsweise, der aus dem endlichen mineralischen Rohstoff Phosphat unter großem Energieeinsatz gewonnen wird, ist die zwingende Voraussetzung für die moderne, großindustrielle Landwirtschaft. Der Phosphateinsatz bewirkt aber, daß die konventionelle Landwirtschaft erheblich zur globalen Erwärmung beiträgt. Billige Energie und damit niedrige Transportkosten in Verbindung mit billigem Mineraldünger ermöglichen den großflächigen Anbau von Soja in Brasilien, der ein wesentlicher Faktor für die Zerstörung der Urwälder und damit der Artenvielfalt ist. Ein realer Energiepreis und damit höhere Transport- und Anbaukosten würden diesen zerstörerischen Kreislauf entscheidend einschränken. Auch der Flächenverbrauch und die Zersiedlung in Deutschland, die mit der Zerstörung von Naturräumen und Artenvielfalt einhergehen, sind Folge eines niedrigen Energiepreises. Die Chlorchemie, Basis für zahllose höchst giftige Chemikalien, konnte sich nur durchsetzen, weil es Energie praktisch zum Nulltarif gibt. Und die heute gebräuchlichen, überdimensional viel Treibstoff verbrauchenden Kraftfahrzeuge sind ebenfalls eine Folge billiger Energiepreise. Ob Ölvorräte noch 50 oder 100 Jahre reichen, die Kohle 200 oder 400 Jahre: die Reserven werden definitiv zu Ende gehen und die nachfolgenden Generationen zweifach betrogen – um die billige Energie und um eine intakte Umwelt.

Wenn einmal Historiker auf das fossile Energiezeitalter der Menschheitsgeschichte zurückblicken, bestehen gute Aussichten, daß sie diesen Abschnitt als »Bankräuberepoche« einordnen. Sie könnten nämlich feststellen, daß die Menschen in ganzen 350 Jahren ihre Vorräte an Kohle, Öl und Gas verfeuert haben. Nimmt man an, daß Homo sapiens seit etwa einer Stunde existiert, dann hat er dafür ganze zwei Sekunden gebraucht. Mit unabsehbaren Konsequenzen: Er hat Unmengen von Abfall wie Schwefeldioxid, Stickoxide und Kohlendioxid in der Atmosphäre abgelagert und sie damit verschmutzt und aufgeheizt. Noch dazu hat er sich als arrogant erwiesen, weil er offensichtlich darauf vertraut hat, daß zukünftige Generationen schon eine Lösung finden werden, um ihren Energiebedarf zu befriedigen und die Schäden wieder zu beseitigen. Die historische Beurteilung der zweifellos grandiosen technologischen Leistungen und des materiellen Reichtums des Bankräuberzeitalters wird dann ergeben, daß diese Errungenschaften auf brüchigem Fundament gebaut waren: auf der Ausbeutung von viel zuviel billiger und schmutziger Energie in einer viel zu kurzen Zeit.

DIE ÜBERFLÜSSIGE ZERSTÖRUNG

Eigentlich dürfte es die beispiellose Zerstörung der letzten Urwälder und damit den rapiden Verlust an biologischer Vielfalt nicht geben, denn die internationale Staatengemeinschaft hat sich zum Erhalt der Artenvielfalt bekannt. Dazu zählen die »Biodiversitätskonvention«, die 170 Länder ratifiziert haben, das Abkommen über den Handel mit gefährdeten Arten, das Walfangmoratorium sowie die Verpflichtung der Staatengemeinschaft auf dem Johannesburg-Gipfel, die Zerstörung der Artenvielfalt bis 2015 zu minimieren. 10 Millionen Hektar beträgt der jährliche Flächenverlust an tropischen Regenwäldern. In 20 Jahren – so die Prognose – werden somit die letzten großen Regenwaldgebiete verloren sein. Die Zerstörung der Urwälder wird gemeinhin in Fußballfeldern gemessen. Doch der Vergleich ist schief, denn die Vernichtung findet nicht durch säuberliches Abschneiden intakter Flächen statt. Der Urwald wird, wie ein Tuch, das Motten zerfressen, immer löchriger und dünner, bis es schließlich nur noch Flecken intakter Substanz gibt; Lebensräume, die zu klein sind, um die biologische Vielfalt zu erhalten.

Ein komplexes Bündel von Faktoren verursacht diese Ausdünnung. Straßen fressen sich zum Abbau von Mineralien und zum Fällen von Hölzern in den Wald. Siedler dringen nach. Den großen Plantagen, denen der Urwald weichen muß, folgen die Holzkonzerne. Die Zerstörung der Urwälder ist eine Folge ungeplanter, ungesetzlicher, unsozialer und unökonomischer Landnutzung, insbesondere im Amazonasbecken, erst recht in Zentralafrika und zum großen Teil in Südostasien (Malaysia und Indonesien). 80 Prozent des Holzeinschlags in tropischen Regenwäldern ist illegal, im Amazonasbecken sind es etwa 90 Prozent. Die Spannbreite der illegalen Aktivitäten reicht von skrupellosen Landlords, die noch nicht demarkiertes Land mit Waffengewalt in Besitz nehmen und vor der Ermordung von Eingeborenen nicht zurückschrecken, über internationale Holzkonzerne, die über eine komplexe Kette von Mittels-

9

männern illegal gefällte Hölzer einkaufen, bis hin zu Kleinbauern, die aus purer Not Bäume fällen. Die Regenwaldzerstörung ist nicht nötig, damit sich die »armen« Länder entwickeln können. Dieses Märchen entbindet lediglich alle Beteiligten vom notwendigen Handeln. Unzureichende Anwendung von Gesetzen, Willkür und Korruption von Politikern sowie fehlende Eigentumstitel für die Kleinbauern – also schlicht der Mangel an Demokratie und eine unsoziale Politik – zerstören die Urwälder. Auch sind Indonesien, Malaysia und Brasilien keine »armen« Länder, sondern dynamische Wirtschaften und reichlich mit sonstigen natürlichen Ressourcen ausgestattet. Entscheidend jedoch tragen die landwirtschaftlichen Subventionen der Industrieländer zur Regenwaldzerstörung bei, insbesondere im Amazonas. Die im Regenwald angelegten Sojaplantagen liefern die Futtermittel für die perverse Massentierhaltung in den USA und Europa. Sinnlose Überproduktion und kostspielige Subventionen zerstören somit unwiederbringlich die letzen Reservate biologischer Vielfalt.

Wie man die Wälder schützen und Teile schonend nutzen kann, ist bekannt. In Brasilien muß neben der strikten Befolgung von Gesetzen und dem Kampf gegen die Korruption eine Landreform die sinnlose Besiedlung des Tropenwaldes mit Kleinbauern beenden. Brachliegendes, fruchtbares Land für Kleinbauern steht ausreichend zur Verfügung. Eine Landreform nähme den Siedlungsdruck auf die Wälder und würde, weil sie das Einkommen der ärmsten Landlosen erhöht, auch positive gesamtgesellschaftliche Auswirkungen zeitigen. Die Armut ginge zurück, die Einkommensverteilung würde gerechter, und letztlich könnte dadurch eine stabile, von Währungskrisen befreite industrielle Entwicklung eingeleitet werden. Nicht die Zerstörung, sondern der Schutz des Regenwaldes wäre somit der Motor der Entwicklung. Dieser Schritt muß jedoch gegen politisch einflußreiche Großgrundbesitzer durchgesetzt werden, eine soziale und demokratische Revolution wäre die Voraussetzung. Regierungschefs der Länder, die noch über große Ur-

waldreserven verfügen, bezeichnen Kritik an deren Zerstörung gerne als romantische Spinnerei oder unzulässige Einmischung in innere Angelegenheiten souveräner Staaten. Doch die Kritik kommt
nicht nur von außen. Auch inländische Gruppen, Eingeborene und
Nichtregierungsorganisationen wehren sich vehement gegen die
Zerstörung der Urwälder. Ihre Stimme ist jedoch ohne Unterstützung von außen schwach. Es fehlen ihnen demokratische Möglichkeiten, ihre Anliegen wirkungsvoll zur Geltung zu bringen.

Der Schutz der letzten Regenwälder ist keine ausschließlich nationale Angelegenheit der Länder, auf deren Staatsgebiet sich die Wälder befinden. Brasilien, dessen geographische Grenzen ein Produkt
historischer, also auch zufälliger Entwicklungen sind, hat nach moderner Interpretation des Völkerrechts keinesfalls das Recht, ein
Gut (den Regenwald), dessen Schutz für die gesamte Menschheit
essentiell ist, zu zerstören. Im Prinzip hat sich Brasilien durch die
Unterzeichnung der internationalen Konvention zum Schutz der Artenvielfalt auch zu dieser Verantwortung bekannt. Die Industriestaaten, die in der Lage wären, die nationale Souveränität etwa Brasiliens im Hinblick auf den Schutz des Regenwaldes in Frage zu
stellen, tun dies aber nicht.

Die zwischenstaatlichen Beziehungen zwischen Industrie- und
Regenwaldländern folgen dem bestehenden Muster. Sie bedienen
die jeweiligen nationalen, meistens kommerziellen Interessen. Die
Agrarlobby in Europa will weiterhin billige Futtermittel einkaufen und Brasilien weiter Soja exportieren. Westliche Konzerne
verlangen »Stabilität«, um in Brasilien zu investieren, ihnen ist der
Regenwald egal. Die wirklichen Probleme – die feudalistische
Landnutzungspolitik Brasiliens sowie Korruption und Gesetzesver-
stöße – sind zwar bekannt, aber die Industrieländer sprechen sie
nicht an. Die guten Wirtschaftsbeziehungen mit Brasilien sollen
nicht gestört werden. Deshalb beläßt man es bei schönen Reden
oder stellt Steuergelder als Entwicklungshilfegelder zur Verfügung,
die ein Problem lösen sollen, das sie gar nicht lösen können, weil die
Lösung nicht eine Frage des Geldes ist. Im negativen Sinne beispiel-

haft ist das G7-Pilotprogramm zum Schutz des Tropenwaldes in Brasilien. Die Weltbank und die deutsche Kreditanstalt für Wiederaufbau sind für dieses Projekt verantwortlich: 600 Millionen Dollar haben die G7-Staaten 1991 dafür zur Verfügung gestellt. Es wurden umfangreiche Consultant-Studien, Hunderte von Experten, Dutzende von Pilotprojekten finanziert, nur eines wird nicht erreicht: die Zerstörung zu stoppen.

Die Industrieländer, insbesondere Europa, hätten das Potential, die Abholzung der tropischen Regenwälder zu einem außenpolitischen Thema zu machen. Der Schutz der letzten Urwälder in den Tropenländern, der für den Erhalt der biologischen Vielfalt essentiell ist, ist für den Westen und Europa allerdings nicht umsonst zu haben. Europa sollte deshalb ein Abkommen mit den Tropenwaldregionen, insbesondere Brasilien, Indonesien und Malaysia, vorschlagen, das die Tropenwaldländer für den Schutz bzw. die schonende Nutzung dieser Wälder entschädigt. Europa muß damit den zähen Verhandlungen über die Biodiversitäts-Konvention mit einem übergreifenden Deal endlich zu einem Durchbruch verhelfen: Kompensation gegen Schutz.

Die betroffenen Tropenwaldländer, so etwa Malaysia, weisen nicht zu Unrecht darauf hin, daß die heute industrialisierten Länder zwar einerseits viel Geld ausgeben, um Luchse, Wölfe und andere einst bei ihnen heimische Tierarten wieder auszuwildern, sie aber andererseits ihre eigenen Urwälder für den wirtschaftlichen Aufbau in der Vergangenheit rücksichtslos zerstört haben. Die Urwaldländer beanspruchen, moralisch verständlich, ein gleiches »Recht auf Zerstörung«. Diese Zerstörung bringt ihnen Devisen, etwa für den Export von Palmöl, Soja und Hölzern, die beim Schutz oder schonender Nutzung nicht oder in viel geringerem Umfang anfielen. Für diesen Einnahmeausfall muß man, wenn man die letzte Chance zur Rettung der Regenwälder nutzen will, die betreffenden Länder entschädigen.

Ein derartiger Deal hat freilich nur Aussichten auf Erfolg, wenn ihn eine Außenpolitik, die auf die Einhaltung und Durchsetzung von Menschenrechten und Demokratie besteht, begleitet und unterstützt. Denn wenn Urwaldländer bereit sind, gegen finanzielle Kompensation ihre Wälder zu schützen, gelingt dies nur, wenn rechtsstaatliche Systeme dem illegalen Holzeinschlag und anderen widerrechtlichen Nutzungen Einhalt gebieten.

Mit über 300 Milliarden Dollar subventionieren die Industrieländer jährlich ihre Landwirtschaft, die ihrerseits durch Futtermittelimporte die Zerstörung der Urwälder beschleunigt. Schon ein Ende dieser Subventionen würde den Raubbau, besonders in Brasilien, verringern. Mit einem Bruchteil der Summe, rund 40 Milliarden Dollar jährlich, könnten die Tropenwaldländer für unmittelbare Einnahmeausfälle entschädigt werden. Die Ressourcen sind also da, die Lösung auch. Die Zerstörung ist – das ist so bitter – überflüssig. Die Menschheit könnte es sich »leisten«, diesen Schatz zu erhalten.

DER ZERSTÖRERISCHE MARKTMECHANISMUS

Die wirtschaftliche Globalisierung muß für viele erhoffte positive Effekte herhalten, auch dafür, daß sie angeblich die fortschreitende globale Umweltzerstörung stoppen könne. Das Gegenteil ist der Fall, sie beschleunigt diese Entwicklung.

Der Kapitalismus, definiert als ein System von auf privatwirtschaftlichem Profit basierenden Märkten, ist überaus effizient in der Bewirtschaftung von knappen Gütern. Allerdings versagt der Marktmechanismus grundsätzlich bei der Bewirtschaftung von Gütern, deren Preise nicht die tatsächlichen Knappheitsrelationen und damit die tatsächlichen Kosten dieser Güter widerspiegeln. Da sich für diese Güter keine effektiven Preise auf freien Märkten bilden, kann der Markt diese Güter auch nicht effizient bewirtschaften. Ein Beispiel ist der Preis für fossile Energie. Um den Verbrauch fossiler Energie zu senken, ist ein erheblich höherer Preis für fossile Energieträger notwendig. Dieser höhere Preis bildet sich nicht, weil der

Markt die Risiken und Kosten zukünftiger Klimakatastrophen nicht erfassen kann. Um zu einem wirksamen Klimaschutz zu kommen, reicht es also nicht, sich auf die vom Markt herangebildeten Preise zu verlassen. Ähnliches gilt beispielsweise für den Schutz der Wale: Würde die Jagd auf Wale durch den Marktmechanismus geregelt, käme es mit ziemlicher Sicherheit zur Ausrottung dieser Spezies.

Die natürlichen Ressourcen haben keinen Preis, der die Kosten ihrer Zerstörung auch nur angemessen widerspiegelt. Der Regenwald kostet nichts, nur die Abholzung und der Transport der gefällten Bäume. Auch die Fische im Ozean kosten nichts, und die Nutzung der Atmosphäre als Deponie für den Abfall (CO_2), der beim Verbrennen fossiler Brennstoffe anfällt, ist auch umsonst zu haben. Eine Öffnung der Grenzen, die zu einer Spezialisierung der Produktion führt, wird die Produktion umweltschädlich hergestellter Güter ausweiten, wenn diese einen relativen Vorteil auf dem Weltmarkt haben. Denn der Faktor Umwelt kostet nichts. Durch die Ausweitung werden die Umweltprobleme multipliziert. Es findet also bei der Nutzung natürlicher Ressourcen kontinuierliche Übernützung und damit Zerstörung statt, solange es keine künstlichen Schranken gibt. Nicht die endlichen Ressourcen sind davon in erster Linie betroffen, sondern die erneuerbaren Ökosysteme wie Luft, Wälder und Meere, deren Zerstörung irreversibel ist, wenn sie eine bestimmten Grad erreicht hat.

Aufgrund seiner Unvollkommenheiten wirkt der Marktmechanismus ohne Rahmenvorgabe also zwangsläufig naturzerstörerisch. Diese These läßt sich leicht verifizieren: Die Naturzerstörung der letzten 50 Jahre in den kapitalistischen Industrieländern ist einmalig in der Geschichte der Menschheit. Zu allem Überfluß verstärken die Regierungen der Industrieländer diese Markt- und Preisverzerrung noch durch jährlich etwa 600 Milliarden Dollar für Subventionen von Energie, Verkehr, Landwirtschaft und Wasser. Ohne diese Subventionen gäbe es erheblich weniger Umweltprobleme.

Die Lizenzen zur Naturzerstörung sind auch in Deutschland zahlreich. Entfernungspauschale und Eigenheimzulage fördern Zersiedlung, Flächenverbrauch und gefährden die biologische Vielfalt. Die hochsubventionierte Landwirtschaft trägt zur globalen Erwärmung bei, laugt die Böden aus und verschmutzt die Gewässer. Die Milliardensubventionen in die Steinkohle verstärken den Treibhauseffekt, und die Atomkonzerne können künstlich verbilligten Strom anbieten, weil sie steuerfreie Rücklagen in Milliardenhöhe für die Entsorgung ihrer Anlagen und des nuklearen Abfalls bilden dürfen. Indirekte Subventionen bestehen in der Form verminderter Haftung. Für mögliche Schäden der Gentechnologie in der Landwirtschaft (»grüne Gentechnologie«) haftet keine Versicherung. Auch die versicherten Haftungsgrenzen für Atomkraftwerke sind so niedrig, daß die Allgemeinheit die Schäden eines großen Atomunfalls bezahlen muß und nicht die Unternehmer. Ein Würstchenbudenbesitzer geht größere unternehmerische Haftungsrisiken ein als die Manager von Konzernen, die mit großtechnologischen Risiken experimentieren. Das Verursacherprinzip, nach dem der Verursacher von Schäden auch für diese bezahlen und haften muß, ist in der Umweltpolitik – soweit die wirklichen Probleme betroffen sind – außer Kraft gesetzt.

Die wirtschaftliche Globalisierung, also die weltweite Durchsetzung des Marktmechanismus, stimuliert – ein erwünschter Effekt – das wirtschaftliche Wachstum. Man müsse erst wachsen, um Umweltschutz bezahlen zu können, heißt es auch. Wenn jedoch dieses Wachstum natürliche Ressourcen unwiederbringlich zerstört, ist diese Forderung reichlich absurd. Wirtschaftliches Wachstum, das mit einem ständig steigenden Energie- und Ressourcenverbrauch einhergeht, schafft nicht Wohlstand, sondern zerstört. 1950 betrug das Weltbruttosozialprodukt fünf Trillionen Dollar, 2000 erreichte es bereits 30 Trillionen Dollar. Zwischen 1990 und 2000 stieg es um 8 Trillionen Dollar, um soviel wie zwischen dem Beginn der Zivilisation und 1950. Ebenfalls von 1950 bis zur Jahrhundertwende hat sich der Verbrauch an Holz verfünffacht, der Getreideverbrauch verdreifacht, und es wurde die vierfache Menge an fossilen Brennstoffen verfeuert.

Die ökologische Debatte leidet unter einem Dilemma, das bisher nicht wirklich Gegenstand einer öffentlichen Diskussion ist: Einerseits wird ökonomisches Wachstum nach wie vor als Schlüssel angesehen, um die Armut zu überwinden und Arbeitsplätze zu schaffen. Auf der anderen Seite werden die Ideale der nachhaltigen Entwicklung, nämlich die Bewahrung der Artenvielfalt, der Schutz der natürlichen Ressourcen und ein Wirtschaften im Einvernehmen mit der Natur, beschworen. Das Dilemma ist fundamental. Mit dem Wirtschaftswachstum und dem damit verbundenen ansteigenden Verbrauch an endlichen und erneuerbaren Ressourcen verbessern sich zwar weltweit die ökonomischen Indikatoren, die ökologischen jedoch verschlechtern sich: Abnahme der Artenvielfalt, Ausbeutung der Meere, Zerstörung der Urwälder, Aufheizung des Klimas, Verlust der Grundwasserreserven und des fruchtbaren Bodens.

Daß mit positiven Wachstumsraten positive Entwicklungen verknüpft werden, liegt auch daran, daß die statistische Berechnung der Wirtschaftsleistung ökologische Schäden nicht berücksichtigt. Jeder Verkehrsunfall und die Abholzung eines tropischen Regenwaldes (der dadurch unwiederbringlich verlorengeht und nicht wieder aufgeforstet werden kann) erhöhen das Bruttosozialprodukt. Die Weltbank hat in einer Studie nachgewiesen, daß die positiven Wachstumsraten einiger afrikanischer Länder und deren positive Sparquoten bei einer Miteinrechnung des Naturverbrauches sich in negative Wachstumsraten verkehren. Schon lange gibt es Berechnungsmethoden, die diese Schwäche der volkswirtschaftlichen Gesamtrechnung überwinden. Zum Beispiel hat das afrikanische Wirtschaftswunderland Ghana trotz traumhafter Wachstumsraten nach dieser alternativen Bewertung eine beträchtliche Verminderung des volkswirtschaftlichen Vermögens erfahren. Daß die angemessenen Berechnungsweisen nicht in die Praxis umgesetzt werden, hat offensichtlich politische Ursachen. Sie würden die Illusion von der Wohlstandsvermehrung durch Wirtschaftswachstum nachhaltig zerstören.

Doch am Dogma »Wachstum« rüttelt niemand. Ob Sachverständigenrat zur Begutachtung der gesamtwirtschaftlichen Entwicklung, ob Internationaler Währungsfonds, Weltbank oder Regierungen: wirtschaftliches Wachstum ist erklärtes und nicht einmal in Ansätzen bezweifeltes Ziel. Schon eine Korrektur der Wachstumsprognosen von 2,5 Prozent auf 1,5 Prozent führt zu panischen Entzugserscheinungen. Das liegt daran, daß es auch politische Wachstumszwänge gibt. Die repräsentative Demokratie in ihrer heutigen Form, die zum Spielball der Lobbygruppen geworden ist, braucht Wirtschaftswachstum. Damit kann sie die Lösung drängender Verteilungsprobleme hinausschieben. Mit dem Verteilen zusätzlicher Wohltaten an die verschiedenen Interessengruppen können die Politiker Konflikte vermeiden und ihr wichtigstes Ziel erreichen: den Machterhalt. Sind Sozialsysteme abhängig vom Grad der Beschäftigung, weil sie durch Abgaben auf den Faktor Arbeit finanziert werden, entsteht zusätzlicher Wachstumszwang. Eine Wachstumskrise offenbart dann dramatisch die Anfälligkeit des Systems. So befinden sich moderne Demokratien in einem Teufelskreis. Sie müssen wachsen, um den sozialen Frieden zu bewahren, das Wachstum aber ist zerstörerisch. Zwei Dinge müssen deshalb geschehen: Die Sozialsysteme müssen steuerfinanziert sein, nicht durch Abgaben auf den Faktor Arbeit, und nur ein Wirtschaftswachstum, das nicht mehr, sondern weniger Rohstoffe und Energie braucht, hat Zukunft.

DIE ZUKUNFT DES WACHSTUMS

Aus ökologischer Sicht ist nicht das Wachstum des Bruttosozialproduktes oder anderer statistischer Indikatoren des Volkseinkommens das eigentliche Problem, sondern das Ansteigen der mit dem Wachstum der Güterproduktion einhergehenden Stoffströme, also des Verbrauches von Materie und Energie. Ein steigender Verbrauch von Materie und Energie erhöht die Belastung der Umwelt, eine Reduktion hat dagegen einen entlastenden Effekt. Es ist deshalb eigentlich unpräzise, von »Nullwachstum« oder »Nullwachstum des Sozialproduktes« zu sprechen, um einen Zustand zu beschreiben, der tendenziell die Belastung der Umwelt nicht weiter erhöht. Es geht vielmehr um den mit der Produktion verbundenen Umfang der Stoffströme.

Das sogenannte Effizienzwachstum, also die Entkoppelung des Ressourcenverbrauchs vom wirtschaftlichen Wachstum, wäre zumindest mittelfristig ein Ausweg: die Produktion von mehr Gütern mit weniger Rohstoffen und Energie. Dies ist eine scheinbar wunderbare Lösung, die stetig steigenden materiellen Reichtum und eine heile Umwelt verspricht. Effizienzgewinne sind in der Tat unerläßlich, doch diese lassen sich nicht unbegrenzt erzielen; es gibt physikalische Grenzen. Effizienzsteigerungen können Wachstumsgrenzen höchstens hinausschieben, nicht umgehen.

In der Praxis haben allerdings bisher die Wachstumseffekte die Effizienzgewinne beim Verbrauch von Rohstoffen und Energie deutlich überkompensiert, sowohl weltweit als auch national. Seit 1950 ist in Deutschland der Primärenergieverbrauch pro Kopf unaufhörlich gestiegen. Der Heizverbrauch pro Wohnfläche hat sich verringert, aber die Wohnfläche pro Person hat sich weit stärker erhöht. Der Verbrauch an Treibstoff pro PS der Verbrennungsmotoren ist gesunken, doch das Verkehrsaufkommen, die gefahrenen Kilometer und die Motorenleistungen haben um ein vielfaches zugenommen. Die Papierindustrie konnte zwar erhebliche Einsparungen beim Einsatz von Zellstoff, Energie und Wasser erzielen, doch hat sie ihre Produktion mehr als verfünffacht.

Wirtschaftsvertreter und Politiker weisen mit Stolz auf die hohen Effizienzgewinne hin, doch diese beziehen sich in den meisten Fällen auf die Effizienzgewinne pro Produkteinheit: Die Menge an Roheisen pro Tonne Stahl, die Menge an Zellstoff pro Tonne Papier, die Menge an Treibstoff pro PS eines Motors, die Mengen an

Edelmetallen pro installiertem Megabyte in einem PC. Doch dies alles reicht bei weitem nicht aus, um die Mengeneffekte des Wachstums aufzufangen. Die Speicherleistung eines modernen Personalcomputers erforderte vor 20 Jahren noch eine Apparatur, die ein Wohnzimmer ausfüllte. Ein Gerät mit derselben Leistung paßt heute in einen Aktenkoffer. Doch gibt es heute Hunderte Millionen von Personalcomputern, und mit ihrer Zahl ist auch die Menge der verbrauchten Rohstoffen, und des bei der Entsorgung der Geräte anfallenden giftigen Elektronikschrottes drastisch angestiegen.

Die Vereinigung der europäischen Automobilhersteller hat sich in einer freiwilligen Selbstverpflichtung bereit erklärt, den durchschnittlichen CO_2-Ausstoß ihrer Fahrzeugflotten von 180 mg/km auf 140 mg/km bis zum Jahre 2012 zu reduzieren. Das entspricht scheinbar also einem Rückgang von 20 Prozent. Wegen des zusätzlichen Verkehrsaufkommens wird sich jedoch nach Schätzung der OECD trotz dieser Vereinbarung der CO_2-Ausstoß des privaten Autoverkehrs bis 2012 um 60 Prozent erhöhen. Also müßte der durchschnittliche Treibstoffverbrauch pro km sich um 80 Prozent vermindern, um auf eine tatsächliche Reduktion von 20 Prozent zu kommen.

Technologisch ist es sogar durchaus möglich, derartig weitgehende Effizienzgewinne zu erzielen. Wie begrenzt jedoch der Spielraum bei kontinuierlichem Wirtschaftswachstum ist, zeigt folgendes Beispiel: Bei einer Wachstumsrate von 2 Prozent über fünfzig Jahre müßte der Rohstoff- und Materialdurchsatz um 60 Prozent reduziert werden, allein nur um den Durchsatz an Ressourcen konstant zu halten und nicht weiter ansteigen zu lassen. Eine Halbierung des Energiedurchsatzes in diesem Szenarium würde eine Reduktion um 80 Prozent erfordern – also um den Faktor 5.

Die heutige ökonomische Theorie gibt keine Antwort auf die Frage, ob und wie ein Wachstum, das nicht mehr Rohstoffe und Energie verbraucht, in einer Marktwirtschaft möglich ist und wie es sich auswirkt. Die Theorie unterstellt die Möglichkeit unbegrenzten Wachstums, indem sie indirekt die Unbegrenztheit natürlicher Ressourcen und des Ökosystems impliziert. Ihr Hauptargument ist, daß sogenanntes »Naturkapital« durch sogenanntes »Humankapital« ersetzt werden kann. Dabei wird ignoriert, daß auch die Produktion von »Humankapital« den Einsatz von Energie und Rohstoffen erfordert. Die Theorie übersieht die Grenzen, die durch die Endlichkeit der Natursysteme, durch die Entropie-Gesetze und durch ökologische Interdependenzen gesetzt werden. Das war nicht immer so. Die klassische ökonomische Theorie hat sich durchaus mit den Grenzen des Wachstums befaßt. John Stuart Mill etwa sah in einer stationären Wirtschaft, die nicht mehr von unentwegtem Streben nach Wachstum und mehr Reichtum geprägt ist, sogar einen erstrebenswerten Zustand der Gesellschaft. In neuerer Zeit wurde die Diskussion um die »Grenzen des Wachstums« von der gleichnamigen, im Auftrag des »Club of Rome« von Dennis Meadows erstellten Studie wieder belebt. Sie prognostizierte – unter dem Eindruck der Ölkrise – das Ende des Wirtschaftswachstums aufgrund der Endlichkeit der natürlichen Ressourcen. Diese Prognose ist bisher nicht eingetroffen. Meadows hat in seinem Werk »Die neuen Grenzen des Wachstums« das Thema wieder aufgegriffen und postuliert, daß die Biosphäre im Hinblick auf die Absorption von Schadstoffen und die Übernutzung der Ökosysteme so geschädigt sei, daß einem weiteren Ansteigen der Güterproduktion dadurch natürliche Grenzen gesetzt seien.

Es ist wahrscheinlich, daß wirtschaftliches Wachstum ohne zusätzlichen Energie- und Rohstoffverbrauch zu geringeren Wachstumsraten führen wird. Wachstum gäbe es nur noch einerseits aufgrund erhöhter Arbeitsproduktivität, so daß mit der gleichen Menge an Beschäftigten ein wertmäßig größerer Output produziert werden kann, oder aufgrund technologischer Neuerungen, die zu wertmäßig höherer Produktion mit geringerem Kapitaleinsatz führen: z. B. Ablösung der Schallplatte durch die Compactdisc. Für diese Art Wachstum gibt es keine (natürliche) Schranke. Dies gilt jedoch beim Einsatz natürlicher Ressourcen und Energie nicht. Hier sind Effizienzsteigerungen durch physikalische Gesetze nach oben begrenzt.

Die Erkenntnis, daß der niedrige Preis der Energie und andere Rahmenbedingungen die Verschwendung von Ressourcen begünstigen und damit die globale Umweltzerstörung verstärken, beginnt sich durchzusetzen. Doch die orthodoxen Globalisierungsbefürworter argumentieren, die »Globalisierung könne doch nichts dafür«, wenn die Preise die falschen Anreize geben und nicht zum effizienten Einsatz von Energie führen. Ähnlich verantwortungsvoll wäre es, die Geschwindigkeitsbegrenzung an einer riskanten Straßenkurve aufzuheben, in voller Kenntnis der Tatsache, daß sich die Anzahl der tödlichen Unfälle drastisch erhöhen wird. Die Globalisierung und die Integration der Weltmärkte beruht auf politischen Entscheidungen von Regierungen. Wenn diese Entscheidungen zu irreversiblen Schäden führen, dann müssen sich die Voraussetzungen so ändern, daß die negativen Folgen dieser Entscheidungen nicht eintreten. Das heißt, wirtschaftliche Globalisierung kann verantwortungsvoll nur vorangetrieben werden, wenn eine effektive Klimaschutzpolitik sowie der Schutz der Urwälder und anderer erneuerbarer Ressourcen gewährleistet sind.

Globale Umweltpolitik braucht somit auch ein anderes Verständnis von zwischenstaatlicher Politik, nämlich eine Politik, die nationale Souveränitätsansprüche, wenn es sich um kollektive Güter der Weltgemeinschaft handelt, in Frage stellt. Die ganze Welt schrie auf, als die Taliban in Afghanistan die weltberühmten Buddha-Statuen in Bamian sprengten. Dieses Weltkulturerbe könne ein einzelnes Land nicht einfach dem Erdboden gleichmachen, war die ungeteilte Auffassung. Ähnliche Maßstäbe müssen aber auch für die Klimapolitik der Industrieländer und die Urwaldzerstörung durch Brasilien und Indonesien gelten. Klimaschutz und Artenvielfalt sind für das Überleben zentrale kollektive Güter. Die Destabilisierung des Klimas und die Bedrohung der Artenvielfalt schädigt nicht nur diese kollektiven Güter, sondern verletzt auch die Menschenrechte, weil sie die Existenz von Menschen weltweit unmittelbar bedroht. Die Einschränkung nationaler Hoheitsrechte ist somit aus völkerrechtlicher Perspektive völlig legitim.

DIE MÄR VON DEUTSCHLAND ALS VORREITER
IM UMWELTSCHUTZ

In Deutschland hält sich beharrlich das Vorurteil, Vorreiter im Umweltschutz zu sein – und daß erst einmal die anderen, seien es die europäischen Partner oder die USA, umweltpolitisch nachziehen müßten. Deutschland hat wie andere Industrieländer auch eindrucksvolle Erfolge im technischen Umweltschutz vorzuweisen. Die Luftqualität hat sich erheblich verbessert. In den Rhein und die Elbe kehren die Lachse zurück. Der saure Regen ist dank der Filter, die das Schwefeldioxid aus der Abluft der Stahl- und Eisenindustrie herausfiltern, Vergangenheit. Das sind Fortschritte. Auf der anderen Seite der Bilanz stehen eine zunehmende Zersiedlung der Landschaft, die Verschmutzung und Überdüngung von Grund- und Oberflächenwasser durch Pestizide und Stickstoffeinträge einer überindustrialisierten Landwirtschaft sowie steigende CO_2-Emissionen im Verkehr. Auch die erfreuliche Sauberkeit der industriellen Produktionsprozesse ist bloß relativ. Kläranlagen und Filter haben Abwässer und Abluft zwar gereinigt, toxische Klärschlamme und Filterstäube bleiben jedoch konzentrierter als vorher zurück. Jährlich lagert Deutschland mehrere hunderttausend Tonnen dieses hochgiftigen Industriemülls in ausgedienten Bergwerken ab. Die Saubermänner verstecken ihren Schmutz.

Die wichtigste Aufgabe der Umweltpolitik besteht nicht mehr darin, lokale Verschmutzungsquellen zu bekämpfen und die Gifte herauszufiltern, sondern den Verbrauch an Rohstoffen und Energie insgesamt einzuschränken. Je höher die Produktion pro Kopf ist, je reicher ein Land ist, desto mehr muß es also Vorreiter im Sinne globaler, ökologischer Gerechtigkeit sein: desto mehr muß es seinen Verbrauch an Rohstoffen und Ressourcen zurückfahren. Die Schritte, die das reiche Deutschland bisher unternommen hat, sind so gesehen höchstens eine Selbstverständlichkeit und im Vergleich zu anderen europäischen Partnern keineswegs glänzend.

Der durchschnittliche CO_2-Ausstoß pro Kopf liegt knapp

30 Prozent höher als der europäische Durchschnitt, die Effizienz der Energienutzung ist im Vergleich zum übrigen Europa um 15 Prozent schlechter. Die Erfolge in der Rückführung von CO_2-Emissionen in der Industrie gehen zu drei Viertel auf den Zusammenbruch der ostdeutschen Industrie zurück, ohne diesen Faktor ist die deutsche CO_2-Reduktion nicht größer als die von Großbritannien. Ob Energieverbrauch pro Quadratmeter Wohnfläche, ob Naturschutz, ob Flächenverbrauch, in keinem dieser Bereiche bekleidet Deutschland mehr die Spitzenposition. Deutschland wird in atemberaubender Geschwindigkeit zubetoniert. Der Flächenfraß beläuft sich auf 120 Hektar täglich; jährlich entspricht das einer Fläche fast so groß wie der Bodensee. Die britische Regierung hat den Flächenfraß bereits gesetzlich auf 30 Hektar täglich begrenzt – dieses Ziel will die Bundesregierung erst 2020 erreichen.

Auch die selbstgewählten Klimaziele wird Deutschland nicht einhalten können. Der ehemalige Umweltminister Klaus Töpfer hat 1992 das Klimaschutzziel der deutschen Regierung definiert: 25 Prozent Reduktion der Kohlendioxidemission bis zum Jahre 2005. Um rund 18 Prozent sind die Emissionen in Deutschland seit 1990 insgesamt zurückgegangen. Bei besserer Konjunktur werden die Emissionen wieder steigen. Dennoch will die Regierung am ursprünglichen Klimaziel festhalten. Mit ihrer jetzigen Klimapolitik kann sie diese Ziele nicht erreichen.

Die umweltpolitischen »Erfolge« der rot-grünen Regierung werden erheblich überschätzt und schöngeredet. Das »Erneuerbare Energien-Gesetz«, das Abnahmepreise für Strom aus Photovoltaik und Windenergie garantiert, gilt als weltweit einmalig. Das ist es auch, doch es leistet mitnichten das klimapolitisch Notwendige. Die Photovoltaik-Förderung (100.000-Dächer-Programm) verschlingt 200 Millionen Euro im Jahr, ein Reduktionseffekt ist nicht einmal meßbar. Die Energieeinsparungsverordnung für besseren Wärmeschutz in Gebäuden ist halbherzig und bürokratisch, die angestrebten Standards liegen weit unter dem technisch und ökono-

misch Machbaren. Auch diese Maßnahme ist symptomatisch für die rot-grüne Politik: sie kostet Geld und tut nicht weh. Die grüne Umweltpolitik besteht im Fördern und nicht im Fordern – das ist ihr Manko. Der Atomausstieg ist eine Vereinbarung mit der Industrie, den reibungslosen Betrieb der Atomkraftwerke für 30 Jahre zu sichern. Man verzichtete darauf, die ungerechtfertigten Subventionen für die Atomindustrie (steuerfreie Rücklagen für die Beseitigung und Lagerung des Atommülls in Höhe von gegenwärtig 35 Milliarden Euro) zu streichen und die Haftungsgrenzen zu erhöhen. Diese Maßnahmen hätten dem Verursacherprinzip entsprochen, und der Anreiz, bereits abgeschriebene Reaktoren weiter zu betreiben, wäre viel geringer. Ein kurzfristiges Abschalten aller Atomkraftwerke hätte allerdings die Konzeptlosigkeit der rot-grünen Klimapolitik offengelegt. Denn sie beinhaltet keine Strategie, wie die durch das Abschalten der Atomkraftwerke zwangsläufig steigenden Kohlendioxidemissionen aus fossilen Kraftwerken, die den Stromausfall kompensieren müßten, reduziert werden könnten. Die rot-grüne Koalition hat es aus opportunistischen Gründen versäumt, ein konsistentes Programm zur Steigerung der Energieeffizienz in allen Bereichen aufzulegen. Dazu hätte sie sich dann auch mit der Autoindustrie anlegen müssen, hätte strengere Standards beim Gebäudebau beschließen und nicht zuletzt eine Ökosteuer vorlegen müssen, die den Namen auch verdient. Die deutsche Umweltpolitik muß, daran führt kein Weg vorbei, grundsätzlich umgestaltet werden. Sie muß Prioritäten setzen, sie muß bei der Klimaschutzpolitik und bei der Artenvielfalt ansetzen, auch muß sie entbürokratisiert werden. Mehrere tausend Gesetze und Verordnungen regeln, nein, reglementieren heute die Umweltpolitik. Ein einheitliches Umweltgesetzbuch gibt es noch nicht. Vor allem mittelständische Unternehmer leiden unter den aberwitzig vielen Vorschriften. »Um die Altölverordnung zu befolgen«, sagte einmal ein Unternehmer, »muß ich noch jemanden einstellen. Das ist auch eine Möglichkeit, die Arbeitslosigkeit zu bekämpfen.«
Groteskes Beispiel des bürokratischen Umweltschutzes ist der

»Grüne Punkt«, also die Verpackungsverordnung. Das Monopolunternehmen »Duales System Deutschland« (DSD) kostet den Verbraucher im Jahr knapp zwei Milliarden Euro. Mit hohem Aufwand werden Kunststoffe sortiert und wiederverwertet. Bei dieser Wiederverwertung handelt es sich allerdings nicht um ein Recycling im klassischen Sinne zur Wiederherstellung des ursprünglichen Rohstoffes, sondern es wird in erster Linie Plastik zu geringerwertigen Rohstoffen »zurückgecycelt«. Viel effektiver wäre es, eine Abfallabgabe zu erheben, bzw. schon eine Besteuerung des Rohstoffeinsatzes vorzunehmen, um die Unternehmen und Verbraucher zum sparsamen Umgang mit Rohstoffen zu zwingen. Besonders negativ ist die Komplexität und mangelnde Transparenz des Dualen Systems. Auch nach Jahren der Beschäftigung mit Umweltpolitik sind mir die Einzelheiten der Verpackungsordnung unverständlich.

Da Deutschland weltweit immer noch einen Ruf als umweltpolitischer Vorreiter hat, wird auch das Duale System vielerorten gelobt und zu allem Überfluß auch noch in die Dritte Welt exportiert. Der Grüne Punkt ist mittlerweile das weltweit am meisten genützte Markenzeichen. Es ist fast tragisch, daß der Grüne Punkt und der deutsche Wahn des Mülltrennens das Umweltverständnis eines ganzen Volkes geprägt haben – obwohl die Trennung des Hausmülls ökologisch gesehen ein absoluter Nebenkriegsschauplatz ist. Einmal zeigte mir ein regionaler Rotary-Präsident voller Stolz sein ausgeklügeltes Mülltrennsystem, das er für sich zu Hause entwikkelt hatte, einschließlich einer Methode, Joghurtbecher mit Brauchwasser auszuwaschen. Der Mann hatte zwei riesige Autos und einen Geländewagen vor seiner Tür stehen.

ÖKOSTEUER: DAS WATERLOO DER GRÜNEN UMWELTPOLITIK

Ohne eine deutliche Anhebung der Energiepreise kann das Kernproblem jeder Umweltpolitik, der zu hohe Energieverbrauch, nicht gelöst werden. Der Grünen-Partei kommt das historische Verdienst zu, diesen Gedanken überhaupt erstmals in praktische Politik umgesetzt zu haben. Allerdings werden in der Politik manchmal gute Ideen so schlecht umgesetzt, so daß dies die Idee selber gründlich diskreditiert. Das ist bei der Ökosteuer leider der Fall. Und es ist um so bedauerlicher, weil es für einen wirksamen Klimaschutz keine wirklichen Alternativen gibt.

Die Effizienz der Energienutzung muß erheblich gesteigert werden, also müssen dieselben Produkte und Dienstleistungen mit weniger Energieeinsatz erstellt werden. Dabei sollten allerdings geeignete Anreize zu einer Verringerung des Energieverbrauches bestehen, und das geht nach den Mechanismen der Marktwirtschaft nur über die Preise. In weiten Bereichen der Wirtschaft und der privaten Haushalte geben jedoch die Energiepreise noch keine hinreichend starken Signale. Energieverschwendung tut nicht weh.

Die Ökosteuer, so die Theorie, soll der Umverteilung der Steuerbelastung von Löhnen und Gehältern auf den Verbrauch von Energie- und Rohstoffen dienen. Eine spezielle Variante schlägt vor, die Steuerentlastung bei den Lohnnebenkosten vorzunehmen. Energie- und Rohstoffe werden dadurch teurer, der Faktor Arbeit wird durch die Entlastung der Lohnnebenkosten (zum Beispiel Rentenbeiträge) billiger. Daraus resultiert die sogenannte doppelte Dividende: Geringere Lohnkosten stimulieren die Beschäftigung, und höhere Energiepreise reduzieren den umweltschädlichen Verbrauch von Energie. Die Ökosteuer ist daher keine Steuer zur Finanzierung von Staatsausgaben, sondern lediglich ein Instrument zur Verlagerung der Abgabenlast, sofern sie aufkommensneutral ausgestaltet wird. Soweit die Theorie.

Die heute existierende Ökosteuer ist allerdings nichts anderes als eine Benzin- und Stromsteuer mit sozialer Schieflage, weil sie grundlegende Prinzipien ihrer eigenen Theorie verletzt. Zum einen steuert sie nicht ausreichend, denn es gibt zu viele Ausnahmen: Die klimaschädliche Kohle ist beispielsweise ausgenommen, während Strom aus erneuerbaren Energiequellen besteuert wird. Sie ist außerdem nicht belastungsneutral. Industrielle Energiegroßverbrau-

cher profitieren von den Vorteilen (Senkung der Lohnnebenkosten), werden aber von Steuerzahlungen nach wie vor in Milliardenhöhe befreit. Dies gilt auch noch nach dem Beschluß der
Koalitionsregierung im Herbst 2002, die Ausnahmen allmählich
abzubauen.

Fatal ist, daß die Regierung die Bemessung der Ökosteuer vom Finanzbedarf der Rentenversicherung abhängig gemacht hat. Wenn
ein bestimmter Finanzbedarf vorgegeben wird, dann dient die Ökosteuer nicht mehr der Umverteilung, sondern der Finanzierung des
Haushaltes, was sie nicht soll. Ein weiterer Nachteil ist, daß die
Entlastung nicht sichtbar wird, denn es soll lediglich eine weitere
Steigerung der Rentenbeiträge verhindert werden; der Arbeitnehmer spürt die Entlastung also nicht wirklich als Entlastung in
seinem Geldbeutel: Das ist schlecht für die Akzeptanz. Ausgesprochen schädlich ist zudem, daß damit der nötige Druck zur Reform
der Sozialversicherungssysteme, in diesem Fall der Rentenversicherung, abgeschwächt wird. Diese schädliche Auswirkung ist mittlerweile mehr als deutlich. Die Regierung (und damit die Partei der
Grünen) hat ihr eigenes Modell ad absurdum geführt. Im Haushalt
2003 wurde beschlossen, einen Teil der Einnahmen für die allgemeine Haushaltskonsolidierung zu verrechnen. Die Lohnnebenkosten (Rentenbeiträge) sinken nicht, sondern steigen, und was das
schlimmste ist: Es gibt kein Konzept für die weitere Entwicklung
der Ökosteuer.

Die Fortschreibung der Ökosteuer sollte auf drei Elementen basieren: Erstens, die steuerliche Aufkommensneutralität muß unbedingt beibehalten werden; zweitens, die steuerliche Entlastung
darf wegen der konzeptionellen und praktischen Schwierigkeiten
nicht über die Senkung der Lohnnebenkosten erfolgen, und drittens, der Energieverbrauch der Industrie sollte nicht über eine Steuer, sondern durch einen Handel mit Emissionszertifikaten reduziert
werden.

Keinesfalls darf das Prinzip der steuerlichen Aufkommensneutralität – das heißt, daß die Steuerbelastung insgesamt nicht steigt –

aufgegeben werden. Die Ökosteuer wäre tot, wenn das Geld für irgendwelche als ökologisch bezeichnete Projekte ausgegeben wird. Wer soll denn jemals nachweisen, daß ein Projekt ohne die Öko-steuer nicht finanziert worden wäre? Und wer entscheidet über die ökologische Förderungswürdigkeit? Diese Entscheidungen müssen dem Markt überlassen werden. Dieser wird bei steigenden Energie-preisen dafür sorgen, daß sich der Energieverbrauch dort reduziert, wo es die größten Potentiale gibt.

Eine aufkommensneutrale Ökosteuer funktioniert so: Für den Verbraucher/Hersteller wird der Energieverbrauch teurer. Wer en-ergiesparende Geräte/Produktionstechniken einsetzt, wird weni-ger belastet als andere. Die Nachfragestruktur verändert sich bei gleichbleibender gesamter Steuerbelastung. Die Rückerstattung des Steueraufkommens sollte so ausgestaltet sein, daß derjenige, der im Vergleich zum Durchschnitt Energie besser einsetzt, am Schluß besser dasteht, hingegen derjenige, der weiter Energie verschwen-det, bestraft wird. Erhöhen sich beispielsweise die durchschnitt-lichen Ausgaben privater Haushalte für Energie (Strom, Benzin etc.) wegen der Ökosteuer jährlich um 100 Euro pro Kopf, so sollten al-le Haushalte mit diesem gleichen Beitrag gemäß den Prinzip der Auf-kommensneutralität auch wieder entlastet werden. Dabei werden diejenigen Haushalte, die ihre Nachfrage bzw. ihren Energiever-brauch so ändern, daß ihre Energierechnung um weniger als 100 Euro pro Kopf steigt, profitieren. Diejenigen, die ihre Verbrauchs-gewohnheiten nicht dementsprechend ändern, müßten draufzahlen.

Die konsequente Umsetzung des Prinzips der Aufkommensneu-tralität bei den privaten Haushalten erfordert, daß diese nicht nur die Belastung spüren, sondern auch alle direkt von der Entlastung profitieren. Am besten geschieht das dadurch, daß die Einnahmen der Steuer den privaten Haushalten direkt zurückgegeben werden. Lediglich eine Senkung der Lohn- und Einkommensteuer reicht nicht, weil große gesellschaftliche Gruppen (Rentner, Sozialhilfe-empfänger, Studenten und andere) nicht steuerpflichtig sind. Die Rückzahlung muß als direkte Pro-Kopf-Auszahlung jeder Bürger erhalten. Das Deutsche Institut für Wirtschaftsforschung hat 1994 diese auch als »Ökobonus« bezeichnete Kompensation in seiner grundlegenden Studie über die Ökosteuer vorgeschlagen. Der große Vorteil dieser Regelung: Sie ist administrativ einfach, und jeder sieht unmittelbar, was er in der Tasche hat. Nur so kann der Bürger verstehen, daß die Ökosteuer eben nicht »Abzocke« ist.

Auch die Unternehmen müssen Energie effizienter einsetzen, aber die Ökosteuer ist für diesen Zweck nicht optimal. Vor allem, weil die Ökosteuer alle gleichmäßig trifft, sowohl diejenigen Unternehmen, die noch große Effizienzreserven haben, also Energie praktisch ohne Kosten einsparen können, und diejenigen, bei denen das schwer ist. Die Industrie sollte deshalb von der Ökosteuer ausgenommen und statt dessen ein Emissionszertifikat-Handel eingeführt werden. (Ein solcher Handel ist wegen der großen Zahl der Wirtschaftssubjekte für private Haushalte kaum praktikabel.) Ein derartiger Handel ist mittlerweile auf europäischer Ebene für die 5000 größten Unternehmen beschlossen worden. Umgekehrt wie bei der Ökosteuer wird beim Handel mit Zertifikaten nicht der Preis der Energie festgelegt, und die Menge der eingesparten Emissionen bildet sich im Markt, sondern die Obergrenze der absoluten Emissionen wird bestimmt, und der Preis für die Reduktion einer Tonne CO_2 ergibt sich durch den Marktmechanismus.

Die Unternehmen, die ihr Reduktionssoll übererfüllen, können ihre überschüssigen Emissionsrechte an andere verkaufen, für die der Kauf billiger wäre, als selbst zu investieren. Kann ein Unternehmen beispielsweise 10.000 Tonnen Kohlendioxidemissionen ökonomisch einsparen, ist aber nur zu einer Reduktion von 8.000 Tonnen verpflichtet, kann es die restlichen 2.000 Tonnen auf dem Markt an ein anderes Unternehmen veräußern, für das es kostspieliger wäre, selber die Emissionen zu reduzieren. Es bestünde somit ein Anreiz für alle Unternehmen, nach Effizienzreserven in ihren Unternehmen zu suchen, und die Emissionen würden dort reduziert, wo es am billigsten ist. Aus ökonomischer Sicht sicherlich der beste Weg.

Eine intelligent ausgestaltete Ökosteuer ist der entscheidende Hebel für eine effektivere Klimapolitik. Sowohl Regierung als auch Opposition in Deutschland bleiben auf diese wichtige Herausforderung jedoch eine Antwort schuldig.

ÖKOLOGISCHE GLOBALISIERUNG

Das Paradoxe ist, daß es keine umweltpolitische Herausforderung gibt, für die heute nicht eine Lösung gefunden wäre; doch die Lösungen scheitern an der politischen Realität: Die Maßnahmen für einen erfolgreichen Kampf gegen die globale Erwärmung sind bekannt, doch der Meeresspiegel steigt, die Unwetterschäden nehmen zu, und die Klimaverhandlungen verheddern sich in einem unübersichtlichen Paragraphendschungel. Unisono wird der dramatische Verlust der Artenvielfalt beklagt, aber die letzten Urwälder fallen in rasantem Tempo kurzfristigen kommerziellen Interessen zum Opfer. Die Umweltbewegung und die Umweltpolitik sind offenbar an ihre politisch-ökonomische Grenze gestoßen.

Dutzende von regionalen und internationalen Umweltkonventionen – vom Montrealprotokoll, das die Produktion und die Anwendung von die Ozonschicht zerstörenden Substanzen regelt, über die Konvention von Basel, die den Handel mit Giftmüll bzw. dessen Export in Entwicklungsländer unterbindet, bis hin zur Oslo-Paris-Kommission, die das Verbot des Versenkens von Offshore-Installationen der Ölförderindustrie zum Gegenstand hat, um nur einige erfolgreiche Vereinbarungen zu erwähnen – belegen anerkennenswerte Anstrengungen. Doch reichen sie erstens nicht aus, und zweitens dürfen sie nicht den falschen Eindruck erwecken, die Industrieländer hätten ihre Hausaufgaben gemacht – das Gegenteil ist der Fall.

Denn nicht die technischen und politischen Lösungen sind das Problem, sondern deren Durchsetzung. Letztlich steht die Frage auf der Tagesordnung, ob unser Gesellschaftssystem zukunftstauglich ist. Wer verhindert die notwendigen Veränderungen? Was muß geschehen, daß diese Änderungen eine Durchsetzungschance haben?

Umweltpolitik hat bisher erfolgreich Schönheitsfehler der Marktwirtschaft, wie die Luftverschmutzung, beseitigt. Es dominierte eine überwiegend technokratische Umweltpolitik. Schönheitsreparaturen können jedoch die Zerstörung der Artenvielfalt und die Klimaerwärmung nicht aufhalten. Der Markt versagt bei dieser fundamentalen Aufgabe. Die wenigen Fortschritte im Kampf gegen die globale Umweltzerstörung sind gegen den Markt erreicht worden. Die Sonntagsreden von der Entmaterialisierung der Volkswirtschaft, von der Versöhnung von Ökonomie und Ökologie sind nur heiße Luft. Das Dilemma ist fundamental: Mit dem Wirtschaftswachstum und dem damit verbundenen ansteigenden Verbrauch an endlichen und erneuerbaren Ressourcen verbessern sich zwar weltweit die ökonomischen Indikatoren, die ökologischen aber verschlechtern sich. Steigende Rohölpreise sind schlecht für das wirtschaftliche Wachstum, aber gut für das ökologische Gleichgewicht, ein Rückgang der Bevölkerung gefährdet die Renten, aber schont die Umwelt.

Ein effektiver Widerstand gegen diese Entwicklung kommt nicht umhin, die gegenwärtige wirtschaftliche Globalisierung und damit insgesamt das marktwirtschaftliche System und dessen politische Institutionen in Frage zu stellen, und darf sich nicht mehr an Einzelphänomenen aufreiben. Diese Herausforderung nimmt die Umweltbewegung nicht wahr. Die Umweltverbände spielen heute eher die Rolle von nützlichen und wichtigen Umweltgewerkschaften – mit einem ausgeprägten Hang zum Protestritual. Einen gesellschaftlichen Nerv treffen sie nicht mehr, denn wer wollte die Umwelt nicht retten? Mit der Globalisierung als Gesamtphänomen und deren Bezug zum Umweltthema haben sie sich kaum auseinandergesetzt.

Die Macht der kommerziellen Interessen und das Versagen des Marktes, die fortschreitende Umweltzerstörung zu stoppen, muß endlich zum zentralen Thema einer globalen Umweltpolitik werden sowie die Unfähigkeit nationaler und internationaler Regierungssysteme, dieser Macht etwas entgegenzusetzen.

Deutschland könnte dadurch wieder eine Vorreiterrolle einnehmen, indem es intelligente Konzepte für Umweltpolitik auf internationaler Ebene vorschlägt. Die EU hat zwar eine konstruktive Rolle bei den Verhandlungen zum Kyoto-Protokoll gespielt und geht auch mit einer Reduktion bei den Kohlendioxid-Emissionen insgesamt voran, doch eine europäische Klima- oder Energiepolitik, die diese Zusagen auch erfüllt, ist nicht sichtbar. Von einer Umweltpolitik, die den Anforderungen globaler Gerechtigkeit entspricht, ganz zu schweigen. Die EU muß klarmachen, daß die Industrieländer eine koloniale Klimapolitik auf Kosten der Armen betreiben. Sie muß sich auch dafür einsetzen, daß internationale Umweltabkommen, wie das Kyoto-Protokoll, mit den internationalen Handelsvereinbarungen der WTO gleichberechtigt sind. Europa hätte somit die Möglichkeit, intern seine Energiepreise zu erhöhen und gleichzeitig den Energieanteil von Importen entsprechend zu belasten. Diese Belastung wäre nicht diskriminierend (in- und ausländische Güter werden gleich behandelt) und würde deshalb mit den WTO-Prinzipien übereinstimmen. Deutschland, als federführendes G7-Land für das Regenwald-Pilotprojekt Brasilien, kann zudem die Initiative für einen effektiven Schutz der letzten tropischen Urwälder vorschlagen: Kompensation gegen Schutz. Deutschland muß den Schutz der tropischen Regenwälder endlich zum Thema zwischenstaatlicher Politik machen.

Eine deutsche Regierung darf sich auch nicht scheuen, in Europa eine Diskussion darüber anzustoßen, daß die Industrieländer zu einem anderen Modell der wirtschaftlichen und gesellschaftlichen Entwicklung kommen müssen. Ein unbegrenzt weiter steigender materieller Wohlstand ist in einer begrenzten Welt schlichtweg nicht möglich. Europa sollte ein Leitbild der Entwicklung forcieren, das der Journalist Bernd Ulrich einmal so formuliert hat: »Wir müssen mehr Glück und mehr Zufriedenheit aus weniger Rohstoffen und Energie erzeugen.« In die zukünftige europäische Verfassung könnte ein Artikel aufgenommen werden, der wirtschaftliches Wachstum in diesem Sinne definiert: Wirtschaftliches Wachstum muß nicht nur ohne steigenden Naturverbrauch vonstatten gehen. Im Gegenteil: Es muß mit reduziertem Naturverbrauch erreicht werden.

AMAZONIEN, GOOD BYE

Das Schreckenswort jeder ökologischen Diskussion heißt »Verzicht«. Mit dem Verzichtsargument hat man die ökologische Debatte mittlerweile so gut wie abgewürgt. Es heißt, die Umwelt zu schonen, die natürlichen Lebensgrundlagen zu erhalten, sei gut und wichtig, aber wer sei schon bereit zu verzichten? Es wird Zeit, daß Ökologen offensiver mit diesem Thema umgehen. Wir müssen klarmachen, daß es erst einmal darum geht, die Spielräume, die sich dadurch ergeben, daß Energie und Ressourcen einfach nur verschwendet werden, auszuschöpfen. Mit 30 Prozent bis 50 Prozent weniger Einsatz an Rohstoffen und Energie können wir exakt denselben materiellen Wohlstand erhalten. Weiterer Spielraum ergibt sich daraus, die Privilegien der Interessengruppen zu streichen, die auf Kosten der Allgemeinheit produzieren. Dazu gehören die heutige Landwirtschaft, der Steinkohlebergbau, die Fischerei, der Schwerlastverkehr etc. Eine Streichung der Subventionen würde Verlierer produzieren. Aber die Gesellschaft als Ganzes gewönne.

Erst dann stellt sich die Frage nach veränderten Verbrauchs- und Produktionsweisen – und sie muß offensiv beantwortet werden. Denn jeder »Verzicht« bringt auch einen Gewinn. Wie groß ist der Verzicht, wenn wir Autos fahren, die weniger groß und weniger schwer sind? Wenn wir nicht immer Lebensmittel haben, die künstlich so aufpoliert sind, daß sie ewig halten, dafür aber besser schmecken? Wenn wir intakte Natur genießen können. Wenn das Leben vielleicht insgesamt weniger hektisch wird und wenn wir nicht immer von neuen Innovationen vorangetrieben werden: Ist das Verzicht? Ist das nicht auch oder eher Gewinn? Glück und Zufriedenheit der Menschen, nicht nur unaufhörlich steigender materieller Reichtum, müssen – in den Industrieländern – (wieder) zu einer gesellschaftlichen Vision werden.

An einem frühen Morgen stand ich auf dem Deck der »Arctic Sunrise«, einem Schiff der Greenpeace-Flotte. Wir ankerten in der Nähe einer Kleinstadt am Mittellauf des Amazonas. Als ich mich an die Reling lehnte, herrschte noch tiefe Stille über dem ruhigen, breiten Strom. Das gegenüberliegende Ufer war kaum zu sehen. Dichte Nebelschwaden hingen in den Baumkronen. Plötzlich brachen sich die ersten Sonnenstrahlen in unzähligen kleinen Schaumköpfen; die ganze Wasseroberfläche schien sich zu bewegen. Ich sah näher hin. Dutzende, vielleicht Hunderte rosa Delphine tummelten sich im Wasser, spielten in den Wellen rings um das Schiff. Gleichzeitig schwoll das Krächzen von Vögeln und Affen langsam zum Konzert des Urwaldes an. Es war atemberaubend schön und zugleich schmerzhaft. Einige Kilometer flußaufwärts hatte ich die brutalen Schneisen der in den Wald geschlagenen Straßen gesehen. In einem Wald, der für viele unberührte Naturvölker nach wie vor die einzige Existenzgrundlage ist. Etwa 20 Indianerstämme in der Provinz Amazonien, wo es ganze zwei große Straßen gibt, haben noch nie einen Weißen zu Gesicht bekommen. Immerhin 98 Prozent des Waldes in Amazonien, das dreimal so groß wie Frankreich ist, sind noch erhalten. Aber an den Rändern nagt schon die Zerstörung. Es wird nicht mehr lange dauern, dann wird auch Amazonien das Schicksal anderer Amazonasprovinzen teilen und zerstört sein, ohne für die Menschen die versprochenen wirtschaftlichen Vorteile gebracht zu haben. An diesem Morgen spürte ich, daß der Mensch mit der Zerstörung der Natur auch etwas in sich selber kaputtmacht. Etwas, das er vielleicht, ohne daß es wissenschaftlich belegbar ist, sehr stark braucht. Ich will nicht in einer Welt leben, in der es den Amazonas-Urwald nicht mehr gibt.

4
PALÄSTINA IST ÜBERALL

MÖGLICH WIRD WAHRSCHEINLICH

Ohne Frieden müssen alle Bemühungen fehlschlagen, Globalisierung gerecht zu gestalten. Aber nach dem 11. September 2001 besteht wenig Hoffnung auf mehr globale Sicherheit. Das läßt sich auch an den Strategien der Rückversicherungsunternehmen ablesen. Die Schäden der Anschläge auf das World Trade Center und das Pentagon ließen sie eine folgenreiche Modifikation in ihrer Risikobewertung vornehmen. Ereignisse, die bisher allenfalls als »möglich« klassifiziert worden waren – nämlich ein derartiger Angriff mit einem versicherten Schaden von 60 Milliarden Dollar –, stuften sie nunmehr als »wahrscheinlich« ein. Der unscheinbare Austausch eines kleinen Wortes stellt nicht nur die gängigen versicherungstechnischen Vorstellungen von Risiken und Schäden in Frage, sondern auch die gesellschaftspolitischen Interpretationen nationaler und sogar globaler Sicherheit. Bisher galt als größtes nicht versicherbares Risiko der »Betriebsunfall« in Anlagen moderner Hochtechnologie, also in der Atom-, Chemie- oder Gentechnikindustrie. Die »versicherungslose Restrisikogesellschaft« berief sich darauf, daß diese Risiken eine so geringe Eintrittswahrscheinlichkeit hätten, daß sie angesichts des Nutzens der Anlagen von der Allgemeinheit getragen werden könnten. Unfälle wie die Explosion des Reaktors von Tschernobyl erschütterten diese Sicherheitsphilosophie oder »organisierte Verantwortungslosigkeit« (Ulrich Beck) nur kurzfristig. Doch heute sieht sich die moderne Gesellschaft neuen Szenarien gegenüber, die enormen Schaden anrichten können und gleichzeitig eine relativ große Eintrittswahrscheinlichkeit haben. Und die nicht versichert werden können.

Die große Verwundbarkeit unserer hochtechnisierten und vernetzten Gesellschaft ist offensichtlich. Hochhäuser, Großraum-
flugzeuge, Hochgeschwindigkeitszüge, Chemiefabriken und Trink-
wasserversorgungsanlagen stellen komplexe und damit anfällige
Systeme dar. Kleine, aber strategisch gezielte Störungen sind in der
Lage, sie vollständig zu sabotieren. Buchstäblich mit einem kleinen
Teppichmesser (wie es der Attentäter Mohammed Atta benutzte,
um den Flug American Airlines 11 in seine Gewalt zu bekommen)
lassen sich das weltweite Finanz- und Wirtschaftssystem erschüt-
tern und schwere politische Krisen hervorrufen. Wie in einer Ket-
tenreaktion überträgt sich der rein physische Schaden auf Aktien-
und Kapitalmärkte, Gewinne und Gewinnerwartungen, dann auf
Arbeitsplätze und so fort.

Die westlichen Industrieländer antworteten auf diese neue Bedrohung mit einer doppelten Strategie. Nach außen mit einer militärischen Intervention in Afghanistan und dem Ziel, das Terroristen-
netzwerk Al Qaida zu zerstören, und nach innen mit einem Bündel
von Vorkehrungen, die innere Sicherheit zu erhöhen. Letztere be-
inhalteten organisatorische Maßnahmen, wie etwa die Gründung
einer neuen Anti-Terrorbehörde in den USA, aber auch bedenkliche
Eingriffe in die individuellen Freiheitsrechte in den USA und anderswo.

In den USA erlaubt es nun der »USA Patriot Act«, Personen ohne
Begründung zu verhaften. In Deutschland setzen die Behörden nunmehr die präventive Rasterfahndung ein und stellen damit ganze
ausländische Bevölkerungsgruppen unter Generalverdacht. Die
Geheimdienste dürfen von Kreditinstituten sämtliche Konto- und
Geldbewegungen, von Luftfahrtgesellschaften alle Flugbuchungen
und von Telefongesellschaften alle Telefonverbindungen ihrer Kunden abrufen – und das ohne richterliche Genehmigung. Doch keine
dieser Maßnahmen, gegen die sich die Notstandsgesetze von 1967,
die einer der Auslöser für die studentischen Proteste von 1968 und
den folgenden Jahren waren, harmlos ausmachen, hätte die Anschläge vom 11. September verhindern können. Der individuelle

Terrorist ist kein gesuchter Verbrecher aus dem Milieu. Im Gegenteil, moderne Terroristen sind normal. Sie sind die fleißigen Studenten von nebenan.

Die bisherigen Ergebnisse der Rasterfandung erfüllen deshalb auch nicht die geweckten Erwartungen. Kein einziger »Schläfer« konnte dadurch identifiziert werden. Schlimmer noch: Da die Rasterfahndung diskriminierend wirkt, schafft sie eher neue Feinde als daß sie die »Schläfer« aufspüren kann. Ohnehin sind die schwerwiegenden Eingriffe in die individuellen Freiheitsrechte langfristig am gefährlichsten. Sie schwächen die stärkste Waffe des Westens gegen den Fundamentalismus: eine freie, offene und tolerante Gesellschaft.

Die bisherige Antwort der Politik auf die terroristische Bedrohung ist sowohl Ausdruck von Hilflosigkeit als auch ihres Ansinnens, einer verunsicherten Bevölkerung so schnell wie möglich das Gefühl von Sicherheit zu vermitteln. Doch wer das tut, täuscht den Bürger. Gegen globalen Terror gibt es keinen Schutz. Am 11. April 2002 brachte ein Selbstmordattentäter einen mit Flüssiggas betankten Kleinlastwagen vor einer Synagoge auf der tunesischen Insel Djerba zur Explosion. 14 deutsche Touristen starben in dem Inferno oder kurze Zeit später an den Verletzungen. Am 12. Oktober 2002 kamen 187 Menschen, vornehmlich Touristen, bei einem Sprengstoffanschlag auf eine Diskothek auf Bali ums Leben. Und schließlich starben am 28. November weitere 17 Menschen bei einem Attentat auf ein Hotel in Mombasa. Nicht zufällig sind alle drei Schauplätze Tourismuszentren, wo erhöhte Sicherheitsmaßnahmen der Attraktivität der Örtlichkeiten abträglich wären.

Militärisch reagierten die Vereinigten Staaten und ihre Verbündeten auf diese neue Bedrohung wie ein übermächtiger Riese, der sich von einem Winzling aus dem Tritt gebracht sieht und seine gewaltigen Waffenkräfte gegen einen zumeist unsichtbaren Feind richtet, der sich schon längst wieder in kleinen Erdspalten versteckt hat, um die nächste Attacke zu planen. Ein derartig unkonventioneller

Angriff hätte möglicherweise einer unkonventionellen Antwort bedurft, doch die ergriffenen Maßnahmen sind höchst konventionell: Die USA steigerten ihren Verteidigungsetat um fast 80 Milliarden Dollar, intensivierten die Weltraumrüstung und diskutieren ein neues Atomwaffenprogramm. Eine neue nationale Sicherheitsstrategie der USA (NSS 2002) sieht Präventivschläge gegen sogenannte Schurken-Staaten vor und ignoriert damit geltendes Völkerrecht. Nicht ein internationaler Gerichtshof oder eine internationale Organisation entscheiden, welche Staaten in diese Kategorie fallen, sondern die USA selber. Weltweit führt der »Krieg gegen den Terrorismus« zu erhöhten Militärausgaben; die nach Ende des kalten Krieges in Gang gekommenen Abrüstungsbemühungen sind vorerst gestoppt. Der Traum der »Friedensdividende«, die für sinnvollere Ausgaben als Panzer und Bomben eingesetzt werden kann, ist verflogen.

Die Invasion in Afghanistan stürzte zwar das dortige Taliban-Regime, konnte aber keineswegs die weltweit vernetzten Terrorzellen der Al Qaida eliminieren. Und der Krieg in Afghanistan ist noch lange nicht zu Ende. Im Gegenteil. Gegen wen er geführt wird und was überhaupt das Ziel sein soll, ist zunehmend unklar. Der Einsatz der deutschen Marine am Horn von Afrika ist absurd. Genausogut könnte man mit einem Schaufelbagger Unkraut jäten. Die Stationierung der ISAF-Truppen in Afghanistan hat keine Sicherheit im Land geschaffen. Nach Angaben der Menschenrechtsorganisation Human Rights Watch ist die Menschenrechtssituation außerhalb von Kabul ebenso schlecht wie zu Zeiten der Taliban. Sicherheit gibt es, wenn überhaupt, nur in der Hauptstadt. Regionale und lokale Warlords finanzieren wie vorher die Taliban ihre Herrschaft mit Drogenhandel. Afghanistan hat seine führende Rolle als Exporteur von Rohopium auf dem Weltmarkt wieder eingenommen. Die amerikanische Militärführung arrangiert sich mit den Warlords, der Drogenhandel wird also wieder unter den Augen amerikanischer und pakistanischer Geheimdienste abgewickelt wie zu den Zeiten, als der Westen die afghanischen Widerstandskämpfer gegen die sowjetische Besatzung durch aktive Duldung des blühenden Rauschgiftexports unterstützte.

SO WIRD TERRORISMUS GEZÜCHTET

Zwei fundamentale Irrtümer oder gar beabsichtigte Fehlinterpretationen liegen der bisherigen Militärstrategie zugrunde. Man erklärte den Krieg gegen den Terror, aber der Feind hat keine Armee. Dennoch baut die Strategie auf der Annahme auf, man hätte es mit einem konventionellen Gegner zu tun. Und man erklärte jeglichen gewaltsamen Widerstand gegen Regierungen und Machthaber zum Terrorismus. Jeder ist somit ein Terrorist, sowohl der Freiheitskämpfer gegen den Besatzer als auch der religiös verblendete Attentäter.

Al Qaida ist ein Netzwerk, das sich nicht in einem konventionellen Krieg, so wie er jetzt in Afghanistan und anderswo geführt wird, bekämpfen läßt. Unlogisch ist zudem die Hypothese, die nächste Stufe der Bedrohung seien die Entwicklung und der Einsatz von Massenvernichtungswaffen durch die Terroristen. Die Herstellung von Massenvernichtungswaffen, beispielsweise Nuklearwaffen, obwohl technisch nicht übermäßig kompliziert, ist aufwendig, teuer und erfordert eine aufwendige Infrastruktur sowie den Besitz von ausreichend waffenfähigem Material; nukleare Sprengköpfe benötigen außerdem Trägerwaffen und eine entsprechende Bodenlogistik. Die Chancen, bei solchen Operationen entdeckt zu werden, sind beträchtlich. Die Herstellung biologischer und chemischer Waffen wiederum ist in kleinem Maßstab – im Vergleich zu nuklearen Waffen – relativ einfach. Aber ihre Herstellung in großem Ausmaß und ihre Anwendung ist schwierig und teuer. Nur in aktiver Zusammenarbeit mit und unter dem Schutz einer Staatsmacht wären derartige Aktivitäten möglich. Aber für keinen Staat der Erde macht es Sinn, dieses Risiko einzugehen, es käme der Selbstzerstörung gleich. Der Rationalität des heutigen Terrors entspricht es deshalb vielmehr, mit geringstem Aufwand an unerwarteter Stelle, zu einem unerwarteten Zeitpunkt zuzuschlagen und durch Hunderte von unschuldigen Opfern die jeweilige Staatsgewalt als impotent zu karikieren.

Der Auswahl von »geeigneten« Zielen für terroristische Anschläge setzt die Phantasie keine Grenzen. Warum sollten sich Terroristen dem Risiko aussetzen, Massenvernichtungswaffen einzusetzen? Das hieße, sie würden in einen richtigen Krieg eintreten. Diesen Gefallen werden sie den Regierungen der von ihnen bedrohten Staaten nicht erfüllen.

Die militärische Strategie des Kampfes gegen den Terror übersieht, daß die globale Sicherheitslage heute eine völlig andere ist; sie gleicht derjenigen eines globalisierten Palästina. So wie Israel sich nicht mit Gewalt gegen die Gewalt der Palästinenser schützen kann und die israelischen Strafaktionen als Antwort auf Selbstmordattentate palästinensischer Fundamentalisten nur neue Attentate provozieren, kann sich der Westen dauerhaft nicht mit militärischen Maßnahmen gegen diese Art des Terrorismus schützen. Wie in Israel, wo Palästinenser und Israelis auf engsten Raum zusammenleben und es deshalb keine Sicherheit durch Gewalt geben kann, ist die gesamte Welt zusammengerückt. Gewalt erzeugt nur Gegengewalt – aber keine Sicherheit.

Die Auswirkungen der Politik, die jeglichen gewaltsamen Widerstand mit Terrorismus gleichsetzt, lassen sich weltweit beobachten. Sie fördert den Extremismus und bekämpft ihn nicht, erreicht also genau das Gegenteil von dem, was sie beabsichtigt. Die russische Politik in Tschetschenien fällt in diese Kategorie, aber auch der Schulterschluß des Westens im Rahmen der »Allianz gegen den Terror« mit den autoritären und die Menschenrechte mißachtenden Regierungen der zentralasiatischen Staaten Kasachstan, Turkmenistan, Kirgisien, Usbekistan (lediglich in Tadschikistan ist eine Regierung mit demokratischem Anspruch am Ruder) hat die jeweiligen Herrscher ermutigt, die radikalen islamischen Bewegungen, insbesondere die zentralasiatisch agierende Bewegung Hizbut-

Tahrir al-Islami (HAT-Partei der islamischen Befreiung) und die in Usbekistan aktive Gruppe Islamic Movement of Usbekistan (IMU), noch konsequenter zu verfolgen. Nach der Ablösung der sowjetischen Herrschaft, die den Islam wie jede andere Religion gewaltsam unterdrückt hatte, etablierte sich dieser sehr schnell wieder als traditionelle Religion in dieser Region. Die radikalen Teile des Islam, die wie die Taliban von Saudi-Arabien und Pakistan unterstützt wurden, profilierten sich als Auffangbecken für das Heer junger gebildeter, aber perspektivloser Menschen, die ihre Opposition gegenüber der Regierung nicht zum Ausdruck bringen durften. Über 60 Prozent der insgesamt 50 Millionen Einwohner der Region sind jünger als 25 Jahre. Die allermeisten von ihnen sind arbeitslos und hungrig. Ihr Lebensstandard sinkt, und die elementarsten Freiheitsrechte werden ihnen verwehrt. Der profundeste Kenner der Region, der Journalist Ahmed Rashid, schreibt: »Die Regierungen Zentralasiens schüren das Feuer des Extremismus, indem sie sich Ideen verweigern, die den traditionellen Islam, die Demokratie und die verschiedenen Ethnien zu einem harmonischen Ganzen verbinden wollen.« Jeder Akt staatlicher Unterdrückung hat dazu geführt, daß diese Bewegungen zunehmend extremere Positionen einnahmen und damit die ursprüngliche Botschaft verzerrt wurde. Je repressiver die Maßnahmen der Regierung, wie beispielsweise von Präsident Islam Karimow in Usbekistan, desto größer war der Zulauf. Welchen Zulauf hätte die RAF in Deutschland in den sechziger und frühen siebziger Jahren erhalten, wenn die Regierung den Sozialistischen Studentenbund Deutschlands (SDS) verboten hätte und die Studenten keine Möglichkeit gehabt hätten, ihre Frustration und Opposition demokratisch zu artikulieren?

Die fatale Entwicklung nimmt ihren Lauf, weil der Militärstrategie in Afghanistan keine regionale Sicherheitsstrategie zugrunde liegt. Dafür wäre allerdings die Aufnahme eines konstruktiven Dialogs mit dem Iran, und nicht dessen Verbannung auf die »Achse des Bösen«, notwendig. Ebenso erforderlich wäre die aktive Einforderung von demokratischen Entwicklungen in den zentralasiatischen

Staaten, auf die man jetzt zugunsten der Durchsetzung energie-
politischer Interessen verzichtet. Ob der Sturz des Taliban-Regimes
den Blutzoll von etwa 5000 Zivilisten in Afghanistan gerechtfertigt
hat, darüber läßt sich streiten. Es ist sicherlich nicht gerechtfertigt,
wenn die dem Sturz folgende Politik islamische Gruppen in der ganzen Region radikalisiert, weil sich diese Politik vorwiegend von
machtpolitischen und kommerziellen Interessen leiten läßt.

Die treibende Kraft hinter dieser langfristig kontraproduktiven
Strategie ist der Hunger nach Öl und Gas und damit verbunden
eine verfehlte Energiepolitik der USA im besonderen und der westlichen Industrieländer im allgemeinen. Wenn es um Öl ging, haben
Menschenrechte noch nie eine große Rolle gespielt. Öl hat auch den
Terror der Taliban und ihrer Schützlinge begünstigt. Westliche Regierungen tolerieren wegen des billigen Öls seit Jahrzehnten die
Menschenrechtsverletzungen Saudi-Arabiens, die denen der Taliban in nichts nachstehen. Auch die saudischen Prinzen unterdrük-
ken jegliche Opposition, fördern aber gleichzeitig, um sich an der
Macht zu halten, radikale Gruppen. Saudi-Arabien war (und ist)
eine regelrechte Brutstätte des internationalen Terrorismus, von wo
aus die Taliban und andere radikalislamische Gruppen mindestens
bis September 2001 finanziell massiv unterstützt wurden.

Heute sieht es so aus, als ob sich die Geschichte in Zentralasien
wiederholen solle. Nach den Golfstaaten liegen dort die bedeutend-
sten Öl- und Gasreserven der Erde. Im Gerangel mit den anderen
Großmächten Rußland und China um den größten Einfluß in der
Region hofieren die USA die dortigen Regierungen mit Beratern,
Waffen, Geld und diplomatischer Wertschätzung, unabhängig davon, mit welcher Sorte Regime man es zu tun hat. Wie stark die
kommerziellen Interessen die Politik in dieser Region beeinflussen,
zeigt der kurze, aber heftige Flirt der Amerikaner mit den Taliban
um eine Gaspipeline von Turkmenistan durch Afghanistan und Pakistan zum Arabischen Golf, die das amerikanische Konsortium
Unocal in den 90er Jahren vorantrieb. Zwischen 1994 und 1997 bestanden intensive geschäftliche und auch politische Beziehungen

zwischen den Herrschern in Afghanistan und den USA, die damals die radikalen Tendenzen der Taliban und ihre Unterstützung von Osama Bin Laden duldeten. Erst der Druck feministischer Gruppen in den USA zwang die Clinton-Administration zu einer Änderung ihrer Politik.

Die verfehlte Sicherheitsstrategie im Rahmen des Krieges gegen den Terror ist nicht nur auf Zentralasien beschränkt. Sie beeinflußt auch die politische Entwicklung in Südasien, zum Beispiel auf den Philippinen. Die dortige islamische Terrorgruppe Abu Sayaf ist eine Bande von gewalttätigen Verbrechern. Aber die philippinische Regierung kann sie selbst mit Militärhilfe der USA nicht besiegen. Ein halbes Jahrhundert (mit stillschweigender Billigung der Schutzmacht USA, die die Luftwaffen- und Marinestützpunkte auf den Philippinen für den Krieg in Vietnam benötigte) forcierte Christianisierung und Unterdrückung der Minderheitenrechte der islamischen Bevölkerung im Süden des Inselstaates, vor allem auf der Insel Mindanao, haben die Bevölkerung derartig verbittert, daß Gruppen wie Abu Sayaf weitgehend geschützt agieren können.

Die westliche Außenpolitik züchtet auch Terroristen in Nordafrika sowie im Nahen und Mittleren Osten. Neben dem Öl spielt in diesen Regionen der israelisch-palästinensische Konflikt eine zentrale Rolle. Diejenigen Regierungen – egal wie repressiv sie sind –, die gegenüber Israel eine gemäßigte Haltung einnehmen, werden mit üppiger Finanzhilfe und Waffenlieferungen belohnt. Insbesondere die Regierungen Ägyptens und Jordaniens gehören zu den Profiteuren dieser Unterstützung, die ohne diese Hilfe nicht überlebensfähig wären. Ähnlich ist die Situation in Marokko, Tunesien und Algerien. In allen drei Ländern bestehen autoritäre Regierungssysteme, die Opposition wird unterdrückt, und die Menschenrechte werden verletzt. Wegen ihrer »gemäßigten« Haltung im Nahost-Konflikt bzw. wegen ihrer »konsequenten« Politik gegenüber radikalen islamistischen Tendenzen erhalten auch diese

Länder großzügige westliche Unterstützung in Form von Wirt-
schafts-, Entwicklungs- und Militärhilfe. Aber auch Regierungen,
die nicht dem westlichen Lager zugetan sind, vor allem Syrien, werden durch diese Politik – unfreiwillig – gestärkt, und zwar indirekt.
Sie beziehen ihre Legitimation aus dem Widerstand gegen den »Erz-
feind« Israel und ihrer vorgeblichen Solidarität mit den von Israel
unterdrückten Palästinensern.

HASS, NICHT RELIGION IST DER SCHLÜSSEL

Die gegenwärtige, auf militärischer Gewalt basierende Strategie der
Eindämmung des Terrors islamistischer Gruppen ist nicht die Lösung, sondern selbst Teil des Problems. Die Suche nach einer geeigneten Strategie muß endlich nach den Ursachen, den Wurzeln des
radikalen Islam fragen. Sie liegen nicht in einer bestimmten Religion oder Ideologie, sondern die Motive sind Haß und Erniedri-
gung. Alle Versuche, den fundamentalistischen Islam als Wurzel des
Terrorismus zu erklären, sind zu einfach und gefährlich. Denn nicht
der Islam, sondern die Ursache des Hasses muß bekämpft werden.
Fundamentalismus ist schließlich nicht auf den Islam beschränkt,
sondern allen Gründerreligionen zu eigen. Die Kreuzfahrer waren
die ersten Jihad-Krieger, die Ungläubige bestrafen und ein Gottes-
reich schaffen wollten. Christlicher Fundamentalismus ist auch
nicht auf das Altertum oder die Zeit des Dreißigjährigen Krieges
beschränkt. Der nordirische Bürgerkrieg und seine entsetzlichen
Terroranschläge gegen unschuldige Zivilisten, sowohl durch die
katholische IRA als auch die protestantische UDA, ist im Namen
des Christentums geführt worden. Dieser Krieg, der mehr Tote pro
Kopf der Bevölkerung gefordert hat als der Vietnamkrieg, hatte seine tieferen Wurzeln jedoch auch nicht in religiösem Haß, sondern
in der Kolonialgeschichte Nordirlands.
    Wie leichtfertig die Ursachenanalyse von Gewalt unterschiedliche
Maßstäbe anlegt (und damit andere Kulturen und Religionen dis-

kriminiert), zeigt die öffentliche Debatte nach dem Amoklauf eines
Schülers in Erfurt. Am 26. April 2002 erschoß Robert Steinhäu-
ser in einer von langer Hand geplanten Tat kaltblütig 12 Lehrer,
zwei Schüler, einen Polizisten und am Ende sich selbst. Gewalt-
videos, mangelnde Wärme im Elternhaus, zu hoher Leistungs-
druck, Demütigung und andere gesellschaftliche Ursachen domi-
nierten danach die Diskussion über Motive und Ursachen des Ver-
brechens. Die Bundesregierung vereinbarte mit Fernsehanstalten
und Spielherstellern, die Verbreitung gewaltverherrlichender Filme
und Videospiele schärfer zu kontrollieren, in der Annahme, daß die
Demonstration von Gewalt auch die Gewalt fördere. Wer analoge
Überlegungen nach dem 11. September über die islamistischen
Terroristen anstellte, setzte sich sofort dem Vorwurf aus, die Anschläge zu rechtfertigen. Noch schlimmer war dran, wer mögliche
gesellschaftliche Ursachen der Anschläge in einen Zusammenhang
mit westlicher Politik stellte.

Haß und Gewalt haben ihre Wurzeln in Unterdrückung, Demütigung und Ausgrenzung, nicht so sehr in materieller Not und
Armut. Dafür spricht schon, daß die Attentäter des 11. September
durchweg aus bürgerlichen und keineswegs aus ärmlichen Verhält-
nissen stammen. Sie verstanden sich auch nicht als Anwälte der Armen und Verdammten dieser Erde. Wenn materielle Armut ursächlich für Terrorismus wäre, müßten viel mehr Täter aus den wirklich
armen Ländern in Afrika und Südasien kommen. Armut ist auch
nicht der »Nährboden« des Terrorismus, wie es gelegentlich heißt.
Diesen schaffen vielmehr die Unterdrückung und der Staatsterro-
rismus der Regierungen derjenigen Länder, aus denen sich die Terroristen vorwiegend rekrutieren.

Die westliche Außenpolitik übersieht geflissentlich den offenkun-
digen Zusammenhang zwischen staatlicher Repression und dem
Entstehen des radikalen Islam. Letzterer wendet sich vornehmlich
gegen Korruption und die Mißachtung islamischer Werte durch die
eigenen Regierungen. Dieser Kritik geben die Regierungen der vom
Westen gestützten arabischen Länder viel Nahrung. Islamistische

Parteien sind in diesen Staaten oft die einzigen legitimen Kräfte, die sich der menschenverachtenden Politik dieser Regierungen widersetzen. Deshalb haben sie auch einen enormen Zulauf und radikalisieren sich vor allem, wenn sie verboten werden. Um den radikalen islamistischen Bewegungen den Nährboden zu entziehen, wäre genau das Gegenteil der westlichen gegenwärtigen Politik erforderlich: eine konsequente Demokratisierung dieser Staaten. Der Haß eines Mohammad Atta hat seinen Ursprung im Haß auf die vom Westen geförderte, unsoziale und die Werte des Islam verratende Regierung Ägyptens.

Daß die islamistische Bewegung kein religiöser Fanatismus ist, sondern seine Wurzeln in der Opposition gegen die eigene Regierung und ihre Unfähigkeit, die Mißstände in ihren Ländern zu überwinden, hat, wurde mir klar, als ich lange Jahre in Tunesien tätig war, zuerst im Rahmen der deutschen Entwicklungshilfe für den Ausbau der Wasserversorgung und später, als ich aktiv den Ausbau des Greenpeace-Büros in Tunesien begleitete. Mein Kollege bei der tunesischen Wasserbehörde, der ein Anhänger der (in Tunesien unterdrückten) islamistischen Opposition war, erläuterte mir, daß diese die einzige politische Kraft im Lande sei, die gegen die Korruption der Staatsführung opponieren und einer wegen beruflicher Chancenlosigkeit verzweifelten jungen Generation eine glaubhafte Zukunftsvision vermitteln würde. Einige der Mitarbeiter unseres Greenpeace-Büros in Tunis bekannten sich ebenso offen als »Integristen«, wie die Sympathisanten der verbotenen islamistischen Bewegung in Tunesien genannt werden. Sie sahen eine sinnvolle politische Betätigung darin, sich einer internationalen Nichtregierungsorganisation (NGO) anzuschließen. Die tunesische Regierung behinderte unsere und die Arbeit anderer NGOs mit subtilen Schikanen. Die Verletzung bürgerlicher Rechte – das Abhören aller Telefongespräche und die permanente Zensur unserer Publikationen – gehörte zum Alltag. Die Vertretungen westlicher Regierungen brachten uns zwar Sympathie entgegen, aber die Unterstützung für unser Anliegen blieb aus. Man verdarb es sich nicht gerne mit der

Regierung, die vergeblich Terroristen bekämpfte, in Wirklichkeit aber den Terrorismus förderte.

GLOBALISIERUNG UND TERROR

Auch die oft gehörte Formel von der Globalisierung als Ursprung von Armut, Ungleichheit und Ausgrenzung und damit als Ursache des Terrors verkürzt die notwendige Analyse in unzulässiger Weise. »Der Terror der Globalisierung« eignet sich genausowenig als Ursachenerklärung wie die absurde Behauptung, die Globalisierungskritiker seien indirekt für die terroristischen Anschläge verantwortlich: Ihre ungerechtfertigte Kritik am globalen Wirtschaftssystem der Industrieländer hätte den Terroristen Argumentation und Motivation dafür geliefert, gegen Symbole dieses Wirtschaftssystems, wie sie die Türme des World Trade Centers darstellten, vorzugehen.

Gleichwohl hat Globalisierung durchaus etwas mit Terrorismus zu tun und der Kampf gegen den Terrorismus mit dem Kampf gegen Armut und Ausgrenzung, jedoch in einem anderen Zusammenhang. Globalisierung ist nicht die Ursache für den Terror, aber sie ermöglicht die neue Form des Terrors. Eine global vernetzte und hochtechnisierte Welt ist verwundbarer und störungsanfälliger. Kleine Störungen setzten große Kettenreaktionen in Gang. Moderne Technik und globale Kommunikationsmöglichkeiten schaffen die Voraussetzungen für ein immer größeres Ausmaß an Gewalt, wobei die Hemmschwellen jedesmal weiter gesenkt werden, so daß sich die Brutalität steigert. Verstärkend wirken die globalen Massenmedien, die den Terroristen die erwünschten Selbstdarstellungs- und Verbreitungsmöglichkeiten bieten. Terroristen haben neue, ungeahnte Möglichkeiten, sich zu organisieren. Moderne Informationstechnologie gestattet es ihnen, weit voneinander entfernt und unauffällig zu leben, doch zugleich eng zusammenzuarbeiten.

Fest steht auch, daß sich globaler Terror nur global bekämpfen läßt. Die Globalisierung der zwischenstaatlichen und individuellen Beziehungen, die den Terror ermöglicht, muß ihrerseits wiederum dem Kampf gegen den Terror dienen, sei es, um die Terroristen direkt aufzuspüren, sei es, um mit dem Terrorismus verbundene Phänomene wie Drogenhandel, Waffenhandel und Geldwäsche anzugehen. Ein globaler Kampf gegen den Terror benötigt deshalb auch die weltweite Kooperation mit Staaten, die nicht unmittelbar Ziele terroristischer Anschläge sind. Kein Staat kann den Kampf gegen den Terror alleine führen, auch die USA nicht. Wie wichtig die Demokratie als »Verbündete« im Kampf gegen den Terrorismus ist, zeigt das Attentat auf die Synagoge in Djerba, bei dem zahlreiche deutsche Touristen ums Leben gekommen sind. Die tunesische Regierung leugnete anfangs hartnäckig, daß es sich um einen Anschlag handelte, sondern sprach von einem Unfall. Erst als deutsche Ermittler und Journalisten auf eigene Faust Recherchen anstellten, ließ sich der wahre Sachverhalt nicht länger verbergen. Das vom Westen gepäppelte Regime wollte sich als »terrorismusfrei« beweisen und behinderte damit die Aufklärung.

Eine globale Kooperation im Kampf gegen den Terrorismus muß allen Staaten ausreichend Anreize bieten, sich an diesem Kampf zu beteiligen. Diese bestehen heute nicht, denn Armut und Unterentwicklung, Benachteiligung und Unterdrückung verhindern nicht nur die notwendige Unterstützung von und Kooperation mit anderen Staaten. Sie bilden vielmehr die Grundlage für stillschweigende Billigung, wenn nicht sogar für Freude, wenn Terror diejenigen trifft, die auf der Sonnenseite leben.

Demnach muß der Krieg gegen den Terror nicht nur ein Krieg mit Bomben und Raketen sein, sondern auch ein Krieg gegen Armut und Unterdrückung, und damit auch ein »Krieg« für internationale und nationale Demokratie. Armut, Ausgrenzung und materielle Not gilt es zu überwinden, um den klammheimlichen oder gar offenen Applaus für die Terroristen zu stoppen; Demokratie und individuelle Freiheit gilt es zu stärken, weil in einer freien Gesellschaft terroristische Aktivitäten und ihre Verursacher nicht verborgen bleiben und auf der anderen Seite es viel weniger Gründe geben wird, Bomben zu werfen.

Insbesondere in Europa herrscht großes Unbehagen gegenüber einer rein militärischen und sicherheitspolitischen Strategie gegen den Terrorismus. Es manifestiert sich aber nicht in einer überzeugenden, konkreten Alternative. Das Fehlen einer Alternative entwertet jedoch die Kritik an der gegenwärtigen Strategie und die europäischen Bedenken gegenüber der Haltung der amerikanischen Regierung. Gäbe es eine zivile Antwort auf den Terrorismus, die über kurzfristige Maßnahmen, wie etwa die konsequente Anwendung juristischer Mittel (sei es Schaffung eines Tribunals oder die Verfolgung terroristischer Anschläge durch den neu gegründeten internationalen Strafgerichtshof), hinausgeht, existierte damit auch ein Maßstab, an dem sich die Notwendigkeit und Ergebnisse militärischer und sicherheitspolitischer Maßnahmen messen und gewinnbringend diskutieren ließen.

Acht Monate hat es gedauert, bis 90 deutsche Wissenschaftler, Künstler und Publizisten auf das im Oktober 2001 veröffentlichte Statement amerikanischer Intellektueller, die den »gerechten« Krieg in Afghanistan verteidigten, antworteten. Diese Antwort kann keineswegs überzeugen. Neben dem üblichen Lamento über die imperiale, unilateralistische amerikanische Außenpolitik kommen die Verfasser schließlich zu der kaum umstrittenen, aber wenig konkreten Schlußfolgerung, die durch die Globalisierung verursachte Ausgrenzung und Demütigung der Menschen müsse ein Ende haben, und neue Spielregeln des Zusammenlebens der Völker müßten entwickelt werden. Eine pazifistische Grundhaltung, die sich davor scheut anzuerkennen, daß die Anwendung von Gewalt und Krieg manchmal zur Durchsetzung von Frieden und Gerechtigkeit nötig sein können, und ein grundlegendes Mißtrauen gegenüber marktwirtschaftlichen Mechanismen führen zu einer solchen bißlosen und realitätsfernen Position.

Eine erfolgversprechende zivile Antwort auf die terroristische Bedrohung im Zeitalter der Globalisierung erfordert eine Doppelstrategie. Die außenpolitische Strategie muß die Demokratisierung in armen Ländern forcieren und die Menschenrechte stärken, um den Terrororganisationen das Rekrutierungspotential zu nehmen. Das erfordert eine Änderung bislang gängiger außenpolitischer Prinzipien und die Aufgabe der fatalen Taktik: Die Feinde meiner Feinde sind meine Freunde – oder:»It is a bastard, but it is our bastard« – hin zu einer kooperativen Außenpolitik, die nicht einseitig durch machtpolitische und kommerzielle Interessen getrieben ist. Diese Strategie der Kooperation muß durch eine wirtschaftliche Globalisierungsstrategie ergänzt werden, die effektiv die Armut in der Welt abbaut und krasse Ungleichheiten beseitigt. Beide Strategien wirken nur wechselseitig. Die Märkte wirken nur positiv, wenn demokratische Rahmenbedingungen und Institutionen dieses Wirken absichern. Und Demokratie ist nur erfolgreich, wenn die wirtschaftliche Globalisierung die Armut und Ausgrenzung effektiv bekämpft.

Ist das alles zu idealistisch? Wohl kaum: Der vermeintliche Idealismus in diesem Falle ist keine naive Weltverbesserungsphilosophie, sondern Eigennutz, um größeren Schaden abzuwenden. Die globale Sicherheitssituation hat sich so dramatisch verändert, daß auch die Politik einer dramatischen Änderung bedarf. Neun Milliarden Menschen auf der Welt werden anders miteinander umgehen müssen. Die Forderung nach der Globalisierung von Demokratie, der Globalisierung von Recht, nach der Schaffung starker internationaler Institutionen, die echte Teilhabe erlauben, ist nicht mehr länger schlicht eine romantische Forderung unbedeutender Weltföderalisten nach einer unmöglichen Utopie. Sie ist zu einer Frage konkreter nationaler und globaler Sicherheit geworden, ein Imperativ eines neuen Realismus.

REALPOLITIK CONTRA ALLGEMEINWOHL

Die gegenwärtige zwischenstaatliche Politik ist, von Nuancen abgesehen, Realpolitik: eine Politik, die die Staatsraison, die Interessen des eigenen Gemeinwesens als höchste Priorität verfolgt. Realpolitik ist ein Ordnungsprinzip, das seit dem Westfälischen Frieden 1648 gültig ist. Es beruht auf dem Nichteinmischungsprinzip und der nationalen Souveränität. Politik zwischen Staaten hat danach mit Moral und Ethik nichts zu tun. Niccolò Machiavelli, Thomas Hobbes und Henry Kissinger sind prototypische Protagonisten dieser Schule. Konfuzius, Thomas von Aquin, Immanuel Kant und Theodore Roosevelt etwa betonen dagegen, daß nicht nur die Beziehungen zwischen Individuen, sondern auch zwischen Staaten moralischen Maßstäben zu folgen haben. Die Verfolgung reiner Macht- und Realpolitik hat zu einer merkwürdigen »Doppelmoral« geführt: Es ist alles erlaubt, was nicht verboten ist. Die Ermordung eines Staatsbürgers einer anderen Nation oder sogar die Ermordung eines Staatschefs durch den eigenen Geheimdienst gilt als Tagesgeschäft der Realpolitik. Erpressung, Nötigung und Lüge sind ebenfalls in der internationalen Politik anerkannte, keinesfalls verwerfliche Methoden.

Das Prinzip der Nichteinmischung der Realpolitik schreckt deshalb auch nicht davor zurück, mit Diktatoren gemeinsame Sache zu machen. Die Namen der Diktatoren, die die westlichen, demokratischen Staaten aus Gründen der Stabilität und der Staatsraison unterstützen bzw. unterstützt haben, sind Legende. Ferdinand Marcos (Philippinen), Augusto Pinochet (Chile), Mobutu Sese-Seko (Kongo), Idi Amin (Uganda), »Baby« Doc Duvalier (Haiti), Jean Bedel Bokassa (Zentralafrikanische Republik), Ngô Dinh Diêm (Südvietnam), um nur eine kleine Auswahl zu nennen. Alle sind sie – und ihre Politik ohnehin – am Schluß gescheitert; sie wurden von ihrem eigenen Volk vertrieben oder später zur Verantwortung gezogen.

Seit dem Ende des Zweiten Weltkrieges erfährt das Prinzip der Realpolitik zunehmend theoretische Kritik und wird auch in der praktischen Politik relativiert. Nach den Schrecken des Zweiten Weltkrieges, zweifellos selbst auch eine Folge klassischer Machtpolitik, machten die Vereinten Nationen den Schutz der universellen Menschenrechte zu einem ihrer Hauptziele (Artikel 1 der UN-Char-

ta). Die Verdammung von Angriffskriegen (UN-Charta) und natürlich die allgemeine Erklärung der Menschenrechte (1950 von der
Generalversammlung ohne Gegenstimme bei 8 Enthaltungen der
sozialistischen Staaten angenommen) sowie die zahlreichen seitdem
von der internationalen Gemeinschaft verabschiedeten Konventionen (Pakte über bürgerliche und politische bzw. über wirtschaftliche, soziale und kulturelle Rechte, die Europäische Konvention
zum Schutz der Menschenrechte, das Genfer Flüchtlingsabkom-
men, die Konvention gegen Folter und andere) stellen die nationalstaatliche Souveränität – wenn es um die Verletzung von durch die
Völkergemeinschaft anerkannten Werten geht – zunehmend in Frage. Inzwischen ist es völkerrechtlich akzeptiert, daß die internationale Gemeinschaft militärische Interventionen bei eklatanter Verletzung von Menschenrechten in einem Nationalstaat vornehmen
kann. Ein internationaler Strafgerichtshof zur Verfolgung von Verbrechen gegen die Menschlichkeit ist etabliert worden. Im Namen
des Staates begangene Verbrechen werden zunehmend rechtstaat-
licher Verfolgung ausgesetzt, und die Immunität von ehemaligen
und sogar noch amtierenden Staatschefs ist, wie die Verhaftung von
Pinochet im Vereinigten Königreich zeigt, nicht mehr sakrosankt.
Staaten, Firmen und Privatpersonen müssen sich mit immer lang-
fristigeren Haftungsansprüchen auseinandersetzen (Sammelklage
der Zwangsarbeiter aus dem Dritten Reich gegen deutsche Firmen,
Klagen der Sklavennachkömmlinge in den Vereinigten Staaten gegen die Regierung).

Trotz dieser an sich erfreulichen Entwicklungen werden die Menschenrechte überwiegend der Realpolitik untergeordnet, und zwischenstaatliche Beziehungen behandeln die Menschenrechte nach
der politischen Relativitätstheorie (Heribert Prantl). Je wichtiger, je
größer das Land, um so kleiner das Aufheben, das um Menschenrechtsverletzungen gemacht wird – siehe Rußland. Je größer die
Zahl der Flüchtlinge ist, die man in den Heimatstaat abschieben
möchte, desto kleiner werden die Menschenrechtsverletzungen
dort gemacht – siehe Türkei. Die ehemalige amerikanische Außen-

ministerin Madeleine Albright hat dieses Prinzip auf den Punkt gebracht, als sie gefragt wurde, warum die USA Birma wegen Menschenrechtsverletzungen boykottieren, China aber nicht: »Different
strokes for different folks«.

Der Preis, den die Völker langfristig für die klassische Realpolitik
zahlen mußten, ist sehr hoch. Er wird auch hoch sein, wenn der
Krieg gegen den Terrorismus nichts anderes als klassische Realpolitik bleibt. Während die USA sich zur Realpolitik wenigstens offen
bekennen, nörgeln die Europäer, mehr oder weniger offen, nur daran herum, ohne Alternativen aufzuzeigen. Europa hat aufgrund der
engen Beziehungen aus der Kolonialzeit mit Nord- und Schwarzafrika, aber auch dem Nahen Osten Möglichkeiten, durch seine
Außenpolitik auf die Entwicklung dieser Regionen signifikanten
Einfluß auszuüben. Voraussetzung wäre allerdings, daß Europa
sich zu einer gemeinsamen Haltung durchringt, mit einer Stimme
spricht und schließlich danach handelt.

Der Begriff »Realpolitik« suggeriert, diese würde »realistisch« die
Interessen des eigenen Landes, also des Gemeinwohles seiner Bürger verfolgen. Dies war schon immer zweifelhaft, ist aber in der veränderten globalen Sicherheitslage noch zweifelhafter. Strategien,
die kurzfristig die eigene Sicherheit verbessern oder Partikularinteressen im eigenen Lande befriedigen, können mittelfristig die
Sicherheitslage der eigenen Bürger bedrohen und damit dem Gemeinwohl schaden.

Die Regierung der USA steuerte Anfang 2003 entschlossen auf
einen Krieg mit dem Irak zu. 86 Prozent aller Amerikaner glaubten
unterdessen, der Irak bedrohe die USA massiv. Es ist ein »Meister-
stück« der öffentlichen Meinungsmanipulation und der Public-Re-
lation-Kunst der Regierung Bush, ihre Bevölkerung dahin gebracht
zu haben. Genauso raffiniert hat die US-Regierung, trotz fehlender
Beweise, die Regierung des Irak und die Bedrohung durch islamistischen Terror und durch Massenvernichtungswaffen in einen nebu-
lösen Zusammenhang gebracht.

Zu befürchten ist allerdings, daß ein Krieg gegen den Irak – wie

vordergründig erfolgreich auch immer – den Terrorismus nicht ein-
dämmen, sondern ausweiten wird. Rudolph Chimelli schreibt: »Die
antiamerikanische Polarisierung in der gesamten islamischen Welt
wird sich als sichere Folge jedes Militärunternehmens fortsetzen.
Nach dem nächsten Krieg werden sich die Völker der Region, die
primär Ruhe wollen, mit islamistischen Fundamentalisten aber-
mals besser verstehen. Das Reservoir des Terrorismus wird größer
und langfristig gefährlicher, nicht kleiner. Die Mehrheiten in den islamischen Völkern in die Solidarisierung mit Extremisten zu bomben ist das Dümmste, was westliche Regierungen tun könnten.«

Wie schnell vermeintlich vorteilhafte Realpolitik zur Irrealpoli-
tik werden kann, zeigt der Umgang der USA und ihrer westlichen
Verbündeten mit Massenvernichtungswaffen. Anstatt eine weltweite Abrüstung von Massenvernichtungswaffen hartnäckig voranzutreiben, wie man es auch für die eigenen Arsenale im Atomwaf-
fensperrvertrag zugesagt hatte, hat man weiter aufgerüstet und
Temporärverbündeten sogar die Möglichkeit gegeben, selbst Massenvernichtungswaffen zu produzieren, darunter auch Saddam
Hussein. Die kurzfristig angelegte Realpolitik hat zu einer zunehmenden Verbreitung von Massenvernichtungswaffen in der ganzen
Welt geführt. Diese Entwicklung ist die gegenwärtig größte Bedrohung – und eine direkte Folge westlicher Realpolitik.

Wie destruktiv eine von inländischen Partikularinteressen beein-
flußte Realpolitik sein kann, läßt sich an der Aktivität von Lobbygruppen, die in der amerikanischen Politik für die Unterstützung
der israelischen Okkupations- und Siedlungspolitik eintreten, dokumentieren. Die finanziellen Zuwendungen des American Israel
Public Affairs Committee (AIPAC) und der Conference of Major
American Jewish Organizations an Kongreßabgeordnete verhindern, daß die amerikanische Politik einen gerechten Frieden zwischen Israelis und Palästinensern durchsetzt, obwohl dies in ihren
Händen läge. Die Folgen dieser Politik schaden dem amerikanischen Volk in mehrfacher Hinsicht. Die israelische Besetzung der
West Bank und des Gaza-Streifens sowie die ständige Expansion

israelischer Siedlungen auf palästinensischem Boden – ermöglicht durch Waffen und Geld aus den USA – heizt die antiamerikanische Stimmung in arabischen und muslimischen Ländern an und gibt letztlich auch der Entstehung von Terrorzellen Nahrung und Rechtfertigung. Die Duldung der ständigen Verletzung von UN-Resolutionen durch Israel und die unnachgiebige Ahndung derartiger Verstöße im Falle anderer Staaten erhöht die Verbitterung und den Haß gegen Amerika. Und daß Amerika Israels Atomprogramm ignoriert, während es diejenigen Indiens und Pakistans verdammt, destabilisiert nicht nur auf Dauer den Nahen und Mittleren Osten, sondern diskreditiert die nukleare Nichtverbreitungspolitik der USA und leistet der Verbreitung von Massenvernichtungswaffen weiteren Vorschub.

Die Aufgabe demokratischer Regierungssysteme ist es, das Allgemeinwohl – zumindest das der eigenen Bevölkerung – zu fördern. Wenn, wie im Falle der Nahost-Politik der USA, Demokratie das nicht mehr leistet, muß ein erheblicher Defekt des demokratischen Regierungssystems vorliegen.

EUROPÄISCHE AUSSENPOLITIK À LA USA

Europa wiederum betreibt »Realpolitik« à la USA – nur in kleinem Maßstab. Im Mai 2002 hat sich der tunesische Präsident Ben Ali durch eine »Verfassungsänderung«, die in Wirklichkeit ein konstitutioneller Staatsstreich ist, zum Präsidenten auf Lebenszeit gemacht. Unter anderem werden regierungskritische Äußerungen gegenüber ausländischen Medien nunmehr als Hochverrat gehandelt. Tunesien ist zu einem der repressivsten Polizeistaaten der Region geworden. Willkürliche Verhaftungen sind an der Tagesordnung, Gerichtsverhandlungen verkommen zur Farce, Pressefreiheit existiert nicht, die Opposition wird unterdrückt. Andererseits hat Tunesien als erstes der sogenannten Mittelmeer-Drittländer einen Assoziierungsvertrag mit der EU geschlossen. Dieser öffnet nach dem

»klassischen Muster« den tunesischen Markt für Industrieprodukte aus der EU und versperrt Agrarimporten aus Tunesien den Weg
in den europäischen Markt. Die neue Konkurrenz industriell gefer-
tigter Massengüter aus der EU wird das untere Drittel der tunesischen Industrie vom Markt verdrängen und kritische soziale
Entwicklungen wie Massenentlassungen nach sich ziehen. Die zu
erwartenden sozialen Proteste wird die Regierung wie gewohnt
unterdrücken und weitere Kriminalisierung und Radikalisierung
der Opposition bewirken. Die Menschenrechtsklausel im Asso-
ziationsvertrag mit Tunesien ist nur geduldiges Papier. Ben Ali und
seine Clique sind durch das Abkommen aufgewertet, ihr System
gleichsam legitimiert, und die EU kann ihre wirtschaftlichen Interessen verfolgen. Die EU hat zu Ben Alis Ermächtigungsgesetz geflissentlich geschwiegen: Tunesien erhält als Belohnung für diese
Entwicklung noch immer überdurchschnittlich hohe Entwicklungshilfe und zusätzlich Budgethilfen aus den Kassen der EU.

Auch über die Verstrickung der algerischen Regierung in die Ter-
rorakte an der algerischen Zivilbevölkerung, die seit 1992 etwa
hunderttausend Opfer gefordert hat, sieht die EU hinweg. Konsequenter Druck der EU hätte sicherlich Hunderten, Tausenden das
Leben gerettet. Mit Algerien hat die EU im Sommer 2002 ein Asso-
ziierungsabkommen paraphiert. Auch in diesem Abkommen gibt
es eine allgemeine Mahnung, die Menschenrechtscharta der Vereinten Nationen zu respektieren, offensichtlich gibt es jedoch auch
eine stillschweigende Übereinkunft, diese nicht zu ernst zu nehmen.
Algerien hat Öl, und Frankreich hat besondere Beziehungen zu
Algerien. Deutschland hat folgerichtig im letzten Jahr die Entwick-
lungshilfezusagen für Algerien signifikant erhöht.

Die Beziehungen zwischen der EU und Marokko haben eine ähnliche Qualität. Zwar gibt es einige kleine Fortschritte bei der Demokratisierung Marokkos, aber noch immer ist es ein Feudalstaat,
der Menschenrechte verletzt und Bürgerrechte nicht respektiert –
ein Staat, in dem eine feudale Oberschicht es sich auf Kosten der armen Landbevölkerung prächtig gehen läßt. Europa erregt sich über

die Nichtbefolgung und die Verletzung von UN-Resolutionen in anderen Weltgegenden, aber daß Marokko, das in seinem Einflußbereich liegt, seit Jahrzehnten das von der UN beschlossene Referendum über den von ihm besetzten Teil Mauretaniens (West-Sahara) verschleppt, ist auch auf mangelnden Druck Europas, ja Kumpanei mit der marokkanischen Führung zurückzuführen.

Die Verletzung von Menschenrechten durch Tunesien, Algerien und Marokko, die sich im unmittelbarem Einflußbereich Europas befinden, liegt in der Verantwortung der »Außenpolitik« Europas. Die Maghreb-Politik Europas verletzt alle wichtigen Prinzipien einer politischen und wirtschaftlichen Globalisierungsstrategie, die eine Überwindung der Armut und die Stabilisierung der globalen Sicherheitslage zum Ziel hat. Die einseitig wirtschaftliche Strategie erzwingt eine Öffnung der Märkte dieser Länder, ohne die sozialen Auswirkungen zu bedenken, verschließt aber den eigenen Markt für Produkte, die auf dem europäischen Markt eine Chance hätten, nämlich Landwirtschafts- und Fischereiprodukte. Derartige Abkommen sind nur möglich, weil sich die EU mit Regierungen gemein macht, die nicht demokratisch legitimiert sind und im wesentlichen die Vorteile ihrer kleinen Klientel, einer korrupten Oberschicht, im Auge haben. Oder anders ausgedrückt: Die wirtschaftliche Strategie schreibt die Ungerechtigkeiten des Weltmarktes fest und wird die einheimische Wirtschaft schädigen; die politische Strategie unterstützt Diktatur und Verletzung der Menschenrechte und fördert damit auch die islamistische Radikalisierung. Europa, das von den USA eine andere Außenpolitik einfordert, hat wenig Grund, die USA zu kritisieren.

In Schwarzafrika gibt die EU ein ähnlich jämmerliches Bild ab; eine konsistente Außenpolitik existiert trotz vieler verbaler Übereinkünfte der EU-Mitgliedsländer nicht einmal ansatzweise. Schwarzafrika ist der Kontinent, auf dem sich entscheiden wird, ob die Völkergemeinschaft Hunger und Armut besiegen kann. Wie in Nordafrika bestimmen jedoch besondere Beziehungen aus der Kolonialzeit, wirtschaftliche Konkurrenz, Desinteresse

oder das Engagement von Einzelpersonen die europäische Afrika-
politik.

Der Bürgerkrieg in der Demokratischen Republik Kongo, dem
ehemaligen Zaire, hat bisher etwa 2,5 Millionen Todesopfer gefordert. Sein Ende ist trotz zahlloser Friedensbeschlüsse, die regelmäßig wieder gebrochen werden, nicht abzusehen. Ugandische
Truppen marodieren im Nordosten des Landes und destabilisieren
die Lage weiter, was Großbritannien nicht etwa davon abhält,
Waffen an die Regierung in Uganda zu liefern. Ruandische Milizen
verfolgen im Kongo territoriale und Rohstoffinteressen unter dem
Vorwand, sich gegen Rebellen zu verteidigen; Europa, das sich
schon durch Wegsehen am Genozid in Ruanda mitschuldig gemacht hat, schaut zu. Dagegen intervenieren in der Elfenbeinküste
französische Truppen ohne internationales Mandat, weil die Elfenbeinküste für französische Interessen wichtiger ist. Viele französische Firmen haben dort ihren Sitz. Jahrelang hat der französische
Ölkonzern Elf-Aquitaine während des Bürgerkriegs in Angola
prächtig verdient, hat die angolanische Regierung mit Einnahmen
der internationalen Ölkonzerne den blutigen, 30jährigen Bürgerkrieg finanziert. In Simbabwe hat die EU der repressiven Politik
Robert Mugabes, der ebenfalls Truppen im Kongo stationiert hat,
seit langem zugesehen, sich aber erst dann erregt, als Mugabe gegen
die weißen Farmer Stimmung gemacht hat. Weil Europa keine Afrikapolitik hat, vergibt es eine Riesenchance, für eine gerechte Globalisierung zu wirken. Ein Europa, das außenpolitisch mit einer
Stimme spräche, hätte einen viel größeren Einfluß und würde auch
die amerikanische Politik nicht unbeeindruckt lassen. Die europäische Außenpolitik ist aber nicht das Ergebnis eines autonomen Pro-
zesses, sondern die einflußreichen Mitgliedsländer bestimmen sie,
beziehungsweise lassen sie erst gar nicht entstehen. Ohne überzeu-
gende Vorschläge seitens dieser Länder ist auch von der EU keine
entsprechende Globalisierungspolitik zu erwarten.

DIE DEUTSCHE AUSSENPOLITIK IN DER KONTINUITÄTSFALLE

Auf die gelegentlich erhobene Forderung nach einer »grünen« Außenpolitik reagiert der deutsche Außenminister Joschka Fischer unwirsch. Eigentlich nicht verwunderlich, denn angetreten war er unter dem unantastbaren Primat deutscher Außenpolitik, der vielbeschworenen Kontinuität – gleichsam die Eintrittskarte für einen grünen Minister in die große Weltpolitik. Kontinuität als Leitgedanke reicht jedoch nicht mehr aus. Die Beziehungen zwischen den Staaten haben sich seit Hans-Dietrich Genscher und Klaus Kinkel geändert und müssen neu organisiert werden. Es macht die Sache nicht einfacher, daß grüne Außenpolitik nicht nur »Umweltaußenpolitik« meint, sondern auch internationale Schwerpunkte grüner Programmatik wie Friedenspolitik und Abrüstung, Menschenrechte und Entwicklungspolitik, das System internationaler Institutionen und die globale Wirtschaftsordnung. Zudem sind heute fast alle Politikbereiche internationalen Beziehungen unterworfen. Einerseits hat das Handeln von einzelnen Nationalstaaten zunehmend Auswirkungen über die Grenzen hinweg, sei es in der Wirtschafts-, Finanz-, Forschungs- oder Umweltpolitik. Andererseits können Nationalstaaten die globalen Herausforderungen auf diesen Gebieten nicht allein lösen. Der Zwang zur Kooperation, aber auch zur Einschränkung nationaler Souveränität und zur Übertragung von Hoheitsrechten auf supranationale Institutionen ist eminent. Die Außenpolitik ist deshalb zunehmend gefordert – nicht nur inhaltlich, sondern auch strukturell und institutionell. Sie kann sich nicht mehr auf den Ausgleich strategischer und machtpolitischer Interessen beschränken. Kurz: Die Globalisierung erfordert ein Überdenken traditioneller außenpolitischer Konzepte.

Vielleicht haben den Außenminister die Reaktionen auf seine zaghaften und nicht sehr erfolgreichen Versuche, aus der Kontinuitätsfalle auszubrechen, verschreckt. Kurz nach Amtsantritt im Herbst 1998 forderte Fischer, das nukleare – und wie Altbundeskanzler Helmut Schmidt sagt, inhumane – Erstschlagsrecht der

NATO zur Debatte zu stellen. Fischer zog den Kopf sehr schnell ein, als seine Kollegin aus den USA, Madeleine Albright, ihn zurückpfiff. Die lobenswerte Initiative endete als Rohrkrepierer. Im Koalitionsvertrag 2002 wurde dieses Thema offiziell fallengelassen.

Mit Sicherheit hat der Kosovokrieg eine Außenpolitik, die sich zum Anwalt der Menschenrechte machen wollte, erheblich zurückgeworfen. Ob nun das Bombardement der NATO gegen das Völkerrecht verstoßen hat oder nicht. Das Versagen der deutschen Politik und insbesondere der grünen Partei liegt darin, den Krieg und seine Ergebnisse nach dem NATO-Einsatz nicht einer unvoreingenommenen Bestandsaufnahme unterzogen zu haben. Die Kriegsziele sind nämlich nur teilweise erreicht worden. Ein Kosovo, in dem die Volksgruppen friedlich zusammenleben, ist unwahrscheinlicher als vor dem Krieg, an eine Wiedereingliederung des Kosovo in Serbien ist überhaupt nicht zu denken. Von den »Kollateralschäden« des Krieges, 400 getöteten Zivilisten, gar nicht zu reden. Der Außenminister, der seine Partei in einem äußerst schmerzhaften Prozeß zur Einwilligung in das Bombardement gebracht hatte, hätte diese notwendige Diskussion organisieren müssen. Denn sie würde nicht nur die Beurteilung der Vergangenheit, sondern auch eine künftige Außenpolitik beeinflussen. Nur eine ehrliche Bestandsaufnahme würde es erlauben, den visionären, zutiefst »grünen« Grundgedanken des Kosovokrieges politisch weiterzuentwickeln, nämlich die nationalstaatliche Souveränität bei Menschenrechtsverletzungen in Frage zu stellen. Statt dessen hat es einen Rückschlag in dieser Frage gegeben – insbesondere nach den Ereignissen in Afghanistan. Mit dem Krieg gegen den Terrorismus und der damit verbundenen Koalition hat sich das Gewicht von Menschenrechtserwägungen in den internationalen Beziehungen weiter relativiert. Ein Grundprinzip grüner Außenpolitik, die Unteilbarkeit der Menschenrechte, ist nachhaltig diskreditiert worden. Mit überzeugender Konsistenz bei der Behandlung von Menschenrechtsverletzungen vorzugehen ist zugegebenermaßen eine der schwierigsten Aufgaben grüner

Außenpolitik. Bisher hat sie sich hierin nicht hervorgetan und hat die Handlungsspielräume nicht genutzt. Der deutsche Opportunismus gegenüber den Menschenrechtsverletzungen durch Rußland in Tschetschenien zum Beispiel ist skandalös. Wenn moralischer Anspruch in der Außenpolitik, so wie er insbesondere vor dem Kosovokrieg propagiert wurde, nichts vollends zur Propaganda werden soll, dann muß die Außenpolitik deutlich mehr Rückgrat zeigen.

Die deutsche Außenpolitik, für die ein grüner Außenminister verantwortlich ist, hat offenbar kein Konzept. Dazu kommt es zwangsläufig, wenn Außenpolitik nicht als entscheidendes Element einer Globalisierungspolitik begriffen wird, zu deren Entwicklung und Durchsetzung auf deutscher und europäischer Ebene ein großes Land wie Deutschland beitragen muß. Die Außenpolitik der Regierung Schröder/Fischer schwankt hingegen zwischen »uneingeschränkter Solidarität« mit den USA, einer neu-postulierten Verantwortung Deutschlands in der Welt und einem »deutschen Sonderweg« in der Irak-Krise, läßt jegliche Konzeption in der Afrikapolitik vermissen, äußert sich nicht kompetent zur Reform der internationalen Organisationen (z. B. des IWF), vollzieht opportunistische Kehrtwendungen in der Europa-Politik (Mitgliedschaft Türkei) und blockiert eine einheitliche, starke Position der EU in der Nahost-Frage. Vor allem ist eine konsequente Menschenrechtspolitik nirgends zu erkennen. Sie ist jedoch der Hebel, um die wirtschaftliche Globalisierung angemessen zu gestalten. Da die grüne Partei die Globalisierungskritik verschlafen hat, ist dieses Defizit allerdings nicht überraschend.

Das Versagen der deutschen (grünen) Außenpolitik im Afghanistan-Krieg liegt nicht in der Zustimmung zum Bombardement Afghanistans. Überhaupt ist die Behauptung irreführend, die grüne Politik habe damit eines ihrer Grundprinzipien, nämlich den Pazifismus, verraten. Pazifismus als Strategie ist mehrheitlich in der grünen Partei längst kein Thema mehr. Beschämend jedoch ist das offensichtliche Unvermögen, eine alternative, zivile Strategie zum

Krieg gegen den Terror anzubieten und in der EU dafür zu kämpfen. Eine derartige Strategie lehnt Waffengewalt nicht ab, macht aber mittelfristig und langfristig die Durchsetzung von Menschenrechten und Demokratie zum Mittelpunkt der Außenpolitik und nicht opportunistische Koalitionen mit Diktaturen. Eine derartige Strategie würde energisch und öffentlich darauf hinweisen, daß Repressionen eine wesentliche Ursache von Terrorismus sind. Sie würde auch ein regionales Sicherheitskonzept und eine regionale Sicherheitskonferenz für Zentralasien einschließlich der Lösung der Kaschmir-Frage vorschlagen. Die heutigen Kriegsgegner innerhalb der Partei der Grünen wenden sich nicht so sehr gegen militärische Gewalt als Mittel der Politik, sondern kritisieren, daß die Politik als Alternative zum Krieg oder als Aufbaustrategie nach einem Krieg fehlt. Und damit fehlt auch das Referenzsystem, an dem man militärische Maßnahmen messen kann.

Ohne eine gerechte Lösung des Nahost-Konfliktes wird es ebenfalls kaum Erfolge im Kampf gegen den Terrorismus geben. Bin Laden und vielen anderen radikalen islamischen Terrorgruppen liegt nicht so sehr das Schicksal der Palästinenser am Herzen; aber sie legitimieren sich über die Unterdrückung der Palästinenser. Auch wenn die Amerikaner die Nahost-Politik dominieren, Europa hätte viel mehr Einfluß, wenn Deutschland innerhalb der EU eine konsequente Politik (etwa in Form von Sanktionen) gegenüber Israel nicht verhindern würde. Eine wesentliche Ursache ist die Angst, mit Kritik an Israels aktueller Politik sich Antisemitismusvorwürfen auszusetzen. Wie bei anderen politischen Konfrontationen will sich keine Partei eine Blöße geben, in diesem Fall als antiisraelisch oder antisemitisch gebrandmarkt zu werden. Deshalb suchen sie sich darin zu übertreffen, die besondere Verantwortung gegenüber Israel hervorzuheben, anstatt den Konflikt und die politische Rolle Deutschlands ohne Scheuklappen zu diskutieren. Dies führt dazu, daß eine wichtige Diskussion unterdrückt wird, anstatt sie offensiv zu führen, und daß die deutsche Israelpolitik erstarrt ist – mit bedenk-

lichen außenpolitischen Konsequenzen. Aufgabe der politischen
Elite in Deutschland wäre es, insbesondere der jungen Generation in
Deutschland eine Debatte anzubieten, welche nicht nur die israelische Besatzungspolitik, sondern die deutsche Israelpolitik einer kritischen Bestandsaufnahme unterzieht. Ein junger Mann sagte zu mir
in jenen Tagen: »Sharon macht doch eine furchtbare Politik, aber
das darf man als Deutscher wohl nicht sagen.«

Die Fragen, was geschehen muß, um einen gerechten Frieden im
Nahen Osten zu erzielen und welche Rolle Deutschland hierbei spielen kann und darf, gehen bedauerlicherweise in sich stets wiederholenden emotionalen Diskussionen unter. Ausgangspunkt jeder Diskussion müßten doch die Grundzüge eines gerechten Friedens sein.
Diese sind bekannt: Israel muß die neuen Siedlungen und die 1967
besetzten Gebiete – einschließlich Ostjerusalem – räumen, um die
Gründung eines lebensfähigen palästinensischen Staates zu ermöglichen. Über den Tempelberg muß es eine gemeinsame oder internationale Kontrolle geben. Bei der Flüchtlingsfrage müssen beide
Seiten Kompromisse machen: Eine Rückkehr aller Flüchtlinge ist
ausgeschlossen, aber Israel muß mehr aufnehmen, als es bisher zu-
gesteht. Für die übrigen müssen andere Lösungen, wie Entschädi-
gungszahlungen, gefunden werden. Die gegenseitige Anerkennung
des Existenzrechtes beider Staaten ist Voraussetzung. Und schließlich: die USA und Europa müssen das Existenzrecht Israels – auch
militärisch – garantieren.

Eigentlich hätte der Oslo-Prozeß zu diesem gerechten Frieden führen sollen, doch er ist gescheitert. Gescheitert, weil die Palästinenser
nicht unmißverständlich die Existenzberechtigung Israels anerkannt und damit die Ängste der Israelis geschürt haben. Und weil sie
es versäumt haben, eine demokratische Entwicklung ihres Gemeinwesens einzuleiten. Gescheitert aber auch, weil Israel aus Existenz-
angst eine Sicherheitsstrategie verfolgt hat, die mit einer intensivierten Siedlungspolitik die Zerstückelung der autonomen Gebiete
forcierte und damit die Verbitterung und Radikalisierung der Palästinenser. Israel muß sich auch vorwerfen lassen, daß es seit 1967 das

Leben und das politische Schicksal einer umzingelten Nation kontrolliert. Und daß es die palästinensische Bevölkerung, die zur Zeit pro Kopf ein Bruttosozialprodukt von 1500 Dollar, elfmal weniger als Israel, produziert, in beschämender Weise diskriminiert hat. Die einzige Demokratie in der Region, Israel, verhält sich wie eine Kolonialmacht.

Vor allem aber ist es nicht zu einem gerechten Frieden gekommen, weil die USA und Europa zwar terroristische Anschläge hier und Siedlungspolitik dort verurteilt, aber nicht mit unmißverständlicher Klarheit die Grundzüge eines gerechten Friedens beschrieben und eingefordert haben. Letztlich hat der Westen dadurch die koloniale Politik Israels billigend in Kauf genommen. Deutschland ist hieran mitschuldig. Der »Schulddruck aus der Nazizeit« hat sich eben nicht, wie Ralph Giordano einmal schrieb, »durch Anklagen gegen Juden ventiliert«, er hat vielmehr zu einer fatalen politischen Ambivalenz der deutschen Position beigetragen. Die offizielle Linie der deutschen Außenpolitik ist deshalb auch, sich klarer Positionen zu enthalten. Als der SPD-Politiker Rudolf Dreßler 1998 zum Botschafter in Israel berufen wurde, und er eine internationale Lösung für Jerusalem forderte, wurde er vom Auswärtigen Amt zurechtgewiesen. Die offizielle deutsche Haltung ist: Man akzeptiert jede Lösung, die von beiden Seiten einvernehmlich erzielt wird. Damit stiehlt man sich aus der Verantwortung.

Die herrschende Meinung in Deutschland ist, den Deutschen stehe es nicht zu, unmißverständlich von Israel das zu fordern, was einen gerechten Frieden ausmacht. Doch aus einer scheinbar hohen moralischen Position heraus handelt Deutschland so unmoralisch. Natürlich muß sich jeder Deutsche, egal welcher Generation zugehörig, zu seiner historischen Schuld bekennen und darf keine Zweifel am Existenzrecht Israels aufkommen lassen. Aber gleichzeitig widerspricht es den Grundsätzen der Moral, wenn Deutschland von Kritik an Ungerechtigkeiten Abstand nimmt, weil diejenigen, die heute diese Ungerechtigkeiten begehen, unter den Verbrechen der Generation unserer Eltern und Großeltern gelitten haben.

Deutschland kann angesichts seiner Rolle in der Weltpolitik seine Nahostpolitik nicht länger ausschließlich durch den Holocaust definieren und diese dem unterordnen, was israelische Regierungen als Israels Interessen definieren. Das Plädoyer für eine Änderung der deutschen Position hat nichts mit einer »Genug ist genug«-Einstellung zu tun, wonach Schuld und Schulden für alle Male getilgt wären. Zwischen Deutschland und dem jüdischen Volk werden immer die Vergangenheit und ihre Schrecken stehen.

Frieden und damit Sicherheit für Israel kann jedoch nicht durch die gegenwärtigen militärischen Aktionen erreicht werden. Deutschland hat die Pflicht, eine konkrete Lösung vorzuschlagen, die langfristig den Konflikt löst. Es kann dazu beitragen, daß Israel eine Lektion lernt, die Deutschland selber erfolgreich gelernt hat: nämlich wie immens die historischen Lasten der Unterwerfung anderer sein können. Und Deutschland könnte praktisch helfen, etwa mit einem großzügigen Angebot, palästinensische Flüchtlinge einzubürgern, um die Lösung eines der schwierigsten Probleme eines gerechten Friedens voranzubringen.

5
KONZERNE: DAS SOGENANNTE BÖSE

GLOBALISIERUNGSKRITIK IST CHIC

Die treibende Kraft der Globalisierung sind die Konzerne. Sie brauchen Märkte, um zu wachsen. Konzerne müssen wachsen, um ihre Gewinne zu steigern und damit Kapital anzulocken, das die Investitionen für ihr Wachstum finanziert. Das Kapital wiederum braucht dieses Wachstum, damit die Investitionen sich rentieren. Diese Logik des Wachstumszwanges hält die großen Konzerne gefangen. Ihre Unternehmensstrategie dreht sich deshalb stets um Markteroberung, -beherrschung und -führerschaft. An der Notwendigkeit einer Erweiterung der EU und damit einer Vergrößerung des Europäischen Binnenmarktes, an einer Ausweitung des Welthandels, an der Wichtigkeit der Welthandelsorganisation hegen Konzerne und Konzernführer nicht die geringsten Zweifel. Nicht weniger, sondern mehr Globalisierung lautet deshalb das Credo der Wirtschaft. Und unumkehrbar müsse sie sein. »Das Bemühen, die Globalisierung zu stoppen, käme dem Versuch gleich, das Fließen der Spree mit ausgebreiteten Armen umkehren zu wollen.« (Helmut Panke, Vorstandsvorsitzender BMW).

Weil sie auf die Globalisierung angewiesen sind, verdrängen die Unternehmen notorisch ihre komplexen und auch negativen Auswirkungen, definieren diese allerhöchstens als unangenehme, aber doch korrigierbare Nebenerscheinungen. Sie verdrängen damit auch, daß sie es sind, die die Globalisierung maßgeblich gestalten.

Der Marktmechanismus und die Freiheit des Kapitals werden gleichsam zum Ziel des menschlichen Daseins, sie sind nicht mehr bloß Mittel zu einem höhergeordneten Zweck. Sie selbst sollen die großen Zukunftsprobleme lösen, zur sozialen Gerechtigkeit führen,

die natürlichen Lebensgrundlagen bewahren und die für die Lösung
globaler Probleme nötigen Technologien hervorbringen. Wer diese
wundersamen Kräfte in Frage stellt, verhindert – so die Priester der
Globalisierung – auch eine bessere Zukunft der Menschheit. Die
Notwendigkeit von staatlichen Einschränkungen und Regeln wird
gerne konzediert, aber nur solche Maßnahmen, die die Logik des
freien Marktes unterstützen. Der Vorstandsvorsitzende eines deutschen Telekommunikationskonzerns sagte einmal in einer Diskussion mit französischen und deutschen Unternehmern, daß für ihn
die Probleme der Globalisierung dann gelöst seien, wenn für alle
Mobiltelefone weltweit die gleichen technischen Standards gelten.
Die von der Industrie geforderten »globalen Standards« dienen im
wesentlichen der Erleichterung ihres Geschäfts. Darüber hinaus ge-
hende einschränkende Verpflichtungen werden höchstens als »freiwillige Selbstverpflichtung« geduldet.

Nur keine Hindernisse für die weitere Liberalisierung der Weltmärkte aufbauen, lautet die Devise, denn »vermeintlich« üble Folgen der wirtschaftlichen Globalisierung könne man dieser nicht
anlasten, sondern daran sei die Politik schuld. Offiziell hat man
derweil Kreide gegessen und übt sich in Diskussionsbereitschaft.
Doch ein gewisser Unmut, daß Globalisierungskritik zunehmend
modern wird, ist nicht zu überhören. Es könne nicht sein, ereifert
sich der Bundesverband der deutschen Industrie (BDI), daß »Nichtregierungsorganisationen, die durch nichts außer durch ihre Engagement legitimiert seien, die öffentliche Diskussion um die Globalisierung beherrschen«.

Mittlerweile haben die meisten Unternehmer allerdings verstanden, daß die schlichte Position »mehr Globalisierung!« nicht aus-
reicht und daß Kritik an der Globalisierung durchaus Substanz
besitzt. Sie teilen mehrheitlich eine Position, die man als »sozialde-
mokratisch« bezeichnen könnte. Danach bietet die Globalisierung
sowohl Chancen als auch Risiken, und es gilt, die Chancen zu opti-
mieren, zu gestalten. Die Leerformel von der Gestaltung wird damit
zu Ideologie, denn unausgesprochen steht dahinter die Vorstellung,

Globalisierung sei im Grunde eine gute Sache und benötige nur einige Reparaturen – bei laufendem Betrieb. Anthony Giddens, Vordenker von Labour in Großbritannien und des »Dritten Weges« der Sozialdemokratie, schreibt: »Im großen und ganzen ist die ökonomische Globalisierung eine Erfolgsgeschichte. Wir stehen nun vor der Aufgabe, ihre wünschenswerten Folgen zu maximieren und ihre weniger schönen Begleiterscheinungen zu begrenzen. Daß die Bilanz unter dem Strich positiv ausfällt, läßt sich leicht belegen. Die Zahl der Beschäftigten nahm zwischen 1980 und 1994 weltweit um 630 Millionen zu ...«. Giddens erzählt nicht, wo diese Arbeitsplätze geschaffen worden sind, noch erwähnt er, ob es auch Arbeitsplatzverluste gegeben hat. Neben der dürftigen Beweisführung muß dem impliziten Verständnis, negative Folgen dieses Erfolgsmodells ließen sich jederzeit reparieren, widersprochen werden. Und was ist dann, wenn es nichts mehr zu reparieren gibt?

MACHTWIRTSCHAFT STATT MARKTWIRTSCHAFT

Das von den Konzernen beschworene Ideal der Marktwirtschaft, bestehend aus vielen Anbietern und einer vollkommenen Konkurrenz, entspricht schon lange nicht mehr der unternehmerischen Wirklichkeit. Heute sind 51 der 100 größten Wirtschaftseinheiten der Welt multinationale Konzerne, die 500 größten Unternehmen kontrollieren 70 Prozent des weltweiten Handels, und etwa einem Prozent der Konzerne gehört die Hälfte sämtlicher Direktinvestitionen im Ausland. Von den 500 weltweit größten Unternehmen hatten 1998 445 ihren Hauptsitz in Europa, den USA oder Japan. Die pure Macht der Größe korrespondiert mit der Macht ihrer Produkte und Marken. Ob BMW oder Mercedes, Coca-Cola oder Nestlé – die Marken haben die Welt erobert. Sie sind allgegenwärtig und global präsent.

So weit die Realitäten der Märkte von den ursprünglichen Prinzipien eines marktwirtschaftlichen Systems entfernt sind, so unterscheidet sich die Kaste der modernen Manager vom Ideal des klassischen Unternehmers, der mit der Investition seines Kapitals noch ein unternehmerisches Risiko einging. Während den klassischen Unternehmer unternehmerische Erfolge belohnen und Fehlschläge bestrafen, kann der moderne Manager gar nicht mehr verlieren. Selbst wenn er wegen einer verfehlten Unternehmensstrategie das Vermögen seiner Aktionäre halbiert, statt Gewinne Verluste oder sogar das Unternehmen in den Konkurs treibt, eine Belohnung ist ihm sicher. Keine andere Berufsgruppe hat sich derartig perverse Standesregeln geschaffen. DaimlerChrysler-Chef Jürgen Schrempp verdoppelte seine Vorstandsbezüge, während die DaimlerChrysler-Aktie 50 Prozent ihres Wertes verlor und erhebliche Zweifel aufkamen, ob die Fusionsstrategie mit dem amerikanischen Autokonzern die richtige war. Ein deutscher Facharbeiter müßte etwa 150 Jahre arbeiten, damit er sich ein Jahresgehalt von Jürgen Schrempp verdient. Der Vorstandsvorsitzende von Vivendi, Jean Marie Messier, der mit einer abenteuerlichen Akquisitionsstrategie den französischen Konzern in den Ruin trieb, verabschiedete sich mit 18 Millionen Euro in den im wahrsten Sinne des Wortes wohlverdienten Ruhestand. Klaus Esser, der ehemalige Vorstandsvorsitzende von Mannesmann, erhielt eine Abfindung von 31,5 Millionen DM dafür, daß er den Konzern dem britischen Unternehmen Vodafone überließ; und der Vorstand der Deutschen Telekom verdoppelte seine Bezüge noch, als die angebliche Volksaktie schon unter den Ausgabewert gesunken war und Tausende von Kleinanlegern, die den Versprechungen des Vorstandsvorsitzenden Ron Sommer und an einen steigenden Aktienkurs geglaubt hatten, nachhaltig geschädigt waren. Bernie Ebbers, Vorstandsvorsitzender von Worldcom, führte sein Unternehmen in die Pleite und genehmigte sich gleichzeitig einen 400-Millionen-Dollar-Firmenkredit. Die Jahresgehälter der Firmenchefs der 100 größten US-Unternehmen sind in den letzten 30 Jahren von 1,3 Millionen Dollar– dem 39fachen des Gehaltes eines Angestellten – auf 37,5 Millionen Dollar und damit auf mehr als das Tausendfache eines durchschnittlichen Arbeitslohnes gestiegen.

Von schamloser Selbstbereicherung bis hin zur kriminellen Bilanz-
fälschung ist anscheinend kein weiter Weg. Der Aktienkurs als Er-
folgsindikator, der auch über den Zufluß von Kapital und damit das
Schicksal der Manager entscheidet, ist offensichtlich so entscheidend, daß der Schritt in die Kriminalität keine Ausnahme von der
Regel ist. Die an den Aktienkurs über Optionen gebundenen Mana-
gergehälter tun das ihrige, um ehrwürdiges Unternehmertum zum
Casino-Kapitalismus werden zu lassen.

Die Diskrepanz zwischen einem klassischen Unternehmer und
einem typischen modernen Manager könnte größer nicht sein. Hier
Verantwortlichkeit, Risiko, Bescheidenheit und Bodenständigkeit,
dort Abgehobenheit, Selbstdarstellung und übergroße Machtfülle.
Die Medien forcieren das Bild von den Star-Managern mit scheinbar
übernatürlichen Eigenschaften noch – und die Star-Manager, wie
die Politiker auch, sind in diese symbiotische Beziehung zwischen
Medien und ihrer beruflichen Existenz verstrickt. Deshalb heißt es,
ein Manager müsse heute vor allem auch nach außen, beispielsweise
im Fernsehen, überzeugend kommunizieren können. Wenn diese Ei-
genschaft freilich zum wichtigsten Kriterium wird, muß man sich
über die Heerscharen betrogener Kleinaktionäre nicht mehr wun-
dern. Der Selektionsmechanismus, der moderne Manager auswählt,
erfüllt die zeitgemäßen Anforderungen. Nicht die solidesten und
verantwortungsvollsten kommen an die Spitze, sondern die macht-
bewußtesten, rücksichtslosesten und die mit den besten Selbstdar-
stellungsfähigkeiten. Nur wenige dieser Konzernherrscher besitzen
den Weitblick, die Kritikfähigkeit und die Selbstzweifel, die der
enormen Machtfülle, die sie besitzen, gerecht würde. Schon um sich
selbst zu schützen und nicht vom Zweifel am Sinn ihrer Arbeit zer-
rieben zu werden, müssen sie die Welt durch die Brille ihres Konzerns und ihrer Produkte, ihrer »Marke« sehen.

Jürgen Schrempp, einer der profiliertesten Manager der Welt,
hielt anläßlich des Weltwirtschaftsforums 2000 in Davos eine mit
großem PR-Aufwand angekündigte Rede, die die Zukunftsvisionen
eines modernen Großkonzerns und ihres obersten Verantwortlichen

beschreiben sollte. Wer Nachdenklichkeit, Skepsis, ja Bescheidenheit angesichts der Lage der Welt erwartet hatte, wurde überaus enttäuscht. Schrempps Thesen spiegelten nicht nur Weltfremdheit
sondern eine erschütternde Naivität wider: die Weltkonzerne, die
von ihnen entwickelten Technologien und ihre Produkte werden die
Probleme der Welt lösen und die Menschen glücklich machen.
Schrempps Zukunftsvision gipfelte in einem von Automaten und
Robotern verwalteten Familienheim der Zukunft, in dem die Menschen jeglicher körperlichen Qual und Mühsal enthoben sind und
eine Großraumlimousine der Firma DaimlerChrysler, vollautoma-
tisch, mit solarem Wasserstoff angetrieben und umweltschonend,
ihre Insassen ins Nirgendwo transportiert.

Ein Jahr später, auf dem Weltwirtschaftsforum 2001, pries der
heutige Vorstandssprecher der Deutschen Bank, Joseph Acker-
mann, allen Ernstes das Internet als das Zaubermittel, um endlich
die Armut in der Welt zu besiegen. Nötig sei es, den »Digital Di-
vide«, die Kluft zwischen Besitzenden und Nicht-Besitzenden
elektronischer Medien, auf dieser Welt zu schließen. Mit dem Internet könnten endlich die afrikanischen Unternehmer und Bauern in
den Weltmarkt integriert und so die Armut überwunden werden.
Diese Perspektive ist nicht nur naiv, sondern auch zynisch, angesichts der unüberwindlichen Zollschranken, die die Industrieländer
gegenüber Importen aus Afrika errichtet haben. Der besessene
Glaube an die Fähigkeit von Produkten, Probleme zu lösen, und an
die eigene Mission läßt nur wenig Raum für Skepsis. Fehlentwicklungen dieser wunderbaren neuen globalen Welt werden, wenn sie
denn überhaupt konzediert werden, einigen schwarzen Schafen, un-
fähigen Politikern oder generell mangelnder Ethik von Individuen
zugeschoben.

Die erschreckende Distanz von der Realität wird auch durch den
Lebens- und Reisestil der modernen Wirtschaftsführer, der für den
Durchschnittsmenschen nicht vorstellbar ist, befördert. Wer selbst
Kurzstrecken mit dem Helikopter überwindet, nur noch abgeschie-
den, von Bodyguards umgeben, in den edelsten Luxushotels ab-

steigt, wer niemals U-Bahn fährt, wer in großen Villen inmitten schöner Natur zu Hause ist und nicht ansatzweise materielle Engpässe kennt, dem geraten soziale Not und Umweltzerstörung aus dem Blickfeld. Wer seine Persönlichkeit im wesentlichen über den Aktienkurs und die unternehmerischen Ziele seines eigenen Konzerns definiert, dessen Prioritäten und Erkenntnisfähigkeit sind begrenzt. Wer nicht mehr die existentielle Not von Arbeitslosen persönlich sieht und erlebt, der handelt wie ein General im High-Tech-Krieg, der auf den Knopf drückt. Die Opfer sind nur noch Statistik, sie sind die unvermeidlichen Kollateralschäden, die dem Zweck der guten Sache dienlich sind.

Vor allem ist es der eklatante Mangel an Selbstreflexion und intellektuellem Bezug zu globalen Problemen, die erschreckend viele internationale Manager auszeichnet. Doch es gibt selbstredend Ausnahmen. Unter den deutschen Unternehmensführern habe ich keine getroffen. Einige von denen, die mich am meisten beeindruckt haben, kommen aus einer Branche, die für einen Umweltaktivisten nicht gerade zu den Verbündeten zählen: der Chairman von British Petroleum, Sir John Browne, und sein Kollege (bis 2001) von Shell, Marc Moody Stewart. Das primäre Geschäftsinteresse von Shell und BP ist es, möglichst viel Öl zu verkaufen, das beim Verbrennen Kohlendioxid freisetzt und den Treibhauseffekt verstärkt. Beide Konzerne tragen deshalb substantiell zur globalen Umweltzerstörung bei. Mich beeindruckten jedoch politischer Mut, die Offenheit und die Selbstreflexion, die beide Manager in einer derartigen Position zeigen.

John Browne von BP ist in seiner Branche den anderen Spitzenmanagern meilenweit voraus. Er hat als erster Chef eines großen Ölkonzerns öffentlich die Bedrohung durch die von Menschen verursachte globale Erwärmung akzeptiert und die große gesellschaftliche Verantwortung der Energiekonzerne, dieses Problem zu lösen, thematisiert. Er hat auch als erster Vorstandsvorsitzender eines internationalen Konzerns entschieden, keine wie auch immer gearteten Zahlungen an Politik oder Parteien zu leisten, da er den Einfluß der Energiekonzerne auf die Politik für schädlich hält. Den europäischen Unternehmen schrieb er ins Stammbuch, sich nicht – wie es die deutsche Industrie getan hat – dem von der EU in der Folge des Kyoto-Gipfels geplanten Emissionshandel, der den CO_2-Ausstoß der größten Konzerne begrenzen soll, zu widersetzen.

Marc Moody Stewart hat sich, sehr zum Unwillen seiner amerikanischen Kollegen, ebenso eindeutig zum Treibhauseffekt geäußert und die Ratifizierung des Kyoto-Protokolls gefordert. Er ging innerhalb der von den Konzernmechanismen gesetzten Grenzen bis an die Grenze. So entschied er den Ausstieg von Shell aus der Kohleförderung, um zu einem Energiefördermix des Konzerns zu gelangen, der weniger kohlenstoffintensiv und damit weniger klimaschädlich ist. Persönliches Auftreten und Lebensstil der beiden Manager weichen ebenfalls von der Norm ab. Browne ist ein bescheidener, den Pomp hassender Außenseiter, Moody Stewart ist mit einer Quäkerin verheiratet, die sich weltweit für Umweltschutz und soziale Gerechtigkeit engagiert.

Browne und Moody Stewart sind beide in ihre jeweilige Konzernrealität eingebunden. Sie haben begrenzten Handlungsspielraum. Es ist unrealistisch zu erwarten, daß sie ihre Konzerne ganz einfach zu Produzenten für Solarpaneels umstrukturieren, wie sich das so manche Ökologen vorstellen. Aber sie tun etwas, was den verantwortlichen Unternehmer auszeichnet: Probleme nicht kleinreden, sondern deutlich machen, Staatsinterventionen, die den eigenen Konzern (und die Konkurrenten) zur Umstrukturierung zwingen, begrüßen und nicht abwehren und der Politik eigene Vorschläge (keine Mogelpackungen) unterbreiten, wie die eigene Branche durch Veränderungen der Rahmenbedingungen in eine konstruktive Richtung gelenkt werden kann.

In der deutschen Managerszene hingegen ist die »Corpsloyalität« hervorstechend, das Bestreben, nicht aus der Phalanx der Industrielobby auszubrechen und sich nicht den Mund zu verbrennen. Es herrscht dort ein eklatanter Mangel an politischem Mut, sich kontrovers zu äußern und gegen den Strich zu bürsten. Als die Idee

einer aufkommensneutralen Energiesteuer (»Öko-Steuer«) Anfang
der neunziger Jahre aufkam, gab es einige Vorstände, die dieser
Maßnahme gegenüber sehr aufgeschlossen waren. Der Vorstandschef eines großen deutschen Handelskonzerns verteidigte die Idee
gegenüber dem damaligen Bundeskanzler Helmut Kohl. Als die
Chemiekonzerne, allen voran die BASF aus Ludwigshafen, oppo-
nierten, steckte der Fürsprecher wieder zurück. Er erklärte, er wolle
nicht gegenüber Branchen, auf die sich eine Ökosteuer negativ auswirken würde, unsolidarisch sein und sich deshalb auch nicht öffentlich äußern. Ein im Ruhestand befindlicher bekannter deutscher
Unternehmer ließ mich durch einen Mittelsmann wissen, er wolle
gerne die von mir gegründete Verbraucherorganisation »foodwatch« unterstützen, aber nur unter der Bedingung, niemand aus
der Wirtschaft würde es erfahren. Daß foodwatch sich für Verbraucherrechte und Konsumentensouveränität, also letztlich für die
Marktwirtschaft, stark macht, war kein ausreichender Grund für
ihn. Das Risiko, sich mit einer Organisation gemein zu machen, die
in Verfolgung ihrer durchaus systemkonformen Ziele mit dem Un-
ternehmerlager in Konflikt kommen könnte, war ihm offensichtlich
zu hoch.

So kommt es, daß deutsche Manager und die Industrieverbände
zwar rasch reagieren, wenn es gilt, die Regierung zu kritisieren.
Wichtige Ideen und Konzepte wie die Ökosteuer werden schnell
verteufelt, und fälschlicherweise entsteht der Eindruck, die Ab-
wehrhaltung der Bosse repräsentiere eine Einheitsfront. Wegwei-
sende Vorschläge aber, wie die Zukunft zu bewältigen, wie die Globalisierung umzugestalten wäre, auch wenn möglicherweise die
Interessen des eigenen Unternehmens leiden könnten, vermißt man
zur Gänze. Aus diesem Grunde entfachen auch die Bekenntnisse der
Unternehmensführer zur globalen Verantwortung und einer neuen
Unternehmensethik in Zeiten der Globalisierung keine Begeisterung. Sie bleiben, was sie sind: PR.

Dieser Mangel an Courage ist der Grund dafür, daß die Unternehmen nicht Motor des Fortschritts, sondern Bremser sind. Lange

Zeit glaubte ich, man könne mit den Unternehmen wegen ihrer ein-
zigartigen Machtfülle wichtige Ziele, etwa im Umwelt-schutz, gemeinsam erreichen und der trägen Politik Beine machen. Meine
irrige Annahme bestand darin, daß Unternehmer – aus Verantwortung für die Gesellschaft – den Staat bei der Durchsetzung
von Anreizen, die Unternehmensaktivitäten weniger destruktiv machen und beispielsweise die Energieeffizienz erhöhen, unterstützen
könnten. Diese Annahme erwies sich als naiv.

Auf dem Weltwirtschaftsforum 2001 in Davos fand ein vertrau-
liches Treffen zwischen den Vorständen der wichtigsten Autokonzerne in der Welt und Vertretern von Greenpeace und dem World
Wildlife Fund (WWF) statt. Das Treffen war auf Vermittlung von
Klaus Schwab, des Gründers des Forums, der seiner elitären Ta-
gung mehr Praxisbezug verleihen wollte, zustande gekommen.
Klaus Töpfer, Generaldirektor der Umweltbehörde der Vereinten
Nationen, moderierte. Greenpeace und der WWF unterbreiteten
den Vorständen den Vorschlag, beim Klimaschutz voranzugehen
und nicht auf die Politik zu warten. Sie sollten, so schlugen wir vor,
die absoluten CO_2-Emissionen ihrer Fahrzeugflotten, also nicht nur
die der einzelnen Fahrzeugtypen, gemäß den Vorgaben des Kyoto-
Protokolls, bis 2012 um fünf Prozent, reduzieren. Wegen der pro-
portionalen Zunahme der Zahl der Kraftfahrzeuge und der Fahrleistung hätte dieser Vorschlag allerdings drastische, wenn auch
technisch mögliche Verminderungen des Treibstoffverbrauches der
Motoren erfordert. Der Vorschlag hatte meiner Meinung nach einen bezwingenden Charme. Ihn umzusetzen wäre ein handfester
Beweis für die Anerkennung der globalen Verantwortung einer umweltpolitisch gesehen problematischen Branche gewesen. Und er
hätte ein starkes Signal an Regierungen ausgesendet, politischen
Mut zu zeigen. Leif Johannsen, Vorstandsvorsitzender von Volvo,
machte sich zu einem engagierten Fürsprecher der Angelegenheit.
Die großen deutschen Konzerne Volkswagen und Mercedes zeigten
zumindest keine Opposition. Doch – leider nicht überraschend –
die US-Firmen zogen nicht mit. Die deutschen Automobilkonzerne,

obwohl sie in diesem Kreis großen Einfluß haben, gaben klein bei.
Damit verschwand eine bisher einmalige Initiative wieder in der
Versenkung.

WIE KONZERNE POLITIK MACHEN

Der Einfluß der Konzerne auf die Politik bestimmt maßgeblich die
gesellschaftliche Entwicklung. Er vollzieht sich im Verborgenen und
ist äußerst effizient organisiert. Ein Paradestück derartiger Lobbyarbeit ist die Geschichte der EU-»Patent-Richtlinie«, die die Patentierung von Gensequenzen, Zellfunktionen und damit Lebewesen
ermöglicht. Umweltverbände, aber auch zahllose Wissenschaftler
und Politiker kritisieren dieses Patentverständnis, weil Gensequenzen keine Erfindungen, sondern nicht patentierbare Entdeckungen
sind und die Patentierung sowohl die Grundlagenforschung behindert als auch negative Auswirkungen, wie die Patentierung von gen-
manipuliertem Saatgut, in der Landwirtschaft hat.

Im Frühjahr 1995 lehnten die EU-Parlamentarier gegen den
Willen des Ministerrates und der EU-Kommission eine Gesetzes-
vorlage endgültig ab, die sie für schlecht befanden: die Richtlinie
»Rechtlicher Schutz biotechnologischer Erfindungen«, kurz »Patent-Richtlinie«. Manche Abgeordneten sprachen von einer »Sternstunde des Parlamentes«. Drei Jahre später, am 12. Mai 1998, nahm
das Plenum mit großer Mehrheit einen neuen Entwurf an, der inhaltlich so gut wie identisch mit jenem war, der von denselben Abgeordneten einst abgelehnt worden war. Nach wie vor umfaßte
die Ablehnungs-Front alle betroffenen Teile der Gesellschaft: von
Kirchen und kirchlichen Organisationen, akademischen Kreisen,
der Landwirtschaft und Züchter-Vereinigungen über Umwelt- und
Tierschutzgruppen bis hin zur Ärzteschaft, Patientenorganisationen, Arbeitervertretungen und Konsumenten. In diesen drei Jahren
hatte die bisher größte Lobbykampagne in der Geschichte des EU-
Parlamentes stattgefunden. Die Industrie hatte schon vor dem für

sie niederschmetternden Votum im März 1995 mit erheblichem Aufwand versucht, auf die Meinung des Parlaments Einfluß zu nehmen. Aber im zweiten Durchgang ab Dezember 1995 engagierte sich die Biotech-Industrie in noch nie da gewesenem Ausmaß. Neben der direkten Einflußnahme auf Abgeordnete griff die Industrie zu einem Bündel von Maßnahmen: Instrumentalisierung unabhängiger Patientenorganisationen, Mißbrauch von Personen, die Träger von Erbkrankheiten sind, zur emotionalen Erpressung der Mandatsträger, verdeckte Einschaltung von Consulting-Firmen, Anwerbung von Parlamentsmitarbeitern, gezielte Desinformationskampagnen.

Bei der Abstimmungsniederlage der Patentlobby im März 1995 spielte das negative Votum der Patientenverbände zur Patentierung menschlicher Gene eine entscheidende Rolle. Im Vorfeld der Abstimmung über den neuen Entwurf der Richtlinie konzentrierten sich die Bemühungen der Industrie auf diese Gruppe. Die Patienten schienen ein geeigneter Bündnispartner im Kampf um die Stimmen der Abgeordneten des Europäischen Parlamentes zu sein. Sie sollten glauben machen, daß es bei dieser Richtlinie nicht nur um die Interessen der Industrie ging. Dazu wurde ein unbedeutender Patientenverband auserwählt. Die »European Alliance of Genetic Support Groups« (EAGS) hatte bis März 1995 gegen eine Patentierung menschlicher Gene argumentiert. Nun wechselten die Funktionäre Meinung und Seite, wurden von der Industrie finanziell aufgepäppelt und über Nacht zu einem »major player«. Alastair Kent von EAGS wechselte die Fronten, nachdem eine Spende der Firma SmithKline Beecham (SB) an Kents eigenen Dachverband der Patientenverbände GIG (Genetic Interest Group) gegangen war. Er trat von da an stets unisono mit Simon Gentry, dem wichtigsten Lobbyisten von SB, auf. Dieser wiederum wurde von SB für die Industrie-Kampagne mit einem Budget von 10 Millionen Euro ausgestattet, um die Einscheidung des Europäischen Parlaments zu beeinflussen.

Die »Patienten« versuchten fortan, sich als »unabhängige« Lobbygruppe zu profilieren. Für den Tag der Abstimmung schließlich organisierten sie unter dem Motto »Patents for Life!« eine Demonstration von Personen, die Träger von Erbkrankheiten sind. Ein eigens dazu engagierter Fotograf machte Aufnahmen von den Abgeordneten zusammen mit Patienten im Rollstuhl, die sich im Parlamentsgebäude aufhielten und T-Shirts mit der Aufschrift »Patents for Life!« trugen. Sämtliche Aktivitäten waren von der Industrie finanziert und von professionellen Beratern geplant und organisiert worden.

Der Dachverband der Europäischen Biotechnologie-Industrie, EuropaBio, organisierte die Lobby-Aktivitäten. Dieser wurde 1996 als Nachfolgeorganisation der Senior Advisory Group Biotechnology (SAGB), die offensichtlich gemeinsam mit der Europäischen Kommission den Text der Richtlinie erarbeitet hatte, gegründet. Als die Kommission im Dezember 1995 den Text erstmals vorlegte, gab die SAGB zeitgleich eine Broschüre (»Patenting of Biotechnological Inventions«) heraus, die an alle Abgeordneten verteilt wurde. Der Entwurf der EU-Kommission war in manchen Passagen wortgleich mit diesem Text der Industrie.

Die EU-Kommission agierte offen als Interessenvertreterin der Industrie. Sie siedelte die Richtlinie von Anfang an im Zuständigkeitsbereich »Binnenmarkt« an und verkaufte sie als eine (vom EU-Vertrag quasi erzwungene) »Harmonisierungs-Maßnahme«, die der Erhöhung der Wettbewerbsfähigkeit des Produktionsstandortes Europa diene. Dabei weigerte sich die Kommission, zur Kenntnis zu nehmen, daß Patente völlig unabhängig vom Standort der Produktion erteilt werden: Auch Europäische Firmen können etwa in den USA nach den dort geltenden Gesetzen ihre Patente anmelden. Nur wenige Monate nachdem das Parlament 1995 die Richtlinie abgelehnt hatte, legte die Kommission den Richtlinienvorschlag mit nur geringen Änderungen erneut vor. Dies wurde mit falschen bzw. irreführenden Argumenten über Standortnachteil und Arbeitsplätze begründet. Die Kommission erweckte bewußt den falschen Eindruck, die Opposition zur Patentierung resultiere nur aus einer grundlegenden Ablehnung der Gen-Technologie. Daß sich viele Gegner und Befürworter der Gen-Technologie aber in der Frage der Patentierung einig sind, wurde übergangen.

In Deutschland übt die Industrie ihren Einfluß auf die Politik maßgeblich über ihre bestens organisierten Verbände, vorneweg der Bundesverband der Deutschen Industrie (BDI), aus. Dieser mächtige Club obstruiert gegen alles und jedes, das den Interessen seiner Klientel widerspricht. Da innerhalb des BDI die vielfältigsten Branchen und Sektoren vertreten sind und innerhalb eines Sektors wiederum Unternehmen von unterschiedlicher Größe und Ausrichtung und der BDI diese teilweise widersprüchlichen Interessen unter einen Hut bringen muß, vollzieht sich die Obstruktionspolitik auf der Ebene des kleinsten gemeinsamen Nenners. Für gesellschaftspolitische Visionen bleibt da kein Platz. Allerdings bevorzugt die Interessenvertretung eindeutig die Großunternehmen und benachteiligt den Mittelstand, der die meisten Arbeitsplätze in Deutschland schafft. Daß die Lobbyarbeit sehr oft die eigenen wohlfeilen Bekenntnisse zu den Prinzipien der freien Marktwirtschaft verrät, stört diesen Verband wenig. So hat der BDI keine Hemmungen, die ökologisch und ökonomisch sinnlosen Subventionen der deutschen Steinkohle zu verteidigen, im selben Atemzug aber die Subventionsmentalität einer überregulierten Wirtschaft zu kritisieren. Doch begnügt sich der BDI nicht mit platter Obstruktionspolitik. Er greift auch aktiv in die Politik ein und beeinflußt sie über intransparente Abkommen und gerne über sogenannte freiwillige Vereinbarungen. Beispielhaft dafür ist die nur wenigen bekannte Vereinbarung zwischen der deutschen Industrie und der Bundesregierung zur Klimapolitik aus dem Jahr 2001. Darin verpflichtet sich der BDI, die Kohlendioxidemissionen der deutschen Industrie bis zum Jahre 2012 bezogen auf 1990 um 35 Prozent zu reduzieren. Im Gegenzug dazu garantiert die Regierung, keine energiepolitischen Maßnahmen zu ergreifen, die die Wettbewerbsfähigkeit der deutschen Industrieunternehmen beeinträchtigen könnten.

Was auf den ersten Blick als gewaltige Leistung der Industrie er-

scheint, entpuppt sich bei näherem Hinsehen als schamlose Mogelpackung und Selbstkastration der Politik. Die versprochene Verminderung bezieht sich nur auf die spezifischen Reduktionen, das
heißt den Rückgang der Kohlendioxidemissionen pro Produkteinheit, also pro Tonne Stahl, Kunststoff oder Zement. Wenn die
Gesamtproduktion dagegen stärker ansteigt, als der jeweilige spezifische Ausstoß an Kohlendioxid reduziert wird, steigen auch insgesamt die Emissionen. Der spezifische Kohlendioxidausstoß in der
Industrie hat sich allerdings zwischen 1990 und 2000 – also *vor* Ab-
schluß der Vereinbarung – bereits um 21 Prozent verringert, ein
Rückgang, der überwiegend auf den Zusammenbruch der extrem
ineffizienten ostdeutschen Industrie zurückzuführen ist. Die versprochene Erhöhung der Energieeffizienz beträgt damit 14 Prozent,
also 1,1 Prozent pro Jahr von 2000 bis 2012. Dies entspricht in
etwa der Steigerung, die wegen der regelmäßigen Neuinvestitionen
ohnehin stattfindet, ohne daß besondere Anstrengungen seitens der
Industrie erforderlich wären. Die Industrie verspricht also etwas,
was auch ohne Abkommen eintreten wird, nämlich den Rückgang
der spezifischen Emissionen zwischen 2000 und 2012 um 14 Prozent. Als »Gegenleistung« ergreift die Regierung keine weiterge-
henden (also überhaupt wirksamen) klimapolitischen Maßnahmen
und verzichtet obendrein darauf, den Energieverbrauch der Großindustrie näher zu untersuchen. Damit hat die Regierung ihre eigene Klimapolitik aufgegeben und internationale Verpflichtungen
ausgehöhlt. Wächst die Industrieproduktion stärker, etwa um jährlich 2,5 Prozent, dann steigen die absoluten Kohlendioxidemissionen in 12 Jahren um 18 Prozent: ein Desaster für die Klimapolitik der Bundesregierung, die sich sowohl auf europäischer Ebene
als auch national zu ehrgeizigen Reduktionszielen verpflichtet hat.
Vor diesem Hintergrund nimmt es nicht wunder, daß der Vizepräsident des BDI, Hans Olaf Henkel, lakonisch meint, die Industrie würde das größte Problem der Globalisierung, den absoluten
Anstieg der Kohlendioxidemissionen, wohl nicht in den Griff bekommen.

Die Liste erfolgreicher Obstruktionspolitik des BDI gegen ökologische Politik ist beschämend lang. So hat er erfolgreich die Einführung einer europäischen Energiesteuer gekippt, ist gegen die Ökosteuer zu Feld gezogen, obwohl er jahrelang den Einsatz marktwirtschaftlicher Instrumente in der Umweltpolitik gefordert hat, und lief – bis zur endgültigen Entscheidung der EU-Kommission Ende 2002 – gegen den europäischen Handel mit Kohlendioxidemissionszertifikaten Sturm, obwohl damit in der EU nur die im Kyoto-Protokoll eingegangenen Verpflichtungen umgesetzt werden sollen und auch dieses Instrument der Forderung nach »Marktwirtschaft im Umweltschutz« nachkommt.

MORAL ALS PR

Die Politik der Industrieverbände kontrastiert scharf mit den Bekenntnissen mancher Großunternehmer zu »Nachhaltigkeit« und globaler Verantwortung. Je drängender sich die sozialen und ökologischen Zukunftsprobleme offenbaren und je deutlicher wird, daß diese nur unzureichend angegangen werden und es einschneidender politischer Maßnahmen bedürfte, desto offensiver dienen sich die Großkonzerne als globale Retter an. Mit den ihnen zur Verfügung stehenden Ressourcen, Public Relations in eigener Sache zu machen, schneidern sie langsam, aber beharrlich an ihrem neuen Leitbild: dem ethisch handelnden Konzern. In Veröffentlichungen, auf Tagungen, Konferenzen und Foren, beispielsweise dem »econsense-Forum für Nachhaltige Entwicklung«, einer Vereinigung von BDI-Mitgliedsfirmen (unter anderem RWE, E.ON, Verband der Chemischen Industrie), bekennen sich die Industriekapitäne zu Moral und zu gesellschaftlicher Verantwortung und verabschieden nichtssagende Resolutionen. Mit dieser Strategie hat die Industrie die Debatte über »Nachhaltigkeit« in ihrem Sinne manipuliert; sie hat sich erfolgreich der Begriffe der Umwelt- und Sozialpolitik bedient und diese so weit verwässert, daß am Ende nur noch unverbindliche Rhetorik bleibt. Die »econsense« zugrunde liegende Definition der Nachhaltigkeit liest sich dann so: »Wir sind überzeugt, daß wirtschaftliches Wachstum und entsprechende soziale Rahmenbedingungen Voraussetzung für eine zukunftsfähige Gesellschaft sind. Nur so können die ökologischen Herausforderungen gemeistert werden. Nachhaltigkeit strebt die Balance ökonomischer, ökologischer und sozialer Ziele an. Nachhaltigkeit ist ein zentraler strategischer Wettbewerbsfaktor der Wirtschaft.«

Der Industrie und ihren smarten Beratern ist es gelungen, den zwar nicht sehr präzisen, doch ursprünglich unmißverständlichen Begriff der »Nachhaltigkeit«, der die Interessen der Wirtschaft eindeutig den Prinzipien der Generationenverantwortung unterordnet, für die eigenen Bedürfnisse beliebig zu verbiegen: Nachhaltigkeit und Umweltschutz sind schön und gut, solange sie nicht ökonomischen Interessen, beziehungsweise dem Wirtschaftswachstum in die Quere kommen. Oder anders ausgedrückt: Eine Maßnahme, die a priori ökonomischen Interessen zuwiderläuft, ist demnach nicht nachhaltig. Ausgangspunkt ist der sogenannte Tripple-Bottom-Ansatz, den die Industrie heute verwendet. Soziale, ökonomische und ökologische Ziele müssen erfüllt sein, damit ein Unternehmen nachhaltig operiert. Macht ein Unternehmen mit einem ökologisch wegweisenden Produkt Verluste, ist dieses Produkt eben nicht nachhaltig. Die Überlegung, daß es nicht am Produkt, sondern an falschen ökonomischen oder rechtlichen Anreizen liegen könnte, wenn es nicht Gewinn bringt, kommt in diesem Konzept nicht vor.

Alle bedeutenden Konzerne bekennen sich mittlerweile zum Ziel der »Nachhaltigkeit«, und die meisten legen regelmäßig nicht nur die üblichen Jahresabschlüsse, sondern auch einen Umwelt- und Sozialbericht vor. Diese Berichte definieren den Begriff der Nachhaltigkeit so, wie es die jeweilige Unternehmensrationalität verlangt. Da der Begriff nicht wie die Begriffe Gewinn, Verlust oder Umsatz eindeutig definiert, sondern nach Belieben interpretierbar ist, können sich auch Öl-, Atom- und andere Konzerne, die nachweislich die Umwelt schädigende Produkte herstellen, damit brü-

sten, nachhaltig zu wirtschaften. Der Energiekonzern RWE, größter
Produzent von Atomstrom in Deutschland, rühmt sich seiner
Nachhaltigkeitsstrategie, obwohl selbst das Umweltbundesamt
ausdrücklich die Atomenergie als eine nicht-nachhaltige Energie
beschreibt. Wie könnte sie das auch sein, wenn sie den kommenden
Generationen Tausende von Tonnen Hunderttausende von Jahren
strahlenden Atommülls hinterläßt.

Der Nahrungsmittelkonzern Nestlé dokumentiert eindrucksvoll,
wie viel Wasser und Energie seine Produktionsanlagen verbrauchen
und einsparen, aber dem für den Konzern so wichtigen Thema der
Gentechnologie in der Landwirtschaft weicht er aus. Auch der
Autokonzern DaimlerChrysler zählt sich selbstredend zu den globalen Unternehmen mit globaler Verantwortung. In der Tat werden
die Autos immer sauberer und auch sozialverträglicher hergestellt.
Gleichzeitig werden sie im Schnitt immer schwerer, und die PS-Lei-
stung steigt unaufhörlich. Das Unternehmensziel ist es, möglichst
viele und möglichst große (weil profitablere) Limousinen zu verkaufen, was aber bedeutet, zum klimaschädlichen Wachstum des
Individualverkehrs beizutragen. Der ehemalige Vorstandschef von
Daimler-Benz, Edzard Reuter, sagte einmal voller Stolz, die Sprit-
fresser »seiner« S-Klasse seien in China der absolute Verkaufsschla-
ger. Wenn DaimlerChrysler einerseits den Absatz von Fahrzeugen
forciert, die aufgrund ihres überdurchschnittlich hohen Spritver-
brauchs geradezu zum Symbol für klimaschädliche Produkte avan-
ciert sind, andererseits einen Verhaltenskodex der Internationalen
Handelskammer unterzeichnet, der zur Produktion von energieeffi-
zienten Produkten verpflichtet, ist das zynisch – entspricht aber der
Strategie vieler Konzerne.

Globale Verantwortung degeneriert gar zum Werbegag, wenn etwa der Chemiekonzern Du Pont mit einer »to-do-list for the planet« wirbt. Wer Moral, in diesem Falle Nachhaltigkeit, so definiert,
daß nur nachhaltig ist, was dem eigenen Konzern nutzt – entweder
in materieller oder anderer Hinsicht –, pervertiert den Begriff der
Moral auch nachhaltig. Offensichtlich ist in Vergessenheit geraten,

daß moralisches Handeln dann vorliegt, wenn das Handeln eines
einzelnen auch als Maßstab allgemeinen gesellschaftlichen Handelns dienen kann, daß moralisches Handeln nicht umsonst zu
haben ist und auch nicht unbedingt Spaß macht.

Politik und Umweltverbände haben sich die »Nachhaltigkeits-
debatte« von den Konzernen und ihren Interessensverbänden ent-
reißen lassen. Auch weil sie nicht deutlich gemacht haben, daß
Nachhaltigkeit eben nicht ein *Win-Win*-Geschäft ist. Wer versucht,
nachhaltiges Wirtschaften immer mit den vorgeblich so vielverspre-
chenden Wettbewerbsvorteilen der deutschen Industrie auf den
Weltmärkten schmackhaft zu machen, braucht sich nicht zu wun-
dern, wenn die Unternehmen dieses Angebot dankbar aufgreifen.
Das, was die Unternehmer heute als besonders moralisches Verhalten verkaufen, entspricht im besten Falle den allgemeinen Maßstäben anständigen Verhaltens, das von jedem Individuum zu erwarten ist. Besonderes Lob hierfür zu verteilen, ist fehl am Platze.

MORAL UNTER DRUCK

Globale Werbestrategien basieren heute vor allem auf der Verbreitung des Markennamens. Diese Zuspitzung bedeutet zugleich eine
Verwundbarkeit. NGOs richten ihre Strategie auf die Verwundbarkeit der Marke aus und führen ihre Kampagnen nicht gegen Konzerne. Diese Verwundbarkeit erhöht oft noch eine moralische
Selbsterhöhung in der Selbstdarstellung. Wer damit wirbt, die Welt
zu verbessern, muß sich auch an diesem Maßstab messen lassen.
Die Starbucks-Kette, die mittlerweile die ganze Welt mit ihren Kaf-
fee-Ausschänken überzogen hat, warb seit der Gründung 1985 damit, soziale Verantwortung sei Herz und Seele des Unternehmens.
Genau an diesem Anspruch nagelte die Gruppe »Organic Consu-
mers Association« den Konzern, der heute einen Jahresumsatz 2,6
Milliarden Dollar macht, auch fest. Resultat ist unter anderem, daß
der Konzern seinen Kaffeefarmern Ankaufspreise anbietet, die bis

zu 100 Prozent über dem des Weltmarkts liegen. Das Sportartikel-Unternehmen Nike mußte sich in den USA mit den »Sweatshop-Kampagnen« auseinandersetzen, die die Lohn- und Arbeitsbedingungen der Näherinnen in den von Billiglohnländern errichteten Freihandelszonen aufgriffen.

Derartige Kampagnen fordern eine Unternehmens- bzw. Produktverantwortung, die sich nicht ausschließlich auf den Mutterkonzern und die Herstellung des Endproduktes beschränkt, sondern vielmehr auf die gesamte vor- und nachgelagerte Produktkette. Nestlé muß also darlegen, daß der Kakao, aus dem die Schokolade hergestellt wird, nicht mit Kinderarbeit geerntet worden ist; Coca-Cola muß darüber Rechenschaft ablegen, daß die Abfüllbetriebe in aller Welt umweltverträglich mit Wasser und Abwasser umgehen; und Computerhersteller müssen sich darum kümmern, daß der Elektronikschrott der ausrangierten Geräte, die längst in das Eigentum der Konsumenten übergegangen sind, umweltverträglich entsorgt wird. Der diesbezügliche öffentliche Druck auf die Konzerne hat mittlerweile beachtenswerte Resultate ermöglicht. In den meisten Herstellungsbetrieben in der Dritten Welt, die als Zulieferbetriebe für Markenkonzerne dienen, sind die Arbeitsbedingungen wie auch die Umweltstandards vergleichsweise höher als die der inländischen Betriebe. Die These Naomi Kleins, daß die absurd hohen Werbe- und PR-Kosten der großen Markenkonzerne dazu dienen, Umwelt und Arbeitskräfte in der Dritten Welt auf besonders infame Weise auszubeuten, ist populär, aber nicht richtig. Es macht für bestimmte Großkonzerne wegen der öffentlichen Kontrolle, aber auch aus betriebswirtschaftlichen Gründen oftmals keinen Sinn, Lohn- und Umweltdumping zu betreiben. Das bequeme Bild des Großkonzerns, der seine Produktion dorthin verlagert, wo er am billigsten die Arbeitskräfte ausbeuten kann und unkontrolliert Grundwasser, Flüsse, Luft und Boden verseuchen kann, entspricht nicht mehr der Wirklichkeit. Nicht, daß Konzerne jetzt flächendeckend gleichen Lohn für alle weltweit einführen würden, aber gleiche Rechte für alle und menschenwürdige Behandlung sind am ehesten durch

internationale Großkonzerne garantiert. Volkswagen hat als erster Kraftfahrzeughersteller eine weltweite Sozialcharta für seine
320.000 Beschäftigten an 42 Standorten in 18 Ländern verabschiedet. Festgeschrieben wird darin etwa das Grundrecht, Gewerkschaften und Arbeitnehmervertretungen zu bilden. Zwangs-,
Pflicht- und Kinderarbeit sind verboten. Löhne und andere Leistungen sowie Arbeitszeiten müssen mindestens den nationalen Standards entsprechen. Diese Standards können gewiß noch verbessert
werden, aber das Prinzip, daß global führende Unternehmen ihre
Belegschaft und auch die der Zulieferbetriebe weltweit nicht anders
behandeln können als in Europa oder den Vereinigten Staaten, entspricht der unternehmerischen Logik von großen Markenunter-
nehmen.

Die Verwundbarkeit von Großkonzernen und der öffentliche
Druck haben dazu geführt, daß Unternehmen, die im öffentlichen
Blickfeld stehen, ihre Rhetorik zunehmend mit Inhalt füllen müssen. So verbesserungswürdig und unvollständig auch die meisten
Umwelt- und Sozialberichte von internationalen Konzernen sind,
sie stellen einen Anfang dar. Cor Herkströter, der Chairman der
Shell-Gruppe, bestritt noch 1996 – ein Jahr nach den Protesten gegen die Aktivitäten des Konzerns im Ogoni-Land (Nigeria) und der
Exekution des Bürgerrechtlers Ken Saro-Wiwa durch die nigeriani-
sche Regierung –, daß sein Unternehmen etwas mit der »Politik« in
dem jeweiligen Land, in dem der Konzern investiere, zu tun habe.
Die Widerstände gegen die sozial unhaltbaren Zustände im Ölför-
dergebiet, die Korruption und die Mißachtung der Menschenrechte durch die nigerianischen Behörden wären eine innernigerianische
Angelegenheit. Mittlerweile, nach weltweiten Protesten, bekennt
sich der Konzern öffentlich zu seiner Verpflichtung, im jeweiligen
Investitionsland für die Einhaltung der Menschenrechte gegenüber
den nationalen Behörden einzutreten. Shell hat die »OECD-Charta
gegen Korruption« unterzeichnet und veröffentlicht Korruptions-
fälle in seinem jährlichen Umwelt- und Sozialbericht. Ebenso ist der
Konzern aus der »Global Climate Coalition«, einer Lobby-Gruppe

der Energiekonzerne, die das Kyoto-Protokoll bekämpft, ausgetreten.

Der Druck der Öffentlichkeit, soziale und ökologische Standards weltweit kontinuierlich zu verbessern, wird anhalten, während die Unternehmen versuchen werden, diesem Druck durch freiwillige Vereinbarungen, Selbstverpflichtungen zu entsprechen (oder zu entgehen) und verbindliche, gesetzesähnliche Regelungen zu vermeiden. Konzerne sind üblicherweise nur an verbindlichen Regeln interessiert, wenn ihre Rechte betroffen sind, nicht ihre Pflichten. Das von der OECD 1998 lancierte Multinationale Investitionsabkommen (MAI), das verbindliches Recht in den jeweiligen Investitionsländern werden sollte, um den Investoren Investitionssicherheit und Gewinntransfergarantien zuzusichern, begrüßte die Industrie euphorisch. Von Pflichten war in dem Abkommen, das eine Koalition aus nationalen und internationalen NGOs deshalb zu Fall brachte, kaum die Rede. Den Schutz fundamentaler Rechte Dritter freiwilligen Vereinbarungen zu überlassen, die eigenen Rechte aber gesetzlich zu kodifizieren, ist nicht akzeptabel. Entweder sind globale soziale und Umweltstandards wichtig: dann ist es nur konsequent, die Einhaltung der Standards zur Pflicht zu machen und ihre Verletzung zu sanktionieren. Der Besuch der Schule ist ja auch für jeden verbindlich und nicht freiwillig. Oder man nimmt die ganze Sache doch nicht so richtig ernst – dann machen freiwillige Vereinbarungen natürlich Sinn.

Volkswirtschaftlich sind derartige Selbstverpflichtungen in ihrer Wirkung ohnehin zweifelhaft – von ihnen geht nicht die nötige Signalwirkung aus, ist die Meinung der meisten Wissenschaftler. Wie schnell nicht nur Selbstverpflichtungen, sondern sogar rechtlich bindende Verordnungen, wenn es ernst wird, Makulatur werden, zeigt das Beispiel »Dosenpfand« in Deutschland. 1992 verpflichtete sich die deutsche Getränkeindustrie, den Mehrweganteil von Getränkeverpackungen nicht unter eine vereinbarte Grenze absinken zu lassen. Als 2001 dieser Wert dann unterschritten wurde, akzeptierte die Industrie die damals vereinbarte alternative Einführung

eines Zwangspfandes auf bestimmte Getränkeverpackungen plötzlich nicht mehr. Es entstand ein absurder Streit um eine ökologisch
unbedeutende, aber symbolträchtige Maßnahme. Die Unternehmen zogen bis vor das Verfassungsgericht und setzten ihre geballte
Lobbymacht ein, um das »Zwangspfand« zu verhindern. Die Gegner des Pfandes verloren, aber verlorengegangen ist auch die letzte
Illusion, daß Industrie und Verbände sich an ihre Vereinbarungen
halten.

Die Verbindlichkeit von Regeln ist entscheidend, um auch die
Konzerne, die weniger im Rampenlicht und deshalb unter geringerem öffentlichem Druck stehen, zu einer Änderung ihres Verhaltens
zu zwingen. Es gibt noch genug Konzerne, die Menschenrechte
mißachten, in Korruption verstrickt sind, Bürgerkriege finanzieren
und auf billige Weise ihre Abfälle entsorgen.

RATIONALE DESTRUKTION

Verbindliche Verhaltensregeln für internationale Konzerne sind absolut zwingend, aber sie werden wenig an den negativen Auswirkungen der wirtschaftlichen Globalisierung ändern. Nicht weil
Unternehmen moralisch schlecht handeln, sondern weil sie sich rational verhalten, also dem bestehenden Anreizsystem folgen und
entsprechend forschen, investieren, Produkte anbieten, Rohstoffe
plündern und die Artenvielfalt bedrohen, sind die ökologischen
und wirtschaftlichen Entwicklungen bedrohlich.

Ein Patentrecht, das die Patentierung von Genen und Zellfunktionen erlaubt, öffnet der illegitimen Verwertung von genetischen
Ressourcen des Südens Tür und Tor (Biopiraterie), gefährdet die
Nahrungsmittelsicherheit durch Verarmung der Sortenvielfalt und
macht die Bauern der Dritten Welt von Lizenzzahlungen abhängig.
Ein Haftungsrecht, das für Großtechnologien nur begrenzt die Haftung übernimmt, ermöglicht es Konzernen, gentechnologisch mani-
pulierte Organismen freizusetzen, ohne daß diese ausreichend auf

ihre Risiken geprüft wären bzw. die Verursacher potentieller Schäden dafür aufkommen. Der niedrige Energiepreis motiviert Unternehmen, Kraftfahrzeuge auf den Markt zu bringen, deren Gebrauch
das weltweite Klima destabilisiert. Das Steuerrecht belohnt mit steu-
erfreien Rücklagen Atomkonzerne für die Anwendung einer Technologie, die unter fairen Wettbewerbsbedingungen gar nicht existieren würde. Die Investitionsbedingungen lassen Konzerne das für die
Überwindung der Armut dringend erforderliche Kapital in Ländern
investieren, die daran keinen Mangel haben. Verantwortlich für
diese Fehlentwicklung sind aber nicht die maßlose Gier oder Cha-
rakterlosigkeit von Individuen. Die Manager und Konzernlenker
sind zwar Täter, aber eben auch Opfer; ihr Erfolg und ihre Existenz
sind die Folge der Logik des aktuellen Anreizsystems. Manager sind
nicht bessere oder schlechtere Menschen als Wissenschaftler, Globalisierungskritiker, Politiker, Ärzte oder Umweltschützer. Sie verhalten sich wie diese rational, sie maximieren – entsprechend den
Prinzipien der marktwirtschaftlichen Logik – ihren Nutzen und minimieren ebenso rational die Nachteile.

Das Preis- und Steuersystem, die haftungs-, straf- und patent-
rechtlichen sowie sonstigen wirtschaftlichen Rahmenbedingungen
sind dafür verantwortlich, daß die großen Konzerne bisher wenig
zur Lösung globaler Probleme beigetragen haben. Wenn es partiel-
le Fortschritte gegeben hat, dann aufgrund öffentlichen Druckes.
Heute rühmt sich die Pharmaindustrie, der Bevölkerung der Dritten
Welt mit stark verbilligten Medikamenten gegen Aids zu helfen.
Aber diese Haltung ist nicht das Ergebnis einer freiwilligen Entscheidung. Es ist eine Folge des Druckes engagierter Personen und
Organisationen, die die Konzerne zum Einlenken zwangen.

Dennoch: Eine Lösung der großen Probleme der Menschheit gibt
es nur mit den globalen Konzernen, nicht ohne oder gegen sie. Unter den gegenwärtigen Rahmenbedingungen werden diese die richtigen Lösungen allerdings weder entwickeln noch umsetzen. Das
Defizit liegt weniger in der mangelnden »demokratischen« Kontrolle der Aktivitäten der Konzerne, die Kritiker angesichts der

gewaltigen Machtfülle multinationaler Konzerne fordern, sondern darin, daß diese Aktivitäten nicht zukunftsfähig sind. Erforderlich sind völlig veränderte Rahmenbedingungen, die die Innovationsfähigkeit und die Ressourcen der Konzerne in eine Richtung lenken, die der Menschheit tatsächlich dient. Sie können zwar dafür kritisiert werden, daß sie sich nicht für eine Änderung dieser Rahmenbedingungen einsetzten, sondern alles tun, um diese entweder nicht anzutasten oder nur so zu verändern, daß sie unmittelbaren Interessen der Unternehmen dienen. Doch auch dieses Verhalten ist letztlich rational, denn durch eine Änderung der Rahmenbedingungen wird es Gewinner und Verlierer geben. Und da die Verbände auch die Verlierer vertreten müssen, kommt es zur Blockade.

TECHNOLOGIE: PROFITORIENTIERT, NICHT PROBLEMORIENTIERT

Es wird entscheidend für die Zukunft der Menschheit sein, ob Konzerne Technologien entwickeln, die zur Lösung der großen globalen Probleme beitragen. Die aktuell entwickelten und vorangetriebenen Technologien sind jedoch nicht problemorientiert, sondern profitorientiert. Technischer Fortschritt ist kein autonomer Prozeß, er ist ein Resultat von Marktanreizen und politischen Entscheidungen. Welches Risiko einer neuen Technologie dabei eine Gesellschaft zu tragen bereit ist, kann nicht wissenschaftlich, sondern muß politisch entschieden werden.

Unternehmen entwickeln neue Technologien und Produkte, die mit kaufkräftiger Nachfrage auf entsprechenden Märkten rechnen können. Andernfalls lohnen sich die Entwicklungs- und Investitionskosten nicht. Deshalb entwickeln die bedeutenden Pharmakonzerne keinen Impfstoff gegen Malaria, obwohl diese Impfung Hunderten Millionen von Menschen in tropischen Ländern das Leben retten würde, sondern erforschen bevorzugt neue Potenzmittel für Kundschaft in den Industrieländern. Dort ist Kaufkraft, in Malariagebieten nicht. Anders bei Aids. Obwohl sich über 30 Millionen HIV-Infizierte in der Dritten Welt teure Medikamente zur Behandlung der Infektion nicht leisten können, reicht die kaufkräftige Nachfrage in der Ersten Welt aus, um die Entwicklungskosten zu decken.

Die Marktlogik fördert Technologien, die sich in der Gestalt von Produkten, Waren oder handelbaren Dienstleistungen niederschlagen, also verkauft werden können. Kostengünstige Alternativen, etwa Prozesse, die sich aus bereits bekannten, nicht patentierbaren Verfahren zusammensetzen und nicht »verkauft« werden können, also nicht marktfähig sind, kommen dadurch nicht zur Anwendung. Biologische Schädlingsbekämpfung in der Landwirtschaft kann als Alternative zu schädlingsresistentem, gentechnologisch manipuliertem Saatgut ebenso wirkungsvoll sein, zugleich ohne die schädlichen Umweltbelastungen und zu geringeren Kosten für die Landwirte. Derartige Methoden sind für Konzerne jedoch nicht attraktiv – sie versprechen keinen Markt. Gemäß dieser Logik versuchen die Saatgutkonzerne mit allen ihnen zur Verfügung stehenden Mitteln, die sogenannte Grüne Gentechnologie in der Landwirtschaft der Dritten Welt durchzusetzen.

Die Produkte der Grünen Gentechnologie bestehen aus transgenem, patentiertem Saatgut, das entweder durch ein in die Erbanlagen eingebautes Bakterium gegen Schädlinge resistent ist oder durch Erbgutveränderung unempfindlich gegen bestimmte chemische Unkrautvernichtungsmittel gemacht wurde. Ein derartiges Saatgut ist zwar marktfähig, weil es sich als »Produkt« verkaufen läßt, ist jedoch mitnichten das beste Mittel, die Landwirtschaft in der Dritten Welt zu entwickeln. Diese Technologie setzt nicht am Kernproblem der bäuerlichen Landwirtschaft in armen Ländern an. Diese hat keinen Mangel an geeignetem Saatgut; im Gegenteil, Bauern in der Dritten Welt haben über Jahrhunderte besonders gut angepaßte Sorten entwickelt. Die Hindernisse für eine Entwicklung der Landwirtschaft liegen in zu niedrigen Erzeugerpreisen, den Bodenbesitzverhältnissen, mangelnder Infrastruktur und auch man-

gelndem Know-how. Diese Ursache anzugehen wäre die richtige
Strategie. Doch den Saatgutkonzernen gelingt es, mehr und mehr
EU-Gelder, die zur Förderung der Landwirtschaft in der Dritten
Welt bestimmt sind, für Grüne Gentechnologie abzuzweigen. Die
hervorragenden Methoden der Schädlingsbekämpfung in der orga-
nisch-biologischen Landwirtschaft, die darüber hinaus die Bodenfruchtbarkeit steigern und die Sortenvielfalt erhalten, sind aber für
das Agro-Business nicht rentabel. Mit der unseriösen Behauptung
von der Notwendigkeit der Grünen Gentechnologie im Kampf gegen den Welthunger ködert die Industrie lokale Politiker und die
Entwicklungshilfeinstitutionen der Industrieländer. Die Finanz-
stärke der Konzerne und die Anfälligkeit lokaler und nationaler
Administrationen für Geldzuwendungen tun das ihrige, um traditionellen und mindestens ebenbürtigen Technologien wenig Durch-
setzungschancen zu lassen.

Die Grüne Gentechnologie ist in Industrieländern attraktiv, weil
sie die Kosten der Schädlings- und Unkrautbekämpfung reduziert.
Sie ist jedoch keine zukunftsfähige Technologie, weil sie die Probleme der hochindustrialisierten Landwirtschaft eskaliert: den hohen
Energieverbrauch und damit die Emission von Treibhausgasen, die
um 50 Prozent höher als in der ökologischen Landwirtschaft liegen,
die Verarmung der Arten- und Sortenvielfalt, die Verschmutzung
des Grundwassers mit Pestiziden und die Überdüngung von Ober-
flächengewässern durch Phosphateinträge. Ein Patentrecht, das die
Patentierung von Gensequenzen untersagt, Energiepreise, die die
Kosten der globalen Erwärmung reflektieren, das Verbot von Massentierhaltung, die Reinhaltung des Grundwassers, und ein den Regenwald nicht zerstörender Futtermittelanbau würden ein unter-
schiedliches Modell der Landwirtschaft hervorbringen. Die grüne
Gentechnologie bräuchte man unter diesen Voraussetzungen nicht.

Ihre Existenz zeigt kraß, daß der Markt nicht die für die Pro-
blemlösung besten Technologien hervorbringt, sondern diejenigen,
die den Rahmenbedingungen am besten entsprechen. Und das sind
meistens nur die zweit- oder drittbesten Lösungen. Besonders

schlimm ist, daß der Staat, der nicht der Marktlogik gehorchen müßte, keine anderen Anreize setzt. Anstelle Forschung und Entwicklung nicht unmittelbar marktfähiger, aber besserer Alternativen zu fördern, belohnt er auch noch die Konzerne. Der Bund fördert wissenschaftliche Forschungsvorhaben mit rund zwei Milliarden Euro pro Jahr. Davon gehen 750 Millionen in den Bereich »Lebenswissenschaften«. Ein Drittel davon ist der grünen Gentechnologie gewidmet. Auf Forschungsvorhaben der ökologischen Landwirtschaft entfallen nur 0,5 Prozent des Budgets, etwa vier Millionen Euro.

KONSUMENT: OPFER ODER TÄTER?

Daß die Rahmenbedingungen – also das Anreizsystem – sich ändern müssen, hören die Konzernchefs nicht gerne. Derartige Verschiebungen stören das Gleichgewicht der Konkurrenzbeziehungen und zwingen zur Anpassung. Diese Eingriffe wollen Unternehmer unter allen Umständen vermeiden. Man zieht sich deshalb gerne auf den Standpunkt zurück: Wenn Verbraucher andere Produkte wollen, brauchen sie ja diese nur nachzufragen.

Die Verantwortung auf die Verbraucher abzuschieben ist zu einfach. Zwar tragen auch die Verbraucher Verantwortung. Verbraucher, die in vollem Bewußtsein Kohlendioxidschleudern wie einen Mercedes der S-Klasse kaufen, handeln aus moralischer Sicht ebenso verantwortungslos wie der Hersteller, der ein solch unzeitgemäßes Produkt auf den Markt bringt. Allerdings gibt es beträchtliche Unterschiede in Hinblick auf den Einfluß, den Hersteller einerseits und Verbraucher andererseits auf Politik sowie Produkte und Herstellungsverfahren ausüben. Die Hersteller sind weitaus schlagkräftiger organisiert. Sie vertreten einheitliche Interessen, während Verbraucherinteressen zersplittert sind. In dem Bewußtsein, alleine nichts ändern zu können, im Gegenteil, bei anderem Verhalten benachteiligt zu werden, verhalten sich Verbraucher in den wenigsten

Fällen gegen den Markt. Die Hersteller dagegen bestimmen, welche Produkte auf den Markt kommen. Bessere Alternativen, die weniger Geld bringen, werden sie erst gar nicht anbieten.

Die Hersteller jedoch verlangen von den Verbrauchern mehr, als sie sich selbst zumuten, nämlich unökonomisches Verhalten. Sie agieren wie Hehler, die Kunstwerke zum Schleuderpreis anbieten und sich dann entrüsten, daß Kunstliebhaber die Angebote zu einem derartig unter dem Wert liegenden Preis erwerben. Hersteller und Verbraucher befinden sich in einer Täter-Opfer-Beziehung, in der der Täter alles versucht, dem Opfer nicht nur die Mittäterschaft, sondern auch die Alleinverantwortung zuzuweisen. Beide verhalten sich aber auch als ökonomische Akteure, jenseits moralischer Kategorien. Vom Unternehmen zu erwarten, freiwillig Verluste zu machen, ist genauso weltfremd, wie von den Verbrauchern zu erwarten, sich freiwillig gegen ihren Geldbeutel zu entscheiden. Das Verhalten der Akteure wird sich nur ändern, wenn die Anreize, vor allem die Preise, so gestaltet sind, daß sie Produktion und den Konsum von Produkten, die beispielsweise die Natur zerstören oder negative soziale Auswirkungen haben, nicht belohnen, sondern bestrafen.

Der Marktmechanismus schafft darüber hinaus nicht automatisch die Markttransparenz, die verantwortungsvolles Verbraucherverhalten erst möglich macht. Markttransparenz erfordert die Intervention des Staates. Die geballte Lobbykraft der Industrie tut aber das ihrige, um diese Offenheit zu verhindern und die Verbraucher für dumm zu verkaufen. Die Debatten über aussagefähige Kennzeichnung von Qualität, Herstellungsweise und Gebrauchswirkungen von Produkten sprechen Bände. Die Verbraucher, argumentiert die Industrie nach Forderungen nach mehr Transparenz auf diesem Gebiet, sollen nicht verwirrt werden. Die Entstehung der Kennzeichnungspflicht für Nahrungsmittel mit gentechnologisch veränderten Substanzen ist symptomatisch dafür. Nur gegen die erbitterte Opposition der Nahrungsmittel- und Gentechnologie-Konzerne gelang es, die Kennzeichnungspflicht für Produkte durchzu-

setzen, die Bestandteile aus gentechnisch veränderten Pflanzen enthalten. Im Nahrungsmittelsektor ist werden Verbraucher ohnehin
systematisch getäuscht. Synthetischer Erdbeergeschmack aus Säge-
mehl darf zum Beispiel »naturidentisches Erdbeeraroma« heißen.
Es würde den Prinzipien der Marktwirtschaft eher entsprechen, die
Wahrheit auf den Joghurtbecher zu schreiben. Die Industrie agiert
verlogen. Sie appelliert an die Souveränität der Konsumenten und
ihre Verantwortung, tut aber alles, um dem Verbraucher die zur
Ausübung seiner Konsumentensouveränität wichtigen Informationen vorzuenthalten.

DIE TECHNOLOGIE-KAMPAGNEN VON GREENPEACE

Eher zufällig denn geplant kam Greenpeace in der ersten Hälfte der
1990er Jahre zur Entwicklung von technologischen Lösungen. Die
Kühlschrank- bzw. die Greenfreeze-Kampagne, die Kampagne für
total chlorfreies Tiefdruckpapier (TCF-Papier) und die Kampagne
für die treibstoffeffiziente Verbrennungsmaschine »Smile« waren
jedoch wichtige Erfolge. Ihre Geschichte illustriert die Zusammen-
hänge zwischen Konzernstrategien und Verbraucherinteressen. Sie
zeigt, daß der technische Fortschritt ein Ergebnis der jeweiligen
Rahmenbedingungen ist und Hersteller oft nicht die Produkte anbieten, die die Konsumenten eigentlich wollen und die zugleich am
besten die jeweiligen Probleme lösen.
    Eine der vielen großen Umweltbedrohungen ist die Zerstörung
der Ozonschicht durch Fluorchlorkohlenwasserstoffe (FCKW).
Ende der 1980er Jahre gab es eine hitzige Auseinandersetzung über
die richtigen Ersatzstoffe für diese Chemikalien, die zur Herstellung
von Isoliermaterial, aber auch als Kältemittel dienen. Für einige
Bereiche gab es schon Ersatzstoffe, aber für Kältemittel existier-
ten noch keine umweltverträglichen Alternativen. Die chemische
Industrie hatte zwar Fluorkohlenwasserstoffe (FKW) entwickelt,
die zwar keine die Ozonschicht zerstörenden Chlormoleküle mehr,

doch dafür aber ein um den Faktor Tausend höheres »Treibhauspotential« enthielten. In anderen Worten: freigesetzt, tragen sie wie Kohlendioxid, nur tausendmal stärker, zum Treibhauseffekt bei. Da die Konzerne beträchtliche Summen in diese Nachfolgetechnologie investiert hatten, lehnten sie andere Lösungen kategorisch ab.

Wir wollten jedoch keine Technologie, die den Teufel mit dem Beelzebub austreibt, sondern forderten den FCKW/FKW-freien Kühlschrank. Ohne einen konkreten Vorschlag hatten unsere Aktionen gegen den größten Hersteller von FCKW, Hoechst, allerdings einen entscheidenden Schwachpunkt. Wir mußten uns vorwerfen lassen, etwas zu fordern, was es nicht gibt oder geben könnte. Mit Unterstützung von Wissenschaftlern des Dortmunder Hygiene-Instituts griffen wir schließlich auf eine bereits zu Beginn des 20. Jahrhunderts entwickelte Technologie zurück, die Naturgase (wie Butan oder Propan) als Kühlmittel verwendete. Wir ließen einen Prototyp von einer vom Konkurs bedrohten ostdeutschen Firma (Foron) bauen und überzeugten das Versandhaus Neckermann, den Kühlschrank, der noch gar nicht in Serie gebaut war, in seinem Katalog anzubieten. Die Kampagne schlug bei den Verbrauchern ein, weckte aber sofort heftigen Widerstand der etablierten Kühlschrankhersteller und vor allem der chemischen Industrie. Nachdem deren Argumente, das Gerät sei zu teuer und verbrauche zu viel Energie, widerlegt und auch angebliche Sicherheitsmängel vom TÜV nicht bestätigt worden waren, rief der Zentralverband der Elektronikindustrie (ZVEI) seine Mitglieder auf, das Gerät nicht im Einzelhandel anzubieten. Diesen Schachzug mußte das Kartellamt untersagen. Heute werden in Deutschland nur noch Geräte dieses Typs verkauft, in der EU sind es im Durchschnitt 70 Prozent. Japan und die USA haben die Technologie wegen angeblicher Sicherheitsmängel noch nicht übernommen, hingegen China, das nicht wie die USA und Japan auf den Gegenwind einer im großen Maßstab FKW herstellenden chemischen Industrie Rücksicht nehmen muß. Das primäre Motiv des Verhinderungskartells war, bereits in den Ersatzstoff FKW getätigte Investitionen nicht obsolet werden zu lassen. Aber auch grundsätzlich paßte diese Technologie nicht zum Profitprinzip. Die FKW-Technologie ist komplizierter als die Herstellung und Reinigung von Naturgasen. Sie erfordert anspruchsvollere Wartung und Entsorgung und macht beispielsweise Entwicklungsländer abhängig von westlichen Konzernen. Mit ihr läßt sich also viel Geld verdienen. Naturgase kosten wenig und sind überall zu haben. Angesichts der Euphorie der Industrie im Hinblick auf neue Technologien mit hohen Sicherheitsrisiken – z. B. der Grünen Gentechnologie – ist der Einwand mangelnder Sicherheit in den USA und Japan gegen die Greenfreeze-Technologie abstrus. Auf der ganzen Welt ist bisher noch keine Person bei einem durch diese Technik verursachten Unfall zu Schaden gekommen.

Die Chlorbleiche im Zuge der Zellstoffherstellung als Vorstufe der Papierproduktion gehört zu den schmutzigsten und gefährlichsten Technologien des Industriezeitalters. Die in die Flüsse abgeleiteten hochgiftigen chlororganischen Verbindungen reichern sich in der Nahrungsmittelkette an und machen tierische und menschliche Lebewesen zu Sondermülldeponien. Wie im Falle des FCKW/FKW-freien Kühlschrankes leugnete die Zellstoff- und Papierindustrie, daß eine völlig chlorfreie Bleiche für Tiefdruckpapier technologisch möglich sei. Das Papier wäre nicht weiß genug und nicht ausreichend reißfest, um in die Massenproduktion zu gehen, hieß es. Nach intensiven Recherchen fanden wir heraus, daß die Firma Stora in Schweden einen mit Sauerstoffperoxyd gebleichten Zellstoff entwickelt hatte. Wir überredeten Clemens Haindl, den damaligen Eigentümer der Papierfabrik Haindl, aus diesem Zellstoff Magazinpapier zu produzieren und uns zu Testzwecken zu verkaufen. Der Test gelang. Das Papier war reißfest und – für das Auge praktisch nicht wahrnehmbar – nur um Schattierungen weniger weiß. Mit dem Papier produzierten wir ein dem *Spiegel* täuschend ähnlich sehendes Magazin mit dem Titel »Plagiat«, verteilten etwa 1000 Exemplare an *Spiegel*-Abonnenten und baten sie, den Verlag aufzufordern, in Zukunft das Magazin auf chlorfrei hergestelltem Papier drucken zu lassen. Nach einem halben Jahr stieg der *Spiegel* auf

das neue Papier um. Etwa 50 Prozent aller Tiefdruckpapiere in
Deutschland werden heute nach diesem Verfahren hergestellt.
Wiederum hielt die Industrie anfangs vehement dagegen. Große Investitionen waren bereits in andere, chlorarme Verfahren investiert
worden. Man fürchtete auch eine unübersichtliche Änderung der
Marktstruktur, in anderen Worten: ein Ende des etablierten Oligo-
pols. »Sie haben den ganzen Markt durcheinandergebracht und alle verunsichert!« fauchte mich ein Vorstandsmitglied eines Düssel-
dorfer Papierkonzerns an.

Zum letzten Beispiel: Die Verbrennungsmaschine »Smile« verwendet eine Technologie, die schon in der ersten Hälfte des vergan-
genen Jahrhunderts für Renn-Motorräder entwickelt worden war.
Sie verbessert die an sich klägliche Effizienz der konventionellen
Verbrennungsmotoren durch eine Hubraumverkleinerung, welche
im unteren Lastbereich den Wirkungsgrad um etwa 30 Prozent erhöht. Heutige Kraftfahrzeuge sind auf hohe Endgeschwindigkeit
ausgelegt. Im Niedriggeschwindigkeitsbereich arbeiten die Motoren deshalb ineffizient und verbrauchen übermäßig viel Treibstoff.
Im höheren Lastbereich verdichtet ein durch die eigenen Abgase
angetriebener Druckwellenlader den Sauerstoffgehalt in der Ver-
brennungskammer und bewirkt dadurch einen effizienten Ver-
brennungsprozeß trotz geringeren Hubraums. Zusammen mit Gewichtsreduktion und aerodynamischen Verbesserungen läßt sich
der Spritverbrauch von Personenkraftfahrzeugen ohne Minderung
des Fahrkomforts und der Sicherheit dadurch um die Hälfte vermindern – bei geringeren Herstellungskosten. Eine wesentliche Ursache, warum diese »alte« Technologie heute gut einsetzbar ist, sind
die modernen elektronischen Steuerungsmöglichkeiten. Sie perfek-
tionieren die Technik des Druckwellenladers.

Die Schweizer Ingenieurfirma Wenko, die sich früher einen Namen in der Entwicklung von Renn-Motorrädern gemacht hatte,
produzierte für Greenpeace einen Prototyp und verwendete Karos-
serie und Fahrwerk eines Renault Twingo als Basis. Der »Smile«
(small, intelligent, light) verbrauchte um die Hälfte weniger Sprit

als der originale Twingo bei gleicher Fahrleistung. Die Verminderung des Verbrauchs wurde durch Gewichtsreduktion, eine verbesserte aerodynamische Form und den Einbau eines Druckwellenlader-Motors erreicht. Auch diesmal fuhr die entsprechende Industrie ihr ganzes Arsenal an Verhinderungsargumenten auf: mangelnde Sicherheit, zu teuer, weniger Fahrkomfort. Auch diese Einwände hat die Industrie inzwischen zurückgenommen. Die Firma Wenko entwickelt mittlerweile Motoren für VW und andere große Autokonzerne auf der Grundlage ihres Know-hows. Renault plant, die Technologie in 10 Jahren für seine Fahrzeuge einzusetzen, wie uns Louis Schweitzer, der Chairman von Renault, im Februar 2001 in einem vertraulichen Gespräch mitteilte. Auf die Frage, warum die Technologie nicht schon früher auf den Markt käme, antwortete er, die Treibstoffpreise müßten dafür um ein Drittel höher sein, um genügend Kaufanreize zu schaffen. Für einzelne Konzerne sei es auch nicht ohne weiteres möglich, im Alleingang auf diese neue Technologie umzuschwenken. Die Umstellung in der Motorenherstellung verursache Kosten, die ein Konzern nur auf sich nehmen wolle, wenn auch die Wettbewerber davon betroffen seien. Sie erfolge erst, wenn die Investitionen in die bestehenden Fertigungsstraßen abgeschrieben seien und die gesamte Industrie den Richtungswechsel vollziehe. Die Renault-Argumentation belegt eindrucksvoll, wie wichtig eine langfristig angelegte Energiepolitik ist.

In diesem Fall konnte Greenpeace das fertige Produkt nicht auf dem Markt durchsetzen. Die Produktion eines Autos erfordert eine hochkomplexe und überaus kapitalintensive Massenproduktion, sie ist mit der Herstellung eines Kühlschranks oder von Druckpapier nicht vergleichbar. Die Idee, mit einem großen Autokonzern gemeinsam die Entwicklung eines treibstoffeffizienten Kraftfahrzeuges voranzutreiben, scheiterte an den Chefingenieuren von Renault, aber auch an internen Widerständen in Greenpeace, die vor einer zu großen Nähe zu einem Autokonzern warnten.

DIE VERKAUFTE ZUKUNFT

Ob die Menschheit sich eine Zukunft ermöglicht, hängt davon ab, ob sie die richtigen Technologien dafür entwickelt. Großkonzerne haben jedoch inzwischen den technischen Fortschritt und damit Entscheidungen über die Zukunft der Menschheit monopolisiert. Die Politik glaubt naiv den Heilsversprechen der Industrie und gibt ihr aus »Standortgründen« freie Hand bei der technologischen Entwicklung. Grundlagenforschung, auch an den Universitäten, wird zunehmend von Konzernen dominiert, die sich letztlich von ihren Interessen und nicht der Problemanalyse leiten lassen. Die immer komplexere Welt der Naturwissenschaften und der neuen Technologien ist für Regierungen nicht mehr durchschaubar. Neue Technologien werden entwickelt und ohne wirklichen öffentlichen Diskurs eingesetzt, obwohl sie die Zukunft der Gesellschaft entscheidend prägen.

Die geschilderten Greenpeace-Technologiekampagnen beleuchten nur wenige, ausgesuchte Beispiele für zahlreiche weitere, schon lange entwickelte Verfahren und Technologien, vor allem im Bereich des effizienten Einsatzes von Energie und Rohstoffen, die nicht zur Anwendung kommen, weil die entsprechenden Anreize nicht bestehen. Aber gerade diese Technologien sind überlebenswichtig für die Menschen. Nur über eine Änderung der Rahmenbedingungen kann der Staat die Hoheit über die Richtung des technologischen Fortschritts zurückgewinnen. Der Staat soll nicht über bestimmte Technologien entscheiden, aber die Anreize so setzen, daß der technische Fortschritt Probleme löst und nicht ausschließlich kommerziellen Interessen dient.

Die Debatte um die Nutzung embryonaler Stammzellen hat beispielsweise ebenfalls völlig vernachlässigt, welche Rolle das Patentrecht dabei spielt. Das bestehende Recht erlaubt, wie geschildert, die Patentierung von Gensequenzen und ihren Funktionen. Der naheliegende nächste Schritt in der Stammzellenforschung ist die Züchtung von Vorläuferzellen für menschliche Organe. Das Geschäft mit gezüchteten Organen verspricht Milliardenprofite für den, der sich rechtzeitig die Patente sichert. Es ist diese absurde Patentierbarkeit von Grundlagenforschung und Entdeckungen, die verhindert, daß zuerst ethisch unproblematische Alternativen, z. B. Experimente mit adulten Stammzellen, ausgetestet werden. Kommerzieller Druck und die Panik, nicht von Patenten anderer abhängig zu werden, treibt die Forscher deshalb an und läßt sie ethische Aspekte vernachlässigen. Die Debatte um die Ethik der Nutzung embryonaler Stammzellen war und ist deshalb zu einem beträchtlichen Teil verlogen. Die Argumente für die Forschung mit embryonalen Stammzellen beziehen sich auf die schnellstmöglichen und besten Heilungsmöglichkeiten bestimmter Krankheiten. In Wirklichkeit dominieren handfeste kommerzielle und patentrechtliche Überlegungen die Diskussion und damit auch die Entscheidung der Bundesregierung, unter bestimmten Bedingungen den Import und die Verwendung embryonaler Stammzellen zu gestatten.

Neue Technologien werden oft mit dem Hinweis verteidigt, der Geist sei schon aus der Flasche, man könne »sowieso« nichts mehr machen. Das ist eine Bankrotterklärung der Demokratie. Nicht irgendwelche dunklen Mächte, sondern die konkreten Bedingungen, Preise, Patentrechte, Haftungsregelungen, Versicherungspflichten bestimmen den technischen Fortschritt – aber den falschen. Sie halten Konzerne an, Technologien zu entwickeln, die die natürlichen Ressourcen nicht erhalten, sondern verbrauchen. Mangelnde Haftungsregeln und ein unzureichendes Patentrecht fördern darüber hinaus Risikotechnologien und haben bedenkliche soziale und ethische Auswirkungen. Aber alle diese Anreize und Bedingungen beschließen Menschen, und die Menschen können sie auch ändern.

6
DAS RESERVERAD DER DEMOKRATIE

LOBBY FÜRS ALLGEMEINWOHL

Das Entstehen und das Wachstum nationaler und internationaler Nichtregierungsorganisationen (NGO) ist eine Reaktion auf das Versagen nationaler und internationaler Politik, in der Allgemeinwohlinteressen nicht mehr ausreichend vertreten werden. Auf nationaler Ebene dominieren Standesinteressen und die Lobbyisten der Wirtschafts- und Industrieverbände die gesellschaftspolitischen Entscheidungen. Diese Fehlentwicklung zeigt sich auf internationaler Ebene noch in verstärktem Maße. Während auf nationaler Ebene zumindest noch formale demokratische Kontrollmechanismen bestehen, agiert die internationale Politik, angefangen bei der europäischen Politik, im demokratiefreien Raum. Tauschgeschäfte zwischen verschiedenen nationalen Interessen und nicht gemeinwohlorientierte Entscheidungen dominieren den politischen Entscheidungsmechanismus auf internationaler Ebene. Nicht einmal ansatzweise werden Lösungen für die globalen Probleme definiert und umgesetzt. Die meisten Menschen haben deshalb heute das Gefühl, daß sie die Kontrolle über ihre wirtschaftliche und gesellschaftliche Zukunft verloren haben.

NGOs sind ein traditioneller Bestandteil pluralistischer Demokratien, sie waren die Keimzellen der Bürgerbewegung in den Industriestaaten. Die erste bedeutende NGO ist die 1839 gegründete »Antislavery National Society«, die Ende des 19. Jahrhunderts 1800 Mitglieder in 40 Ländern hatte. Der »Deutsche Naturschutzbund« (NABU) existiert seit mehr als 100 Jahren. In den 1970er und 1980er Jahren nahmen Anzahl und Mitgliederzahlen der internationalen NGOs sprunghaft zu, insbesondere im Bereich des Umweltschutzes und der Menschenrechte. Es gibt heute rund 25.000 internationale NGOs, die Zahl der nationalen NGOs geht in die Hunderttausende. Bekannte Beispiele internationaler NGOs sind der »World Wide Fund für Nature« (WWF), »Greenpeace«, »amnesty international«, die »Internationale Kampagne zum Verbot von Landminen« und »Ärzte ohne Grenzen«. Den letztgenannten drei Organisationen wurde für ihre Arbeit jeweils der Friedensnobelpreis zuerkannt.

Im Sprachgebrauch hat sich die Bezeichnung NGO durchgesetzt, wenn es um Gruppen geht, die sich politisch aktiv für Anliegen des Gemeinwohls einsetzen und dazu über die Öffentlichkeit oder direkte Lobbyarbeit versuchen, die Politik oder die Wirtschaft zu beeinflussen. Deshalb werden sie im Englischen treffend »advocacy groups« genannt. NGOs sind aber auch Gewerkschaften und Industrieverbände. Insbesondere zu letzteren stellen die »advocacy groups« ein wichtiges Gegengewicht dar. NGOs sind in diesem Sinne als Unterstützung staatlichen Regierens anzusehen, die für den und mit dem Staat Allgemeinwohlinteressen gegen Partikularinteressen durchsetzen.

Während der Einfluß nationaler Nichtregierungsorganisationen auf die Gesellschaft und den Staat weitgehend unreguliert stattfindet und sich im Wettbewerb und Widerstreit organisierter pluralistischer Interessengruppen widerspiegelt, trifft das für die Arbeit und den Einfluß von NGOs auf internationaler Ebene nicht zu. Hier regelt der Wirtschafts- und Sozialrat der Vereinten Nationen deren Tätigkeit. Der Konsultativstatus erlaubt NGOs ein eingeschränktes Rederecht, die Verteilung von Schriften und die Teilnahme an den Sitzungen. Greenpeace International hat z. B. Konsultativstatus bei 15 internationalen Konventionen und Verträgen, unter anderem in der Oslo-Paris-Konvention zum Schutz des Nordostatlantiks, in der Internationalen Walfangkommission sowie in der Klimakonferenz der Vereinten Nationen. 1948 waren 41 NGOs bei den Vereinten Nationen akkreditiert, im Jahre 2001 waren es über 1400. Anläßlich des »Erdgipfels« 1992 in Rio de Janeiro traten die

Nichtregierungsorganisationen erstmals massiv und für die Öffentlichkeit sichtbar auf. Seitdem ist die Präsenz von NGOs auf internationalen Konferenzen nicht mehr wegzudenken. Die Aktivitäten
der bei den Vereinten Nationen akkreditierten NGOs beschränken
sich auf wirtschaftliche und soziale Fragen. Abrüstungskonferenzen und internationale Handelskonferenzen haben bisher den
NGOs den Zugang verweigert. 1997 erhielten die NGOs bei der
UN-Generalvollversammlung »Rio plus 5« zum ersten Mal Rederecht.

Die Liste wichtiger internationaler Verträge und Konventionen,
zu denen NGOs entscheidend beigetragen haben, ist beeindruk-
kend. Aus jüngerer Zeit zählen dazu das Internationale Klima-
schutzabkommen (Kyoto-Protokoll), der Internationale Strafgerichtshof und das Verbot von Antipersonenminen. Praktisch alle
bedeutenden internationalen sozial- und umweltpolitischen Abkommen wären ohne die langjährige Lobbyarbeit und den Druck
von NGOs nicht zustande gekommen. Im Umweltschutz wurden in
vielen Fällen primär kommerziell ausgerichtete Abkommen durch
das Eingreifen der NGOs »umgedreht«. Das Antarktisabkommen
hatte beispielsweise den Abbau von Rohstoffen zum primären Ziel
und verbietet dies nunmehr in der Antarktis für 50 Jahre. Die »London Dumping Konvention« sah ursprünglich die Entsorgung von
Atommüll in den Weltmeeren vor, mutierte dann zu einem absoluten Verbot für die Verklappung von nuklearem Abfall.

Doch immer dann, wenn NGOs zu sichtbar auftreten oder Sand
ins Getriebe der herkömmlichen Politik streuen, sehen sie sich selbst
dem Vorwurf mangelnder demokratischer Legitimation ausgesetzt.
Derlei Zweifel äußern vorwiegend konservative Kreise der Industrie, die ihren Einfluß auf politische Entwicklungen durch die
Präsenz der NGOs beeinträchtigt sehen. Die renommierte Wochen-
zeitschrift *Far Eastern Economic Review* brachte es 1995, als Greenpeace mit mehreren Schiffen die Atomtests der französischen Regierung auf dem Mururoa-Atoll im Südpazifik verhinderte, auf den
Punkt, als sie in ihrem Editorial fragte: »Who has elected Greenpea-

ce?« Wir antworteten mit der Gegenfrage: »Who has elected the *Far Eastern Economic Review*?« Nationale und internationale NGOs sind per se legitimiert, ihre Interessen zu artikulieren und sich dafür einzusetzen. Diese originäre Legitimation ergibt sich aus den Grundrechten der Versammlungsfreiheit, der Rede- und Pressefreiheit sowie der Koalitionsfreiheit. Alle Bürger haben stets die Möglichkeit, sich zusammenzuschließen und ihre Interessen durchzusetzen. Eine demokratisch gewählte Regierung muß diese verschiedenen Interessen abwägen und im Sinne des Gemeinwohls ausgleichen.

NGOs sind zwar demokratisch legitimiert, nicht jedoch demokratisch repräsentativ, sie können also niemals Interessen der Bevölkerung im Sinne einer demokratischen Repräsentation wahrnehmen. NGOs vertreten die Interessen ihrer Mitglieder, diese können auch Allgemeinwohlinteressen sein. Nicht die demokratische Legitimation von NGOs stellt ein Problem dar, sondern zunehmend die Legitimation staatlichen Handelns. Zu den klassischen Aufgaben des Staates, nämlich für innere und äußere Sicherheit sowie das materielle Wohl ihrer Bürger zu sorgen, ist eine weitere hinzugekommen: die der Vorsorge für zukünftige Generationen. Dieser Aufgabe werden jedoch die gegenwärtigen demokratisch verfaßten Staaten in vielen Fällen nicht mehr gerecht. Überwiegend kurzfristig, opportunistisch sind ihre Entscheidungen, die Interessensgruppen zu befriedigen suchen, anstatt langfristige Aufgaben der Gesellschaft zu lösen und an die zukünftigen Generationen zu denken.

Es ist falsch, die demokratische Legitimation von NGOs von ihren internen »demokratischen« Strukturen abhängig zu machen, zum Beispiel mit internen Entscheidungsprozessen. NGOs sind keine Parteien, denen eine demokratische Struktur vorgeschrieben ist. Es kann sogar sein, daß bestimmte NGOs hierarchische Strukturen haben müssen, um ihre spezielle Rolle in einer Demokratie effektiv wahrnehmen zu können. Eine Mitgliedschaft ist stets freiwillig. Auf den Umweltbereich bezogen heißt das, salopp ausgedrückt: Wer eine Basis-Demokratie will, ist im BUND besonders gut aufgehoben; wer schnelle Entscheidungen will, kann zu Greenpeace gehen.

Da die Aktivitäten von NGOs per se keiner Legitimation bedürfen, bedürfen sie auch keiner zusätzlichen Regelungen und Kontrolle, wie es in jüngster Zeit öfters gefordert wurde. Das gilt zumindest für Deutschland und die allermeisten Demokratien. Die NGOs auf nationaler Ebene unterliegen ohnehin den einschlägigen Gesetzen des Vereins- und Presserechts. Ihre Finanzen werden durch strenge Auflagen der Finanzämter (z. B. für gemeinnützige Organisationen) kontrolliert. Natürlich müssen NGOs transparent sein, etwa im Hinblick auf ihre Mitglieder, deren Struktur und ihre Entscheidungsfindung. Die Transparenz der Finanzen der NGOs ist in Deutschland allemal höher als die der demokratischen Parteien. Das Schwert des Finanzamtes und damit des Entzuges der Gemeinnützigkeit, die es erlaubt, daß finanzielle Förderer ihre Spenden an NGOs steuermindernd geltend machen, schwebt beständig über einer NGO.

Mittlerweile sind NGOs zu einem unverzichtbaren Element internationalen Regierens geworden. Wegen der unzureichenden demokratischen Kontrolle internationaler Entscheidungsprozesse (vgl. Kapitel 7) nehmen die NGOs eine wichtige demokratische Brückenfunktion war. Ihre Präsenz ist deshalb nicht nur nützlich und nicht schädlich, sondern ausgesprochen notwendig, um Bürgerinteressen direkt in den internationalen Entscheidungsprozeß einfließen zu lassen. Die internationalen NGOs schließen deshalb zumindest ansatzweise das Demokratiedefizit auf globaler Ebene, wenn auch nicht im Sinne demokratischer Repräsentation.

Besonders wichtig ist diese Brückenfunktion im Hinblick auf die Vertretung von Bürgerinteressen aus nichtdemokratischen Staaten. Deren Delegierte vertreten bei internationalen Konferenzen den Bürgerwillen aufgrund ihrer nicht existenten demokratischen Legitimation nicht einmal indirekt. Internationale NGOs, die in diesen Ländern tätig sind, können dieses Defizit zumindest etwas kompensieren. Außerdem treiben sie auch in diesen Ländern die interne

Demokratisierung voran und tragen damit zu einer größeren Legitimation der internationalen Organisationen bei, in denen diese Länder mit unzureichenden demokratischen Strukturen vertreten sind.

Die demokratische Brückenfunktion der internationalen NGOs zwischen globalen Entscheidungsträgern einerseits und der Bevölkerung der Nationalstaaten andererseits hat sich in den letzten Jahren ausgeweitet, nicht nur im Rahmen formeller Partizipationsrechte, sondern auch im informellen Rahmen. Es existieren Dutzende von informellen Netzwerken zwischen Regierungen, Unternehmen, internationalen Institutionen und NGOs sowie sogenannte »Stakeholderprozesse« zwischen den unterschiedlichen Akteuren. Die Vereinten Nationen selbst, aber auch die Weltbank und die OECD, das Weltwirtschaftsforum und internationale Unternehmen haben diese Prozesse gemeinsam mit NGOs organisiert, um strittige Fragen über Projekte oder politische Maßnahmen zu diskutieren und, wenn möglich, Einigung zu erzielen. Auf privater Ebene sind diese Prozesse zumeist eine Folge kritischer Auseinandersetzung mit der Praxis privater Unternehmen. Konzerne, die besonders in der öffentlichen Kritik standen und stehen (Nike, Shell, Nestlé, Monsanto), haben mittlerweile Netzwerke mit NGOs aufgebaut, innerhalb derer sie sich mit ihren Kritikern über bestimmte Maßnahmen auseinandersetzen.

Die existierenden Netzwerke sind allerdings von höchst unterschiedlicher Qualität und Verbindlichkeit. Repräsentativ für viele ist die Global-Compact-Initiative der Vereinten Nationen, die der UN-Generalsekretär und eine Anzahl von multinationalen Unternehmen und NGOs gestartet haben. Sie verpflichtet die Unternehmen zur Einhaltung von Umwelt- und Sozialstandards. Die Vereinbarung ist jedoch nicht zielorientiert und nicht spezifisch genug, um eine entsprechende Erfolgskontrolle zu gewährleisten. Sanktionen bei Nichteinhaltung sind nicht vorgesehen. Das Ganze ist nicht mehr als eine unverbindliche Absichtserklärung, der diejenigen Unternehmen beitreten, für die die Erfüllung der vagen Standards ohnehin kein Problem darstellt. Die wirklichen Problemfälle, etwa die Aktivitäten von Konzernen in Bürgerkriegsgebieten, werden damit nicht erfaßt.

Die große Anzahl solcher Stakeholderprozesse und Netzwerke stellt den Wunsch nach Transparenz von internationalen Entscheidungsprozessen bereits wieder in Frage. Dennoch stellen diese Netzwerke im Hinblick auf die Bewältigung von Interessenskonflikten einen positiven Ansatz dar. Sie können aber die notwendige Demokratisierung internationalen Regierens nicht ersetzen. Sie gehen auch mit einer schleichenden Entwertung staatlicher Regierungsgewalt einher, wie etwa die im Frühjahr 2001 erzielte Einigung zwischen Umweltgruppen, Holzkonzernen und eingeborener Bevölkerung (Indianern) über den Holzeinschlag in den gemäßigten Regenwäldern von British Columbia. Nach einer zehnjährigen Kampagne von Umweltgruppen haben sich die Akteure auf ein »Kahlschlag-Moratorium« geeinigt, mit dem Ziel, die letzten unberührten Gebiete der Wälder West-Kanadas zu schützen und nicht zu nutzen. Diese Einigung kam zustande, nachdem der Druck auf die Konzerne durch Boykottdrohungen und die Kündigung von Lieferverträgen für Zellstoff durch Abnehmer in Europa und in Japan übermächtig wurde. Bei den Verhandlungen, die zu dieser historischen Entscheidung führten, haben die Regierungen von British Columbia und Kanada keine Rolle gespielt. Die direkt beteiligten Gruppen hatten sich ohne den Staat zusammengesetzt und geeinigt. Nachdem die Regierung jahrelang Wirtschaftsinteressen unterstützt hatte, sah sie sich plötzlich ausmanövriert.

So erfreulich die Einigung und so groß ihre Bedeutung für die Umwelt ist, so kritisch ist der Autoritätsverlust des Staates. Er zeigt die negative Seite dieser Entwicklung des Global-Governance-Systems (System Internationalen Regierens). Da NGOs nicht im Sinne demokratischer Wahlen repräsentativ sind und immer nur die Interessen ihrer Mitglieder vertreten, können sie auch bei solchen für die gesamte Nation wichtigen Entscheidungen nur als Interessenvertreter und nicht als Repräsentanten des demokratischen Gemeinwohls agieren. Diese Rolle kann nur der Staat ausüben. Die Alternative ist jedoch nicht, den Einfluß der NGOs einzudämmen. Die Alternative kann auch nicht darin bestehen, noch mehr dieser Netzwerke zu fördern und zu gründen, wie das ein Weißbuch der EU-Kommission zur Demokratisierung der EU und die Enquete-Kommission des Deutschen Bundestages zur Globalisierung vorschlagen. Die einzige Alternative sind starke, vom Partikularinteressen unabhängige demokratisch legitimierte Regierungen.

DIE KUNST DER KAMPAGNE

Um den teilweise bemerkenswerten Einfluß der NGOs auf Wirtschaft und Politik zu erklären, muß man deren Arbeitsweise beziehungsweise deren Herzstück, die Kampagnen, verstehen. Nichtregierungsorganisationen besitzen keine Macht im Sinne staatlicher Macht. Und ihre Ressourcen sind im Vergleich zu denen anderer Akteure in einer pluralistischen Demokratie äußerst begrenzt. Allein die Kosten für die Werbeaktivitäten, die der Konzern Vodafone anläßlich der Übernahme des Mannesmann-Konzerns lancierte, waren dreimal so hoch wie das Jahresbudget der weltweiten Greenpeace-Organisation. Das Geheimnis der Wirkung von NGOs liegt zum einen darin, daß sie Themen aufgreifen, die jeweils das Bedürfnis oder die Unzufriedenheit eines bestimmten Teils der Gesellschaft unmittelbar ansprechen, weil die Politik diese wichtigen Fragen nicht aufgreift. Zum zweiten entfachen NGOs durch ihre spezielle Kampagnenstrategie und -taktik manchmal großen öffentlichen Druck, der dann Entscheidungen der Politik beeinflußt.

Die schiere Größe derer, mit denen sich NGOs auseinandersetzen müssen, rechtfertigt das Bild vom Kampf zwischen David und Goliath. Die NGOs als David müssen List, Kreativität, Phantasie und Mut einsetzen, um den ungleichen Kampf zu bestehen. Politische Kampagnen von NGOs sind wie politisches Judo. Sie sind zwar in gewissem Sinne planbar; Ziele und Strategie müssen sorgfältig ausgearbeitet sein. Aber ebenso wichtig wie die Planung sind Intuition, Kreativität und Flexibilität – und viel Psychologie. Die besten Campaigner, die ich getroffen habe, waren in ihrer Art Künstler. Ihre Stärke lag darin zu erahnen, welche unterschwelligen Stimmungen in der Gesellschaft existieren. Sie hatten auch ein Gefühl dafür, welche Gegner und welche Verbündeten man sich in einer Kampagne aussuchen sollte. Gute Campaigner sind keine Ideologen, sondern »political animals«. Wie beim Judo nützt eine intelligente Kampagne die Stärke des Gegners aus, um ihn zu besiegen, und die größten Kampagnenerfolge beruhen meistens auf Fehlern der Gegner. NGO-Kampagnen sind nicht mit Werbekampagnen der Industrie, etwa für eine bestimmte Zigarettenmarke, vergleichbar. Derartige Werbekampagnen sprechen mit großem finanziellen Aufwand höchst emotional Instinkte oder vermeintliche Bedürfnisse an, aber sie entfalten keine eigene gesellschaftliche Dynamik und sind vergleichsweise plump.

Schon eher lassen sich moderne politische Wahlkampagnen mit klassischen NGO-Kampagnen vergleichen. Die Ähnlichkeit besteht darin, mit einer sorgfältig erarbeiteten Grundstrategie in den Wahlkampf zu gehen und taktisch flexibel auf die Reaktionen des Gegners zu reagieren. Im Bundestagswahlkampf 1998 hatte die SPD eine gute Grundstrategie, sie verteufelte nicht den Gegner, den damaligen Bundeskanzler Helmut Kohl, sondern warb mit dem schlichten Spruch »Wir brauchen einen neuen Kanzler«. Die Strategie machte damit die offensichtlich gewordenen Abnützungserscheinungen der CDU in einer treffenden Weise deutlich und traf damit einen Nerv. Weniger intelligent agierte die SPD im Wahlkampf 2002, als sie Edmund Stoiber als Rechtsaußen zu diskreditieren versuchte. Als dieser diesem Bild ganz und gar nicht entsprach, wechselte die SPD kurz vor den Wahlen die Strategie. Diese Flexibilität zeugt zwar von Kampagnenfähigkeit, aber nicht von einer klugen Ausgangsstrategie. Diese war falsch. Die SPD gewann die Wahl nicht wegen dieser, sondern trotz dieser Strategie.

NGO-Kampagnen sind jedoch weitaus subtiler und anspruchs-
voller als gewöhnliche Wahlkampagnen. Die strategischen Überlegungen nehmen großen Raum ein, weil man mit viel weniger
Mitteln auskommen muß. NGOs haben nicht die Mittel, flächendeckend Plakate zu kleben oder Anzeigen zu schalten. Doch das ist
ein Vorteil. Während Werbe- und Wahlkampagnen mit Geld Öffentlichkeit kaufen, müssen NGO-Kampagnen so gut sein, daß die
Medien über sie berichten, ohne dafür bezahlt zu werden. Wollen
NGOs mit einem Plakat Wirkung erzielen, muß ein einziges reichen; es muß so gut sein, daß die Häufigkeit, mit der es in den
Medien abgebildet wird, den gleichen Effekt erzielt wie flächendek-
kendes Aufstellen von Plakatwänden. Dies gelang Greenpeace mit
einem (auch intern) umstrittenen Plakat im Rahmen der Kampagne
gegen die damaligen deutschen Hersteller von FCKW. Es zeigte die
Porträts der beiden damaligen Konzernchefs, Wolfgang Hilger
(Hoechst AG) und Cyril van Lierde (Kali Chemie Hannover), und
legte ihnen in Anlehnung an einen Werbeslogan der Bahn folgendes
Zitat in den Mund: »Alle reden vom Klima, wir ruinieren es!« Die
betroffenen Firmen zogen vor Gericht, aber nach jahrelangem
Rechtsstreit bestätigte das Bundesverfassungsgericht schließlich die
Rechtmäßigkeit des Plakats. Nicht nur Politiker, sonder auch Wirtschaftsführer, die großen Einfluß auf die ganze Menschheit betref-
fende Entscheidungen besäßen, müßten – so die obersten Richter in
ihrer Begründung – sich derartiger öffentlicher Kritik stellen.
    Dieser rechtliche Erfolg beschreibt ein wichtiges Kriterium guter
Kampagnen: Sie verändern etwas. Nicht nur erhöhte dieses Plakat
den Druck auf die Konzerne, die schließlich als erste weltweit
den Ausstieg aus der FCKW-Produktion beschlossen, sondern es
schrieb auch Rechtsgeschichte. Durch eine vermeintliche Regelver-
letzung, die die letzte Instanz nicht nur als rechtlich zulässig, sondern sogar als wichtig beschrieb, trug die Kampagne auch zu einer
veränderten Auffassung von der Verantwortlichkeit von Managern
bei. Es war aus meiner Sicht eine Sternstunde öffentlicher Kampagnen. Ihr verdankt Greenpeace noch heute die Abneigung, die der

BDI gegen den Umweltverband hegt. Ein Beleg dafür, daß die Kampagne richtig lag.

Die weit verbreitete Vorstellung, eine Greenpeace-Kampagne bestünde daraus, daß freiwillige Aktivisten sich in ein Schlauchboot stürzen, ein Banner hochhalten und sich dann irgendwo anketten, könnte irriger nicht sein. Eine Aktion ist immer nur ein kleines, wenn auch strategisches Element einer Kampagne. Der große Vorteil von NGO-Kampagnen ist, daß sie substantielle Anliegen haben. Dies kann man von Produktwerbekampagnen nicht behaupten, und auch für Wahlkampagnen trifft das nicht zu. Die entscheidende Kunst einer Kampagne ist es, den richtigen Nerv in der Gesellschaft zu treffen. Der Ausgangspunkt für eine Kampagne muß deshalb auch nicht unbedingt der wichtigste Aspekt eines Problems sein, den eine Kampagne aufgreift. Wichtig ist die Dynamik der öffentlichen Debatte, die einsetzt. Wenn es eine Kampagne mit dem Ziel gegeben hätte, eine substantielle Diskussion über die 1968er Bewegung zu entfachen, dann wäre die Veröffentlichung der Bilder des in jungen Jahren Steine schmeißenden Joschka Fischer eine geniale Strategie gewesen. Noch nie davor wurden derart viele substantielle und kritische Beiträge über die »68er« Jahre publiziert wie anläßlich dieser heftigen Diskussion.

BRENT SPAR

Als Greenpeace anläßlich der 4. Nordseekonferenz im Jahre 1995 wieder einmal die Verschmutzung der Nordsee thematisieren wollte, entstand nach mehrmonatigen Themenrecherchen die Idee, die geplante Versenkung der Ölplattform Brent Spar zu verhindern. Greenpeace wollte damit die Debatte um die Verschmutzung der Meere und auch der Nordsee wiederbeleben. Die Ölkonzerne Esso und Shell waren gemeinsame Betreiber der ausrangierten Plattform, aber es war taktisch erforderlich (wenn auch ungerecht), nur einen der Konzerne, und zwar den europäischen (Shell) mit Niederlassungen in den Niederlanden, in Deutschland und in Großbritannien, zu attackieren. Viele, auch ich, fanden die Idee einer Brent-Spar-Kampagne eher langweilig, einige ahnten aber das Potential. Die Kampagne rief dann ein öffentliches Echo hervor, das in dieser Heftigkeit niemand erwartet hatte.

Die Absicht, Tausende Tonnen von ausgedientem Stahl, etwa 50.000 Kraftfahrzeugen entsprechend, im Meer zu versenken, während jeder Normalbürger verpflichtet ist, nicht nur sein Altauto, sondern buchstäblich auch seine Marmeladengläser ordentlich zu entsorgen, ging vielen Leuten einfach gegen den Strich. Entscheidend für die blamable Niederlage von Shell im öffentlichen Meinungsstreit war jedoch nicht die Tatsache an sich, daß die Ölplattform versenkt werden sollte, sondern daß dieses Unterfangen als umweltfreundlichste und wissenschaftlich fundierte Lösung verkauft wurde. Nicht Greenpeace strafte den Konzern deswegen ab, sondern die Öffentlichkeit. Die Umweltorganisation verstärkte die unterschwellige Empörung über eine derartige Provokation. Ein Wendepunkt in der Auseinandersetzung war die Reaktion des Shell-Konzerns, der die Aktivisten gewaltsam von der Plattform, die diese besetzt hatten, zu entfernen versuchte. Das dadurch ausgelöste Medienecho brachte den Konzern in die Defensive und erhöhte den Druck auf ihn. Hätte das Unternehmen den Aktivisten statt dessen Tee serviert und sie auf der Plattform »ausgehungert«, hätte Greenpeace schon aus Kostengründen aufgeben müssen. Der für die Besetzung erforderliche Aufwand war höchstens einige Wochen durchzuhalten. Aber der Öl-Multi sah sich herausgefordert und in seiner Kompetenz angegriffen. Vorteilhaft war, daß Shell wegen seiner organisatorischen Struktur, die den Länderniederlassungen weitgehende Autonomie in ihren Entscheidungen gab, erhebliche interne Konflikte über die richtige Antwort auf die Greenpeace-Aktion lösen mußte. Eine der Konsequenzen der Kampagne war deshalb auch eine Reorganisation des Shell-Konzerns, der die Management-Kompetenzen der Zentrale stärkte.

Es dauerte lange, bis Shell verstanden hatte, um was es eigentlich ging. In der Anfangsphase der Kampagne, als der Großteil der Medien eindeutig Partei gegen den Ölkonzern ergriff, handelte Shell, wie es gemeinhin Politiker tun, wenn die Öffentlichkeit ihre Arbeit nicht goutiert. Das Unternehmen meinte, es würde eine im Grunde gute Sache, nämlich die Versenkung der Ölplattform Brent Spar, der Öffentlichkeit nur schlecht vermitteln. Demzufolge verstärkte Shell seine PR-Aktivitäten, um die »dumme« Öffentlichkeit endlich zu belehren. Shell sah nicht oder wollte nicht sehen, daß es ein zumindest von der Öffentlichkeit aus guten Gründen als »schlecht« angesehenes Vorhaben als eine gute Sache verkaufte. Ursächlich für dieses Verhalten war offensichtlich die arrogante Einstellung, daß die Interessen eines Weltkonzerns mit den Interessen der Öffentlichkeit automatisch deckungsgleich sind. Als sich dann herausstellte, daß die »dumme« Öffentlichkeit sich nur ungern belehren ließ und Shell schließlich auf die Versenkung der Plattform verzichtete, modifizierte der Konzern seine Kommunikationsstrategie ein weiteres Mal. Die ursprüngliche Entscheidung sei nach wie vor richtig, aber man hätte eingesehen, daß auch »richtige« Entscheidungen manchmal nicht gegen die Öffentlichkeit durchgesetzt werden könnten. Eine nicht weniger arrogante Einstellung, die impliziert, daß die Parameter einer »richtigen« Entscheidung von Shell festgelegt werden und nicht auch eine Angelegenheit von Werturteilen, Annahmen und politischer Diskussion sind.

In den Jahren nach der Brent-Spar-Kampagne hat sich die Haltung von Shell gegenüber einer kritischen Öffentlichkeit und die Kommunikation mit der Außenwelt substantiell verändert. Das »Erdbeben«, wie der Brent-Spar-Schock Shell-intern genannt wird, erzeugte die Erkenntnis, daß ein Weltkonzern als wichtiger Teil der Gesellschaft eine über die Produktion und den Verkauf von Öl hinausgehende Verantwortung hat. Die Brent-Spar-Kampagne war ein Schock für den gesamten Unternehmenssektor in Europa. Er löste eine kleine Revolution im Umgang von Unternehmen mit der Öffentlichkeit aus, und dies ist neben dem unmittelbaren umweltpolitischen der wichtigste Erfolg der Kampagne.

Greenpeace unterlief während der Kampagne ein sich später als fatal herausstellender Meßfehler, verursacht durch eine schlampig organisierte Probeentnahme aus der Plattform, die grundlegende Regeln verletzte (Probeentnahmeprotokolle fehlten). Dies führte zu der falschen Schlußfolgerung, daß sich noch 5000 Tonnen Altöl in der Plattform befänden. Wie sich in der Folge herausstellte, hatte Greenpeace zwar die Menge der Rückstände an giftigen Chemikalien richtig geschätzt (etwa 130 Tonnen), sich aber bei den Altölresten um den Faktor Zehn vertan. Die falschen Erkenntnisse gelangten durch unklare Zuständigkeiten bei Greenpeace ungeprüft an die Öffentlichkeit, obwohl es warnende Stimmen gab, die darauf hinwiesen, daß es überhaupt keinen Sinn für den Konzern mache, solche Mengen an Öl zu versenken und nicht zu verkaufen. Als die Untersuchung der an Land geschleppten Plattform den Fehler von Greenpeace bestätigte, avancierten die heldenhaften Aktivisten über Nacht zu Betrügern, obwohl diese Falschmessung den Verlauf der Kampagne nicht mehr beeinflußt hatte. Dies kann jedoch die heute teilweise verbreitete Meinung nicht wirksam entkräften, Greenpeace hätte die Kampagne mittels Desinformation gewonnen. Dadurch geriet – zum Nachteil von Greenpeace – völlig aus dem Blickfeld, daß die von Shell nach der Entscheidung, die Plattform nicht zu versenken, in Auftrag gegebene Studie eines unabhängigen Zertifizierungsunternehmens (Det Norske Veritas) ergab, daß in der Tat die umweltfreundlichste Lösung das Recyceln und die teilweise Wiederverwendung der Brent Spar sei – hauptsächlich wegen der dadurch eingesparten Energie, die andernfalls bei einer Neuproduktion des Stahls angefallen wäre. Noch viel wichtiger ist aber, daß 1998 von der Oslo-Paris-Kommission, eine internationale Konferenz, in der sich die Anrainer-Staaten des Nord-Ost-Atlantiks zusammengeschlossen haben, ein vollständiges Dumpingverbot für alle Offshore-Öl-Installationen im Nordatlantik beschlossen wurde. Dieser Erfolg wäre ohne die Brent-Spar-Kampagne nicht eingetreten.

Immer wieder zeigt sich die Notwendigkeit einer äußerst sorgfältig ausgearbeiteten Strategie. Aus strategischer Sicht war es eine

Schwäche der Kampagne, das Augenmerk ausschließlich auf die Inhaltsstoffe der Plattform zu lenken (giftige Chemikalien, Restöl). Der Medien-»Backlash« hätte verhindert werden können, wenn die Kampagne von Anfang an nicht nur den Verschmutzungsaspekt, sondern auch den Recyclingaspekt betont hätte, also die Absicht, Stahl von etwa 50.000 Autos nicht zu recyceln – um so wertvolle Energie und Rohstoffe sparen und damit die Umwelt entlasten zu können –, sondern ihn zu versenken. Wie Shell hat auch Greenpeace wichtige Konsequenzen aus dieser erbitterten Auseinandersetzung gezogen. Die Aufgaben des greenpeaceeigenen Labors wurden umdefiniert und die internen Weisungsstrukturen für derartige Großkampagnen wurden nach einer intensiven Evaluierung reorganisiert.

DIE MACHT DER BILDER

Kampagnen wirken über die Medien. Wie gut es gelingt, die Medien zu interessieren, ist ein wesentlicher Erfolgsfaktor für Kampagnen. Allerdings birgt eine Stärke von NGO-Kampagnen, nämlich mit den Medien oder durch die Medien zu arbeiten, wie das Beispiel Brent Spar zeigt, auch große Risiken. Diese Risiken müssen NGOs durch sorgfältige Arbeit im Griff behalten. Als NGO-Verantwortlicher habe ich es mir abgewöhnt, mit den Medien zu hadern. Obwohl die Versuchung, das zu tun, manchmal groß ist. Die Entwicklung der politischen Medien, ihre Kommerzialisierung, Verflachung und Kurzfristigkeit finde ich persönlich kritikwürdig. Aber als Verantwortlicher einer Organisation, einer Partei oder eines Unternehmens darf man sich von solchen Anwandlungen nicht leiten lassen und fälschlicherweise annehmen, die Medien seien Freunde oder Feinde. Die Medien gehorchen ihrer eigenen Logik. Je besser man das versteht und akzeptiert, desto besser kann man damit umgehen. Im September 1991 veröffentlichte der Spiegel eine Titelgeschichte über Greenpeace mit einem Titelbild, das ein

Schlauchboot mit als Managern verkleideten Aktivisten auf einem
Meer von Geldscheinen zeigte. Aufmacher: »Geldmaschine Greenpeace«. Es brauchte gute Nerven, um seelisch einigermaßen unver-
sehrt morgens die Zeitungskioske zu passieren. Ich war erst seit
zwei Jahren Direktor von Greenpeace Deutschland und medien-
politisch ein Greenhorn. Der Bericht löste eine Lawine aus. Fernsehanstalten, Zeitungen, Magazine griffen die Story erst national
dann weltweit auf, bis sie schließlich auch in der *Fidschi-Times* gedruckt wurde. In einer wahren Abwehrschlacht mußten die etwa
30 Greenpeace-Büros weltweit die Diskussion mit Medien und Gesellschaft führen, wegen eines Ereignisses, das erst einmal rein nationalen Charakter hatte. Persönlich kam ich in der Geschichte besonders negativ weg. Als der Pulverdampf der Geschichte, in der die
aus unserer Sicht notwendigen hohen Rücklagen von Greenpeace
Deutschland angeprangert wurden, aber im Kern die richtige Frage,
nämlich die nach der Strategie von Greenpeace in den neunziger
Jahren, stellte, sich gelegt hatte, traf ich die verantwortliche Redak-
teurin zum Essen. Auf meine Frage, warum sie mich als »bad guy«
dargestellt hat, antwortete sie trocken: »Dramaturgisch gesehen
brauchte die Story einen Bösewicht.«

Die Annahme, je spektakulärer, also gefährlicher Abseil- oder
Blockade-Aktionen sind, desto größer sei das Medienecho, ist eines
der zentralen Mißverständnisse der Kampagnenarbeit von NGOs.
Ich fand den Begriff »spektakuläre Aktion«, den die Medien präg-
ten, immer schrecklich, er erinnert mich an Zirkuskunststücke.
Es gibt nur gute, mittelmäßige oder schlechte Aktionen. Und eine
sehr »spektakuläre Aktion« kann schlecht sein, wenn die Botschaft,
die sie aussendet, nichts auslöst. Und eine völlig »unspektakuläre
Aktion« kann eben dies leisten.

Manchmal reicht es, nur ein Banner mit einer treffenden Aussage
in die Luft zu halten. 1995, als die französische Regierung Atomtests auf dem Mururoa-Atoll durchführte und Greenpeace für ein
vollständiges und umfassendes Atomtestverbot (Comprehensive
Test Ban Treaty) eintrat, kamen wir zu dem Schluß, China in die

Kampagne einbeziehen zu müssen, um den Vorwurf der Einseitig-
keit abzuwehren, aber auch, um die chinesische Regierung, die den
Vertrag mit einem Passus über Atomtests für friedliche Zwecke auf-
weichen wollte, öffentlich unter Druck zu setzen. Wir beschlossen,
auf dem Tienanmen (Platz des Himmlischen Friedens), auf dem chinesische Militärs 1989 protestierende Studenten massakriert hatten, zu protestieren. Uns war klar, daß auf dem historisch belaste-
ten Platz strengstes Demonstrationsverbot bestand. Das war jedoch
auch der entscheidende Hebel für die öffentliche Aufmerksamkeit.
Aus der Sicht unserer Anwälte gab es gute Gründe, dieses Verbot zu
übertreten, da die Meinungsfreiheit in einer so fundamentalen Frage wie die der zukünftigen Rolle von Atomwaffen aus der Sicht
internationaler Rechtsnormen durch ein Demonstrationsverbot auf
einem öffentlichen Platz eindeutig nicht eingeschränkt werden dürfe. Die Aktion war grundlegend einfach: Fünf Greenpeace-Aktivi-
sten sollten ein Transparent mit der englischen und chinesischen
Aufschrift »Stoppt die Atomtests in China und weltweit!« entfalten. Die Schwierigkeit bestand darin, diese Demonstration öffentlich zu dokumentieren. Unsere Strategie war, mehrere Fotografen
und Kameraleute, die alle als Touristen getarnt »zufällig« in der
Nähe der Demonstration standen, zur Aktion mitzunehmen. Es
funktionierte. Denn die ebenfalls als Zivilisten getarnten, überraschend zahlreichen Geheimpolizisten auf dem Platz konnten zwar
fast alle in der Nähe befindlichen Personen, die eine Filmkamera
oder einen Fotoapparat in der Hand hielten, verhaften, aber eben
nur fast. Einer unserer Kameraleute kam durch. Ihm gelang die
Fahrt zum Flughafen und der Flug nach Hongkong, wo er sein
Videomaterial der Nachrichtenagentur Reuters aushändigte. Der
Zeitpunkt der Aktion war so gewählt worden, daß Bilder der Aktion zur Zeit der europäischen Abendnachrichten im Äther sein
konnten. Es dauerte nur 22 Sekunden, dann hatten die Sicherheits-
kräfte uns das Transparent entrissen und uns festgenommen. Es
wurde die weltweit am häufigsten dokumentierte Aktion in der Geschichte der Organisation. Da abzusehen war, daß die Aktion nur

kurz dauern würde und da ein einziges Bild genügen mußte, um Ab-
lauf, Ort und Ziel der Aktion zu übermitteln, kam alles auf die
Komposition der Bilder an. Diese zeigten schließlich die Aktivisten
vor dem übergroßen Mao-Bildnis auf dem Tienanmen (diese Perspektive war am Tag zuvor genau einstudiert worden – natürlich
ohne Transparent) – ein Bild, das jeder kennt. Damit war der Ort
des Geschehens sofort klar. Zusammen mit der emotionalen Stimmung der Weltöffentlichkeit gegen die Atomtests und die Geschichte des Tienanmen machte dies den »Kick« der Aktion aus.

Aus den zunehmend unangenehmeren Verhören der chinesischen
Beamten lasen wir heraus, daß es gelungen war, die Bilder von der
Aktion zu verbreiten. Die Verhöre waren auch deshalb unange-
nehm, weil die Behörden die Mitarbeit von Chinesen vermuteten.
Mehrmals hielten sie uns vor, daß Europäer nicht in der Lage wären, ein derartiges Plakat zu entwerfen und fehlerlos zu schreiben.
Dessen Produktion war jedoch einfach gewesen: Ein Übersetzungs-
büro in Deutschland schrieb den Text; wir kopierten ihn auf Klar-
sichtfolie und projizierten sie mit einem Overheadprojektor im
Hotelzimmer in Peking auf das an der Wand aufgehängte weiße,
unbeschriebene Transparent. Die chinesischen Zeichen konnten
dann höchst exakt, wie gedruckt, nachgemalt werden. Aufgrund
der diplomatischen Aktivitäten unserer Regierungen, insbesondere
des deutschen Außenministers Klaus Kinkel, wurden wir nach
24 Stunden Arrest nach Hongkong abgeschoben.

In kritischen Situationen dienen die Medien nicht nur der Dokumentation, sondern auch dem Schutz der Aktivisten. Denn sie halten staatliche oder private Kräfte von Übergriffen auf die Aktivisten
ab. In China war ein solcher Schutz besonders wichtig. Während
CNN und andere internationale TV-Stationen die Demonstration
(erfolglos, denn sie wurden alle verhaftet und ihre Aufnahmen kon-
fisziert) dokumentierten, blamierte sich das deutsche öffentlich-
rechtliche Fernsehen. Der China-Korrespondent des ZDF lehnte die
Dokumentation der Aktion ab, mit dem Hinweis, die Gefahr, zu-
sammengeschlagen zu werden, wäre ihm zu groß. Und der Peking-

Korrespondent der ARD wies darauf hin, daß er gerne noch die restliche Zeit seiner Entsendung in China verbringen und nicht ausgewiesen werden wolle.

AUF AUGENHÖHE

»Warum machen Sie das, ist der Kampf gegen übermächtige Gegner nicht auf Dauer deprimierend?« Auch das war eine mir häufig gestellte Frage. Die Motivation hat nicht nur altruistische, sondern auch egoistische Bezüge. NGO-Protest und Kampagnen versetzen einen in die Lage, sich mit den Mächtigen anzulegen und sich dabei auch durchzusetzen. Diese Chance spornt an und macht selbstbewußt. Ein Jahr nach dem Tienanmen-Protest wollten wir mit einem unserer Schiffe nach Shanghai fahren und dort eine Ausstellung über Umweltprobleme zeigen, die auch das Thema Atomtests behandelte. Der Atomteststoppvertrag war zu diesem Zeitpunkt noch nicht unterzeichnet. Sämtliche formellen Anfragen, den Hafen anlaufen zu dürfen, beschieden die chinesischen Behörden, die die Verantwortung zwischen Shanghai und Peking hin- und herschoben, negativ. Schon an diesen Reaktionen merkten wir, daß die Behörden reichlich nervös waren. Wir entschieden deshalb, auch ohne Erlaubnis in chinesische Hoheitsgewässer einzudringen, als Protest und Druckmittel gegen China in der Atomtestfrage. Nachdem wir das Schiff nach Shanghai verabschiedet und die Medien informiert hatten, setzte eine beispiellose Aktivität der chinesischen Diplomatie in allen Ländern, in denen Greenpeace Büros hatte, ein. Alle Botschafter Chinas in diesen Ländern luden die nationalen Greenpeace-Direktoren zu Audienzen. Das gab uns die Gelegenheit, den Repräsentanten der Regierung unser Anliegen zu erläutern. Im Rahmen dieser Gespräche bat mich der chinesische Botschafter bei den Abrüstungsverhandlungen in Genf zu einem opulenten Mittagsmahl in seine Residenz. Bei Tisch rief er mehrmals so laut »Stop the ship!«, daß es der Abhöranlage nicht entgehen konnte. Vor dem letzten Gang sagte er dann ebenso laut, daß die chinesische Regierung alle nötigen Mittel gegen das Eindringen des Schiffs in chinesische Hoheitsgewässer ergreifen würde. Mir wurde etwas schwummerig. Vor der Tür raunte der Botschafter uns dann allerdings auch noch zu, daß er unsere Aktionen gegen Frankreichs Tests im Südpazifik mit viel Sympathie verfolgt hätte.

Wir lehnten alle Aufforderungen, das Schiff zu stoppen, ab, waren uns allerdings des Risikos bewußt, daß die Chinesen plötzlich auf die Idee kommen könnten, uns offiziell nach China einzuladen (zum Beispiel mit dem Flugzeug), um dort auf höchster Ebene mit der Regierung über die Tests zu sprechen. Das geschah prompt. Die chinesische Botschafterin in Den Haag lud uns zum Gespräch und sagte: »Sie können morgen fliegen, sie erhalten hier und jetzt ein Visum!« Chinesische Freunde hatten uns vorher beraten, wie wir auf ein solches Angebot reagieren sollten, wenn wir die Schiffstour fortsetzen wollten. So entgegnete ich: »Exzellenz, selbst wenn wir es wollten, wir würden damit unser Gesicht verlieren.« Die Botschafterin sah mich an, sie verstand sofort und antwortete unmittelbar: »Aber wir verlieren auch unser Gesicht.« Mir verschlug es die Sprache. Plötzlich hatte ich das durchaus erhebende Gefühl, auf Augenhöhe zu verhandeln. »Dann müßten wir eben«, schlug ich vor, »einen Weg finden, der für beide Seiten das Gesicht wahrt.« Der Botschafterin größte Besorgnis war es, daß es auf hoher See unter den Augen an Bord befindlicher internationaler Journalisten zu »unpleasant events«, wie sie sagte, kommen könnte. Ich versicherte ihr, wir würden »unpleasant events« vermeiden. Der Botschafterin muß es in der Folge gelungen sein – sicher keine leichte Aufgabe –, ihre Leute an der »Heimatfront« zu überzeugen. Die »MV Greenpeace« drang mehrere Meilen in chinesisches Hoheitsgewässer ein, dann stoppte die chinesische Marine das Schiff. Offiziere kamen höflich an Bord, wir erklärten unsere Absichten und dokumentierten den Protest. Zusätzlich fanden unsere Greenpeace-T-Shirts reißenden Absatz. Die französische Presse kritisierte anschließend – eingedenk der viel härteren Konfrontation mit der französischen

Marine vor Muroroa –, wir seien zu weich (!) gegenüber den chinesischen Behörden aufgetreten.

Kraft und Motivation von NGOs speisen sich aus Erfahrungen,
wie ich sie in China sammeln durfte. Es mag in unseren Demokratien keine große Sache sein, ein Fabriktor zu besetzen oder einen
Transport von illegal gefälltem Tropenholz zu blockieren – doch
es verschafft das Bewußtsein, nicht machtlos zu sein und sich nicht
selber zu verraten. Wer an einer Aktion, die ein wirklich berech-
tigtes Anliegen vertritt, teilgenommen hat, merkt plötzlich, wie
stark Bürger sein können und wie brüchig die scheinbar so selbst-
sichere staatliche Autorität und wie begrenzt die Macht der Konzerne ist.

DAVID SIEGT

»Man kann doch sowieso nichts machen«; diese Meinung über den
Zustand der Politik ist falsch. Man kann sogar sehr viel machen;
das zeigen die vielen, meistens kleinen Nichtregierungsorganisationen, die mit Geschick und enormen Einsatz die Weltgeschichte
etwas verändern. Der geringe Bekanntheitsgrad dieser NGOs steht
in krassem Gegensatz zu ihrer großen Wirkung. Ihre Effektivität ist
im Hinblick auf die Resultate, die sie erzielen, und die geringen
Mittel, die sie haben, weitaus höher als die der großen etablierten
NGOs. Sie sind es, die die Demokratie am Leben halten:

o   Als die ersten Rufe nach preiswerteren Aids-Medikamenten für
    die Dritte Welt aufkamen, protestierten die Pharmakonzerne
    energisch. Sie argumentierten, eine solche Forderung wäre naiv,
    denn ihre Patentrechte müßten schließlich geschützt werden.
    Daraufhin startete die britische Organisation Oxfam die »Cut
    the Cost Campaign«. Auslöser für die Kampagne waren unter
    anderem die Rechtsverfahren, die gegenüber Staaten ange-
    strengt wurden, die die Verteilung preiswerter HIV-Medika-

mente, sogenannter »Generica« (Kopien von Medikamenten), zuließen. 39 Pharmaunternehmen der Pharmaceutical Manufacturers Association of South Africa (PMA) hatten derartige Verfahren gegen Südafrika initiiert. Darüber hinaus drohten Sanktionen gegen 15 Entwicklungsländer wegen ihres Verstoßes gegen das bestehende Patentrecht. Die Kampagne wandte sich auch gegen das von der WTO angestrebte Patentabkommen TRIPS (Trade Related Aspects of Intellectual Property Rights), das die Herstellung von Generica u. a. für HIV-, aber auch Malaria- und Tuberkulose-Patienten verhindert. Außerdem forderte Oxfam eine Internationale Stiftung (fünf Milliarden Dollar) für Forschung im Bereich vernachlässigter Krankheiten und mit dem Ziel, neue Systeme für das Gesundheitswesen in Entwicklungsländern zu entwickeln.

Schon nach wenigen Monaten zeitigte die Kampagne erste Erfolge. Im März 2001 verabschiedete das Europäische Parlament eine Resolution, die die Pharmaunternehmen, die gegen Südafrika klagten, aufforderte, die Klage fallenzulassen. Die von der Kampagne organisierte Petition gegen die Klage erbrachte 250.000 Unterschriften. Im Juni 2001 ließ die PMA ihre Klage fallen. Südafrika kann nun billigere Medikamente importieren. Im November 2001 vereinbarten 142 Staaten bei der WTO-Minister-Konferenz in Doha, daß Regierungen das Recht haben, notwendige Maßnahmen für den Schutz der Gesundheit ihrer Bevölkerung zu ergreifen – und Lizenzen für billigere Medikamente ausstellen dürfen.

o Ein Schuldenerlaß für die ärmsten Länder ist eine der wichtigsten Voraussetzungen für einen erfolgreichen Kampf gegen die Armut. Daß der größte Gläubiger, die Weltbank, heute diese Auffassung vertritt, ist nicht bessere Einsicht, sondern Ergebnis des Drucks von »Jubilee 2000« und des internationalen Netzwerkes »Jubilee Movement International« (JMI). Jubilee 2000 wurde 1996 ins Leben gerufen. Das Kampagnenziel von Jubilee 2000 ist es, die Regierungen der G7-Staaten zu überzeugen, die

unbezahlbaren Schulden der ärmsten Länder zu erlassen. Dieser
Schuldenerlaß solle in einem fairen und transparenten Verfahren
erfolgen. Auch wenn es Jubilee 2000 in den ersten vier Jahren
nicht gelungen ist, den Erlaß aller Schulden für die ärmsten Länder zu erreichen, so war die Kampagne doch äußerst erfolgreich:
Mit 24 Millionen Unterschriften und Kampagnen in mehr als
60 Ländern hat die Jubilee-2000-Petition dazu beigetragen, daß
die Regierungschefs der G7-Staaten einen Schuldenerlaß von
100 Milliarden Dollar für arme Länder beschlossen haben. Die
Forderung nach einem Schuldenerlaß ist mittlerweile zu einem
der wichtigsten globalen politischen Themen geworden. Sowohl
die UN haben sie übernommen als auch Regierungen der Dritten
Welt. Als ihren größten Erfolg bezeichnet die Kampagne die
intensive Öffentlichkeitsarbeit, die sich international an alle Bevölkerungsschichten richten konnte. Sie hat damit ein breites
und fundiertes Wissen und deshalb eine Handlungsgrundlage
zum Thema Kreditvergabe und Schuldenerlaß geschaffen, das
viele für zu »kompliziert« für eine Kampagne hielten.

o Landminen sind insbesondere in armen Ländern ein tödliches
   Erbe kriegerischer Auseinandersetzungen – weltweit werden
   jährlich etwa Tausende von Kindern durch nicht beseitigte
   Landminen verstümmelt oder getötet. Die »International Cam-
   paign to Ban Landmines (ICBL)« ist ein Netzwerk von heute
   mehr als 1200 NGOs in 60 Ländern. Sie hat drei Schwerpunkte:
   das Verbot und die Räumung von Landminen sowie die Unterstützung von Minenopfern. ICBL fordert das weltweite Verbot
   des Einsatzes, der Produktion, des Besitzes und Transfers von
   (Anti-Personen) Landminen. Die heute gültige und im Dezember
   1997 in Ottawa verabschiedete Konvention gegen Landminen
   (Mine Ban Treaty) ist zu großen Teilen auf die weltweite Kampagne und das in Oslo 1997 formulierte Landminenverbots-
   Treaty des ICBL zurückzuführen (»Ottawa-Oslo-Prozeß«). In
   Ottawa unterschrieben 122 Staaten die Konvention, heute sind
   es 146, 130 davon haben die Konvention ratifiziert (Stand Sep-

tember 2002), darunter alle NATO-Mitglieder, abgesehen von den USA und der Türkei, sowie alle Mitgliedsstaaten der EU, abgesehen von Finnland. Die Konvention ist am 1. März 1999 in Kraft getreten.

o Die Verrechtlichung internationaler Beziehungen ist erforderlich, um Menschenrechte und Demokratie weltweit durchzusetzen. Die Schaffung eines internationalen Strafgerichtshofes (IStGH) ist ein epochemachender Schritt in der Entwicklung des internationalen Völkerrechts. Ohne die Initiative von Einzelpersonen und Bürgern, die sich für diese Institution eingesetzt haben, wäre diese nicht geschaffen worden. Seit 1995 setzt sich die »Coalition« for an International Criminal Court« (CICC) – ein Netzwerk von heute über 1000 NGOs und Individuen, für einen Internationalen Strafgerichtshof ein. Neben dem Einsatz für eine effektive Völkersstrafgerichtsbarkeit stritt die CICC auch für die Einrichtung der Ad-hoc-Strafgerichtshöfe für das ehemalige Jugoslawien (ICTY) und für Ruanda (ICTR). Das Statut des IStGH ist seit dem 1. Juli 2002 in Kraft, und Strafanzeigen sind seit diesem Zeitpunkt möglich.

o Als der deutsche Weltbankdirektor Peter Eigen 1993 die Idee hatte, eine Organisation gegen die Korruption in der Entwicklungshilfe zu gründen, fanden die Kollegen und andere Entwicklungsbanken das Vorhaben sehr wichtig – aber glaubten nicht so recht daran. Peter Eigen ließ sich nicht beirren und gründete Transparency International (TI). Die Organisation umfaßt heute nationale Sektionen in 70 Ländern. Der von TI jährlich veröffentlichte Länderkorruptionsindex ist gefürchtet. TI hat sich von Beginn an für die Verabschiedung der OECD-Konvention »Übereinkommen über die Bekämpfung der Bestechung ausländischer Amtsträger im internationalen Geschäftsverkehr« eingesetzt, die im November 1997 35 Staaten unterzeichnet haben. Seit Inkrafttreten der Konvention im Februar 1999 begleitet und beobachtet TI in Deutschland ihre Umsetzung in der deutschen Verwaltung und Gerichtsbarkeit. Gleichzeitig fordert sie eine

Ausweitung der OECD-Vereinbarung und erarbeitet Vorschläge, unter anderem für eine effektivere Reform der Parteienfinanzierung, für das Informationsfreiheits-Recht und die Korrup-
tionsprävention in der Verwaltung. Mit dem Entwurf eines
neuen Abkommens zur erhöhten Transparenz bei öffentlicher
Auftragsvergabe, für dessen Verabschiedung sich TI bei der
WHO einsetzt, führt die Organisation ihre Arbeit an internationalen rechtlichen Vorgaben und Kooperationen fort.

o »Mehr Demokratie e.V.«, 1988 in Bonn gegründet, fordert die
Verbesserung und Einführung direkter Demokratie auf Gemein-
de-, Landes-, Bundes- und EU-Ebene. Während es mittlerweile
auf Landesebene in allen Bundesländern Volksbegehren und
Volksentscheide gibt, fehlen sie noch auf der Bundesebene. 1989
hat »Mehr Demokratie« in Schleswig-Holstein auf beratendem
Wege zur Einführung der Volksgesetzgebung beigetragen. Aus-
gehend von diesem Erfolg, hat eine Reformwelle eingesetzt, in
der sich »Mehr Demokratie« immer wieder mit gezielten
Kampagnen für die Einsetzung von Volksabstimmungen eingesetzt hat. Das Ergebnis ist, daß heute in allen Bundesländern
Volksbegehren und Volksentscheide verfassungsmäßig möglich
sind und in 15 Bundesländern (ausgenommen Berlin) Bürgerbegehren und Bürgerentscheide auf Gemeindeebene sowie in zehn
Bundesländern auf Landkreisebene durchgeführt werden können. Zu den größten Erfolgen von »Mehr Demokratie« gehören
die Initiierung erfolgreicher Volksentscheide in Bayern (1995)
und in Hamburg (1998) zur Einführung von Bürgerbegehren
und Bürgerentscheiden. In beiden Ländern existieren die bürger-
freundlichsten Regelungen, was in Bayern zu über 1000 Bürgerbegehren in sechs Jahren geführt hat. Außerdem organisierte
»Mehr Demokratie« im Jahr 2000 ein erfolgreiches Volksbegehren in Thüringen mit fast 400.000 Eintragungen. Auf der
Bundesebene ist eine Zweidrittel-Mehrheit für einen entsprechenden Gesetzentwurf notwendig, die bis heute nicht erreicht
wurde. Trotzdem gab es im Bundestag in der letzten Abstim-

mung im Juni 2002 über die Einführung von Volksentscheiden auf Bundesebene eine Mehrheit.

Es ist ermutigend, aber gleichzeitig erschreckend, wie viele, nämlich eigentlich alle, Initiativen zur Förderung des Allgemeinwohls von außen an die Parlamente, Parteien und Regierungen herangetragen werden und wie wenig, nämlich fast überhaupt keine, derartige Vorstöße aus den etablierten politischen Institutionen kommen. Die großartigen Bemühungen vieler kleiner und weniger großer NGOs spiegeln deshalb nicht nur positive Erfolge, sondern auch die schockierende.Unbeweglichkeit und das krasse Versagen der offiziellen Politik wider.

SPEERSPITZE DER GLOBALEN DEMOKRATIE

Die Aktivitäten der NGOs stärken und unterstützen nicht nur die Demokratie auf nationaler Ebene. Durch ihre international vernetzten Aktivitäten fördern sie auch weltweit demokratische Entwicklungen. Global organisierter Bürgerprotest hat längst eine neue demokratische Qualität geschaffen. Internationale Firmen oder Institutionen können sich Bürgerkontrolle nicht entziehen, indem sie transnational agieren. Weniger öffentlich, aber nicht weniger spektakulär ist, daß internationale Nichtregierungsorganisationen auch vor den Grenzen autoritärer Regierungen nicht haltmachen. Besonders effektiv sind solche Gruppen, deren direkte Ziele Anliegen des Gemeinwohls wie die Gleichberechtigung von Frauen oder der Schutz der Umwelt sind, aber nicht die Demokratie an sich. Eine herausragende Rolle spielen dabei Umweltorganisationen – als »Türöffner« für die Bürgergesellschaft in autoritären Systemen. Ihre Ziele sind für die Bürger eminent wichtig und erscheinen zunächst nicht politisch. Die von Peking eingesetzte Regierung in Hongkong erklärte, daß vom Ausland finanzierte politische Organisationen nicht geduldet würden, Umweltverbände jedoch nicht als solche gälten. Doch das Eintreten für Umweltschutz bedingt unabhängige und meistens brisante Informationen (Wer ist der Verschmutzer? Welches sind die Gefahren?). Unabhängige Informationsquellen sind für undemokratische Regierungen die Herausforderung schlechthin, auch wenn es sich »nur« um die Verschmutzung des Trinkwassers handelt. Umweltverschmutzung ist konkret und lokal, erfordert oftmals effektive dezentrale Maßnahmen – eine weitere Bedrohung für autoritäre Regierungen, deren Macht sich auf zentraler Kontrolle aufbaut.

Entgegen landläufiger Meinung ist Umweltschutz in der Dritten Welt kein Luxus für die Reichen, sondern ist bitter nötig für die Armen. Sie leiden besonders unter Luftverschmutzung und unhygienischer Trinkwasserversorgung. Ihnen machen Müll und Abwässer das tägliche Leben unerträglich schwer, Umweltkatastrophen wie Überschwemmungen treffen sie am härtesten. Umweltschutz verbessert ihre Lebensbedingungen und hat deshalb mehr als in Industrieländern soziale Bedeutung. Dieser Umstand stärkt Umweltschutzorganisationen gegenüber Regierenden, beinhaltet aber auch delikate politische Gradwanderungen. Als Greenpeace einmal in Beirut in einem Hizbollah-Viertel gegen die Inbetriebnahme einer Müllverbrennungsanlage, einer veritablen Dioxinschleuder, protestierte, schlossen sich die Bürger dem Protest an und warfen Steine. Die libanesische Presse beschrieb den Protest daraufhin als »ökologische Intifada«.

Die demokratische Entwicklung in asiatischen Ländern wie Taiwan, Südkorea, Thailand und Indonesien haben maßgeblich nationale, aber international vernetzte Nichtregierungsorganisationen angestoßen, innerhalb derer der Einfluß der Umweltgruppen in den letzten Jahren kontinuierlich gewachsen ist – auch aufgrund der katastrophalen umweltpolitischen Probleme der Region, wie etwa der Luftverschmutzung der großen Metropolen Bangkok, Jakarta, Shanghai, der umweltbedingten Überschwemmungen, wie die des Jangtse, oder der Waldbrände in Indonesien. Der Wandel von einer autoritären Regierung zu einer demokratischen Gesellschaft in Tai-

wan wurde zu einem Großteil von Umweltverbänden begleitet und
gefördert. Indonesische Umweltgruppen konfrontierten während
der verheerenden Urwaldbrände auf Borneo und Sumatra im Jahr
2000 die korrupte Regierung am nachdrücklichsten.

In der Volksrepublik China haben es Nichtregierungsorganisationen zwar noch schwer, aber auch dort war die erste Nichtregierungsorganisation, die diesen Namen verdient, also vom Staat
und der Partei unabhängig ist, eine Umweltorganisation. Die Organisation »Friends of Nature« wird toleriert, obwohl sie öffentlich
Kritik am unter Ökologen besonders umstrittenen Bau des Drei-
schluchten-Staudammes am Jangtse äußert. Daß sie noch existiert,
verdankt sie ihrer praktischen Arbeit, wie etwa für Aufforstungs-
projekte, sowie ihren ausgezeichneten wissenschaftlichen Exper-
tisen.

Die Zeit arbeitet auch in China für die Bürger und gegen die autoritären Strukturen der Partei. So gibt es mittlerweile in Ansätzen
Bürgerbewegungen. Ein Dachverband chinesischer NGOs existiert
bereits, dessen Leiter vor einer deutschen Ex-Greenpeace-Manage-
rin (bezahlt durch deutsche Entwicklungshilfe) beraten wird. Der
Druck durch den Zugriff auf globale Informationen über das Internet baut sich auf.

Eine besondere Stärke von Nichtregierungsorganisationen liegt
darin, daß sie keinem Herkunftsland besonders verbunden sind.
Sie müssen keine nationalen Interessen berücksichtigen. Die Firma
Boeing braucht Präsident Bush, wenn sie Flugzeuge nach China
verkaufen will, und für die Airbus-Industrie legt der französische
Staatschef ein gutes Wort ein. Das Überspringen nationaler oder
auch kultureller Grenzen wird nirgends so deutlich wie dort, wo
Nationen sich noch bitter bekämpfen. Im Aufsichtsrat der Green-
peace-Region Östliches Mittelmeer, die Malta, Zypern, Türkei, Israel und Libanon umfaßt, sitzen Juden aus Israel und Moslems aus
dem Libanon. Israelische und libanesische Umweltaktivisten kämpfen zusammen gegen die Verklappung von Giftschlamm im Mittelmeer, aber sie können nicht einmal miteinander telefonieren. Grie-

chische Zyprioten und türkische Staatsbürger wehren sich gemeinsam gegen den Bau eines Atomkraftwerkes in der Südtürkei. Im Libanon arbeiten Christen, Schiiten, Sunniten und Drusen in Um-
weltinitiativen zusammen – beinahe unglaublich in einem Staat,
der seinen Bürgern die Religionszugehörigkeit in den Reisepaß
schreibt. Die Spannungen zwischen USA und Mexiko wegen des
geplanten Atommüll-Lagers »Sierra Blanca« in Texas nahe der me-
xikanischen Grenze hinderten mexikanische und amerikanische
Umweltgruppen nicht daran, das Projekt in gemeinsamen Aktionen
zu kippen. Eine Kampagne übrigens, die wichtige Auswirkungen
auf die Entwicklung der Demokratie in Mexiko hatte. Der mexikanische Kongreß mußte lernen, daß das Volk nicht nur von interes-
sensgebundenen Abgeordneten vertreten wird, sondern von einer
aktiven »Sociedad civil«.

Eine Ironie dieser Entwicklung besteht darin, daß die meistens
gegenüber der Globalisierung sehr skeptisch eingestellten Nichtregierungsorganisationen selbst ein wichtiges Produkt der Globalisierung sind. Sie treiben unaufhörlich die Bildung einer Zivil-
gesellschaft in noch autokratisch organisierten Staaten voran. Demokratische Strukturen sind erforderlich, um Armut zu überwinden und globale Sicherheit zu stabilisieren.

Wahrscheinlich sind die internationalen NGOs die einzige gesellschaftliche Macht, die gegenwärtig Globalisierung positiv umgestaltet. Diejenigen Globalisierungsbefürworter, die in den NGOs
nur unliebsame Hindernisse für eine reibungslose Globalisierung sehen, können diesen eigentlich nur dankbar sein. Die Bürger holen
nach, was internationale Konzerne und Institutionen schon lange
tun, sie organisieren sich international. Dieser Prozeß bedarf keiner
globalen Kontrolle, er ist selbst Teil derselben. Deshalb sollte sich
die Forderung nach globaler Demokratie, um die neuen globalen
Kräfte zur Verantwortung zu ziehen, nicht gegen die Falschen richten. Der wachsende Einfluß von Nichtregierungsorganisationen auf
die Bildung globaler und nationaler Zivilgesellschaften ist ein posi-
tiver Effekt des Globalisierungsprozesses. Jürgen Habermas beklagt

die begrenzten Möglichkeiten von Nationalstaaten, »soziale und politisch unerwünschte Nebenfolgen eines transnationalen Marktes abzufedern«. Offensichtlich können diese begrenzten Möglichkeiten aber durchaus willkommen sein, wenn sie nämlich zur Demokratisierung autoritärer Staaten führen.

7
ENTDEMOKRATISIERUNG DURCH GLOBALISIERUNG

GLOBALES DEMOKRATIEDEFIZIT

Auf nationaler Ebene bestehen die rein formalen Mechanismen einer parlamentarischen Demokratie fort, auch wenn diese im Stagnationspatt zwischen Parteien, Interessengruppen und Medien ihre Aufgabe, das Allgemeinwohl zu fördern, verfehlen. Auf internationaler Ebene gibt es nicht einmal formale demokratische Mechanismen. Der Kampf gegen dieses Demokratiedefizit ist das zentrale, einigende Element der globalisierungskritischen Protestbewegung. Triebfeder der Kritik ist die Frustration über die internationalen Institutionen und deren mangelnde Fähigkeiten, die drängenden Probleme der Welt, sei es die Kluft zwischen Arm und Reich oder die globale Umweltzerstörung, zu lösen, sowie deren Mangel an Transparenz und demokratischer Legitimation ihrer Entscheidungen. In diesem Sinne gibt es Ähnlichkeiten mit der Bewegung von 1968, die sich ebenfalls gegen Institutionen richtete. Doch der Protest ist viel konkreter, er analysiert unter anderem die spezifischen Defizite der wichtigsten Organisationen, etwa der WTO oder des IMF. Er greift sowohl das Demokratiedefizit des bestehenden Systems Internationalen Regierens (»Global Governance«) als auch dessen unzureichende Effizienz auf.

Das postulierte »Demokratiedefizit« ist eine Folge der wachsenden Vernetzung und Zusammenarbeit zwischen Staaten und Blöken. Entscheidungen, die vormals im nationalen Kontext ergriffen wurden und sich vorwiegend national ausgewirkt haben, betreffen zunehmend die gesamte Weltgemeinschaft. Die Handels- und Finanzpolitik sowie die Umweltpolitik sind prominente Beispiele dafür. Die Auswirkungen von Umweltgiften – wie etwa chlorierten

Kohlenwasserstoffen, einem Abfallprodukt der chemischen Industrie, die sich in der Nahrungskette anreichern – bleiben nicht auf nationale Territorien beschränkt. Hohe Konzentrationen dieses Giftes finden sich weltweit im Fleisch von Meeressäugetieren oder auch bei Eisbären in der Arktis. Fluorchlorkohlenwasserstoffe, die die Ozonschicht zerstören, tun dies unabhängig davon, wo sie auf der Erde produziert oder freigesetzt wurden. Auch Maßnahmen, die auf den ersten Blick einen rein nationalen Charakter haben, wirken sich global aus. Wenn Brasilien beschließt, große Teile des Regenwaldes in Amazonien abzuholzen, hat das nicht nur Auswirkungen auf das Weltklima und die Biodiversität, sondern beeinflußt auch das Leben und die Optionen zukünftiger Generationen. Offensichtlich ist die globale Vernetzung wirtschaftspolitischer Maßnahmen. Wenn die OPEC den Rohölpreis anhebt oder die Vereinigten Staaten den Import von Gütern der Elektronikindustrie beschränken, kann das die ganze Welt in eine Wirtschaftskrise stürzen.

Die globalen Auswirkungen nationaler Maßnahmen sowie die Tatsache, daß einzelne Nationalstaaten allein die globalen Probleme nicht lösen können, erfordern hohe Kooperationsbereitschaft, um ein international abgestimmtes Vorgehen zu erreichen. Damit es zu wirksamen, aber auch akzeptierten Lösungen kommt, kann die Souveränität nationaler Staaten nicht mehr als unantastbar und absolut angesehen werden. Andererseits aber sind supranationale Entscheidungen auf die Dauer nur wirksam, wenn sie im fairen Ausgleich für alle Betroffenen entschieden und umgesetzt werden. Deshalb bedürfen sie einer demokratischen Kontrolle. Im nationalen Kontext haben die Bürger indirekt durch die repräsentative Demokratie oder direkt durch plebiszitäre Entscheidungswege die Möglichkeit, ihren Willen geltend zu machen und Kontrollrechte auszuüben. Das ist im internationalen Kontext nicht der Fall. Dort handeln Delegierte der jeweiligen Exekutive als Bindeglied zwischen dem Bürger und dem System internationaler Verträge. Die Rolle der nationalen Parlamente beschränkt sich in den meisten

Fällen darauf, die von der Exekutive ausgehandelten Verträge »abzunicken« oder abzulehnen. Möglichkeiten der Einflußnahme bestehen sowohl aus praktischen als auch aus grundsätzlichen Gründen nicht. Es ist schwer vorstellbar, zu vernünftigen internationalen Verträgen zu kommen – deren Aushandlung ohnehin kompliziert genug ist –, wenn gleichzeitig neben den Delegationen auch nationale Parlamente jeweils in die Verhandlungen eingreifen würden. Deshalb gebietet bereits die Notwendigkeit einer gewissen Effizienz ein Vorgehen wie bisher. Gerade aber diese Effizienz des globalen Governance-Systems ist im Hinblick auf die Lösung der anstehenden Probleme bei weitem nicht ausreichend. Das betrifft vor allem solche Abkommen, die mit dem Konsensprinzip entschieden werden müssen. Aufwendige, jahrelange, zermürbende Verhandlungen führen oft zu Ergebnissen, die nur den kleinsten gemeinsamen Nenner repräsentieren. Um sowohl erhöhte Legitimation und gleichzeitig erhöhte Effizienz des globalen Governance-Systems zu erreichen, muß dessen Demokratiedefizit überwunden werden.

Die Entscheidungen des IWF etwa können außerordentlichen Einfluß auf die wirtschaftliche und soziale Entwicklung von Nationalstaaten haben. Die Entscheidungen des IWF treffen jedoch nur eine ganz geringe Anzahl von Mitgliedsländern, nämlich im wesentlichen die USA, Japan und die großen westeuropäischen Industriestaaten. Diese wenigen vereinen mehr als 50 Prozent der Stimmen auf sich, da sie die meisten Kapitalanteile in den Währungsfonds eingezahlt haben. Der Rest der über 180 Mitgliedsländer des IWF hat eigentlich nichts zu sagen.

Auf Kritik an der Welthandelsorganisation (WTO) wird meist entgegnet, daß die Mitgliedsländer der Nachfolgeorganisation des Allgemeinen Handels- und Zollabkommens (GATT) Vertreter demokratisch gewählter Regierungen seien, die im Konsens entscheiden und damit auch demokratisch legitimierte Entscheidungen fällen könnten. Dieser Einwand trifft jedoch in mehrfacher Hinsicht nicht den Kern des Problems. In der WTO sind nicht nur Vertreter demokratischer Staaten, sondern auch Vertreter undemokratischer

Staaten bzw. Diktaturen repräsentiert. Auch ist die demokratische Kontrolle nur eine mittelbare, bei der WTO noch mehr als bei der EU. Ferner werden Entscheidungen über Handelsdispute zwischen Ländern auf undemokratische Weise entschieden. Ein nicht öffentlich tagendes, mit einer kleinen Anzahl von Individuen besetztes »Dispute Settlement Panel«, das niemandem rechenschaftspflichtig ist, entscheidet über so wichtige Fragen wie Importbeschränkungen von hormonbehandeltem Rindfleisch oder Import von gentechnisch verändertem Saatgut. Schließlich sind die Sitzungen der Delegierten für die Öffentlichkeit oder NGOs nicht zugänglich, die im Falle der Welthandelsorganisation daher auch kein Rede- und Vorschlagsrecht haben, wie das bei anderen internationalen Konferenzen und Organisationen der Fall ist. Zwar werden die Entscheidungen im Konsens getroffen, aber die Dominanz der Wirtschaftsinteressen der großen Industrieländer und einiger wirtschaftlich erstarkter Entwicklungsländer ist eminent. Das vergebliche Bemühen der Dritten Welt nach fairen Zugangsbedingungen zu den Märkten der Industrieländer sprechen eine klare Sprache. In der Präambel der Welthandelsorganisation steht zwar, daß diese als Ziel auch eine »nachhaltige Entwicklung« verfolge, aber das praktische Ziel der WTO ist der Abbau von Handelsbeschränkungen ohne die Berücksichtigung von sozialen Faktoren oder des Umweltschutzes.

Die Machtstrukturen auf globaler Ebene werden, kurz gesagt, nicht durch ein rechenschaftspflichtiges, supranationales demokratisches System in die Schranken verwiesen. Dort besteht somit ein deutliches Defizit an Legitimation, Rechtsschutzmöglichkeiten und Kontrolle. Die Diskussion über Reformen der internationalen Institutionen, seien es die Vereinten Nationen, die Europäische Union oder andere, leidet allerdings darunter, daß zu viel Gewicht auf einer Stärkung der exekutiven Vollmachten liegt. »Wir brauchen eine Weltregierung« ist eine jederzeit populäre Forderung. Zu kurz kommt, daß globale Macht auch globale Machtkontrolle benötigt. Demokratie ist nicht nur Volksherrschaft, sondern insbesondere auch Kontrolle von Herrschaft. Internationale Organisationen sollten allen Mitgliedsstaaten die Möglichkeit bieten, in relevanter Weise an der Diskussion, Willensbildung und den Entscheidungen teilzunehmen. Es besteht aber auch in vielen Fällen ein Mangel an Effizienz. Effizienz und Legitimation bedingen sich gegenseitig. Nur wenn das globale Governance-System demokratisch legitimiert ist, kann es effizient sein. Und nur wenn es effizient ist, legitimiert es sich auch.

GLOBALE DEMOKRATIE

Dazu sind schon einige Vorschläge gemacht worden. Der weitestgehende ist der, ein Weltparlament zu errichten, das anfangs den Status einer rein konsultativen und beratenden Organisation haben soll und über die Zeit, so wie es auch beim Europäischen Parlament der Fall war, zunehmend Kontrollfunktionen übernehmen könnte. Die Teilnehmer der UN-Generalversammlung sind Delegierte der Exekutive der 180 Mitgliedsstaaten. Die Vereinten Nationen sind also per se kein Weltparlament, das demokratisch legitimiert die Stimme der Weltgemeinschaft formuliert.

Um Bewegung in die Angelegenheit zu bringen, könnte Europa einen konstruktiven Vorschlag machen, indem es eine internationale Konvention zur langfristigen Schaffung eines Weltparlaments vorlegt. Die einzelnen Mitglieder des Parlaments müßten von den jeweiligen Länderparlamenten gewählt werden, um eine demokratische Legitimation sicherzustellen. Diese Konvention könnte dann schrittweise von den Staaten der Welt ratifiziert werden und bei einer bestimmten Anzahl von Ratifikationen eines Tages in Kraft treten.

Eine Vorstufe des Weltparlaments könnte ein sogenanntes E-Parlament sein, also ein »elektronisches Parlament«, das sich nicht physisch trifft, sondern durch elektronische Kommunikation zu bestimmten Fragen der Welt Voten abgibt. In diesem Parlament besäße jeder beteiligte Staat drei gleichgewichtete Stimmen, es hätte also etwa 600 Mitglieder und wäre damit auch noch überschaubar groß. Dieses Parlament könnte zu wichtigen internationalen Fragen ein Votum abgeben. Derartige Voten wären natürlich unverbindlich, aber hätten doch ein psychologisches Gewicht. Ähnlich wie beim Europäischen Parlament, das anfangs überhaupt keine Rechte hatte, aber dem zunehmend Rechte zugestanden werden, könnte sich daraus langfristig eine demokratische Weltstruktur entwickeln.

Es ist allerdings zweifelhaft, ob die Idee eines Weltparlaments sich in einer Zeitspanne durchsetzen wird, die so kurz ist, daß sie auch die drängenden Probleme des Demokratiedefizits auf globaler Ebene wirkungsvoll angeht. Kurzfristig ist es demnach erforderlich, die einzelnen Institutionen im Hinblick auf ihre Demokratiedefizite zu untersuchen und konkrete Maßnahmen für deren Überwindung zu entwickeln. IWF und WTO müssen vor allem die Transparenz ihrer Entscheidungen erhöhen. Dazu gehören die Öffentlichkeit ihrer Sitzungen sowie die Teilnahme, Rede- und Antragsrechte für NGOs. So würde die Unmittelbarkeit zwischen den betroffenen Bevölkerungsgruppen und den sie berührenden Entscheidungen reduziert und auch der Bevölkerung, die nicht demokratisch repräsentiert ist, eine Stimme verliehen werden. Im Falle des IWF müssen auch den Ländern, die aufgrund ihrer geringen Einzahlungsquote nichts oder nur sehr wenig zu sagen haben, aber von beschlossenen Maßnahmen sehr wohl betroffen werden, mehr Mitspracherechte zuerkannt werden. Der Einfluß von einseitig ausgerichteten Interessengruppen, wie den Vertretern westlicher Banken, muß zugunsten internationalen Gemeinwohls offengelegt bzw. zurückgedrängt werden. Eine höhere Akzeptanz durch höhere Transparenz und verbesserte Mitspracherechte sind für IWF und WTO besonders wichtig, wenn sie in der Lage sein wollen, internationale Handels- und Finanzkrisen effektiv zu lösen.

Neben erhöhter Transparenz und besserer Einbindung von NGOs könnten diese Organisationen dadurch demokratischer werden, daß ihnen Teilparlamente von überschaubarer Größe zugeordnet werden. In diese Teilparlamente, die ein Konsultativrecht und ein Anhörungsrecht erhalten, könnten Delegierte auf den Vorschlag von NGOs entsandt werden oder auch direkt gewählte Bürgervertreter der bei der WTO akkreditierten Länder. Ein ähnliches System gibt es in Deutschland in der Hansestadt Hamburg in Form der sogenannten Bürgerbeiräte. Diese setzen sich aus auf Vorschlag der Parlamentarier entsandten unabhängigen Bürgern zusammen, die die Senatoren und ihre Ämter bei wichtigen Entscheidungen beraten.

DIE FALSCH GEDREHTE SPIRALE

Viele Globalisierungskritiker plädieren für eine Abschaffung des IWF oder für eine strikte Begrenzung auf die Aufgabe, Zahlungsbilanzgleichgewichte in der Welt durch kurzfristige Kreditvergabe zu überwinden. Da der IWF entscheidend in die nationale Politik der Empfängerländer eingreift, besteht darüber hinaus eine wesentliche Forderung in einem stärkeren Mitspracherecht der Dritten Welt bei Entscheidungen über Kreditvergaben. Deren Konditionen – so die Kritik – seien zu schematisch einer orthodoxen Marktphilosophie unterworfen: nämlich strikte Deregulierung, Privatisierung, Freigabe von Preisen sowie Abbau von Budgetdefiziten. Soziale Auswirkungen werden nicht berücksichtigt.

Doch kritikwürdig ist nicht nur, daß die Kredite an diese starren, sich negativ auswirkenden Konditionen gebunden sind, sondern daß sie oft auch nicht am Kern der Probleme ansetzen. Im Sommer 2002 etwa bekam Brasilien den bis dato größten Kredit, den der IWF jemals vergeben hat, nämlich 30 Milliarden Dollar. Die permanenten Schwierigkeiten von Ländern wie Brasilien haben allerdings ihre Ursache nicht in kurzfristigen Zahlungsbilanzungleichgewichten, sondern sind strukturell bedingt. Die soziale Ungleichheit in Brasilien gehört zu den größten der Welt. Sie hat ihre Ursache in einer Politik, die großen Teilen der Bevölkerung Zugang zu Land und zu Ressourcen verweigert, so daß es zu keiner ausgeglichenen wirtschaftlichen Entwicklung kommt. Die Regierung versucht durch eine exzessive Verschuldungspolitik diese sozialen Spannungen zu überdecken. Brasilien sollte deshalb nur dann weiter Kredite erhalten, wenn es mutige Sozialreformen unternimmt. Dies bedeutet nicht den Verzicht auf eine stringente Budgetpolitik im Sinne des IWF. Aber eine stringente Budgetpolitik, die lediglich durch Deregulierung Budgetgleichgewichte anstrebt, aber die Lösung der sozialen Probleme hinausschiebt, wird langfristig immer wieder nationale und globale Finanzkrisen begünstigen.

Um derartig politisch agieren zu können, muß der IWF sowohl mehr Einfluß erhalten als auch demokratisiert werden. Soziale Schieflagen und repressive Regierungssysteme in Nationalstaaten sind ursächlich für globale Ungleichgewichte. Es fehlt eine Organisation, die dem entgegenwirken kann.

Um internationale Währungskrisen zu vermeiden, indem kurzfristige Währungsspekulationen eingedämmt werden, haben die Globalisierungskritiker die Einführung der sogenannten Tobinsteuer vorgeschlagen. Diesem Vorschlag hat sich auch die rot-grüne Mehrheit der Enquete-Kommission »Globalisierung« angeschlossen. Die Tobinsteuer sieht einen prozentualen Abschlag auf alle kurzfristigen Devisentransaktionen vor – um Devisentransaktionen einerseits zu verteuern, aber andererseits auch, um das aus dieser Steuer resultierende Aufkommen für Ziele der globalen Entwicklung, also z. B. für Entwicklungshilfe, einzusetzen. Für die Entwicklung der nicht industrialisierten Volkswirtschaften ist jedoch weniger das Geld ein Problem, sondern der Zugang zu Handel und die Stabilisierung der gesellschaftlichen Systeme durch eine konsequente, zwischenstaatliche Politik. Sind diese Voraussetzungen geschaffen, wird genügend privates Kapital zur Verfügung stehen. Es wäre effektiver, kurzfristige Spekulationen dadurch zu erschweren, daß ein bestimmter festgesetzter Anteil dieser Transaktionen durch Eigenkapital finanziert werden muß. Mit einer entsprechenden Eigenkapitalquote würden sich die Transaktionen verteuern, und es könnte sichergestellt werden, daß kurzfristige Transaktionen nur dann durchgeführt werden, wenn sie weniger rein spekulativen Zwecken dienen.

Die Vereinten Nationen selbst sind ein Relikt der Weltkriege. Sie wurden gegründet, um derartige Katastrophen in Zukunft zu verhindern. Ihre Herrschaftsstrukturen sind unmittelbar aus den Ergebnissen des Zweiten Weltkrieges abgeleitet. Als ständige Vertreter im UN-Sicherheitsrat sitzen die vier sogenannten Siegermächte und China, als damalige Nuklearmacht. Inzwischen hat sich aber das Kräftegleichgewicht auf der gesamten Welt durch neue Regionalzusammenschlüsse, zusätzliche Atommächte etc. weitgehend verändert.

Europa sollte dem beispielhaft Rechnung tragen, indem es auf die zwei ständigen Sitze der Nuklearmächte England und Frankreich im Sicherheitsrat verzichtet und dafür anbietet, einen ständigen Sitz durch einen Vertreter der Europäischen Union wahrnehmen zu lassen. Darüber hinaus könnte Europa vorschlagen, den Ständigen Sicherheitsrat um die Vertretungen von Indien, der ASEAN, der Organisation Afrikanischer Staaten sowie der Organisation lateinamerikanischer Staaten Mercorsur zu erweitern. Die Möglichkeit, die pazifischen Staaten und deren Organisation einzubeziehen, bestünde auch. Eine derartige neue Zusammensetzung des Ständigen Sicherheitsrates hätte unmittelbar keine wesentlichen Auswirkungen auf die Politik, doch langfristig psychologisch wichtige. Denn alle Erdteile bzw. ihre Vertretungen säßen an einem Tisch und würden globale Fragen beraten.

DIE GRENZEN INTERNATIONALER DEMOKRATIE

Die heutige globalisierungskritische Bewegung konzentriert ihre Forderungen nach mehr Demokratie auf die globalen Institutionen. Aber diese Forderungen betreffen für den Nationalbürger Vorgänge und Organisationen, die für ihn weit weg und abstrakt sind.

Man muß dagegen unmittelbarer ansetzen, und zwar bei den Entscheidungen, die die nationalen Demokratien produzieren. Internationale Entscheidungen können immer nur so gut sein, wie es die nationalen Entscheidungen sind. Tatsächlich sind sie meistens noch schlechter.

Bisher läuft es so: Die nationalen, repräsentativen Demokratien kommen zu Entscheidungen, die tendenziell die am besten organisierten und deshalb für die Politiker in Hinblick auf eine Wiederwahl wichtigsten Partikularinteressen bevorzugen. Die französische Regierung etwa ist in hohem Maße von der französischen Agrarlobby abhängig und kämpft deshalb auch auf internationaler Ebene für diese Lobby. Die spanische Regierung, die die meisten Gelder für den Fischereisektor bekommt, möchte diese auf keinen Fall verlieren, und der deutsche Bundeskanzler hat wiederum ein primäres Interesse daran, die Steinkohlesubventionen zu erhalten, weil die Empfänger dieser Subventionen in dem für die SPD wichtigsten Bundesland, Nordrhein-Westfalen, in seiner Partei eine gewichtige Stimme repräsentieren. Im Bewußtsein der französischen Position und auch der eigenen Interessen kann sich der Kanzler im Ministerrat engagiert für den Abbau der Agrarsubventionen einsetzen, um dann diese umweltpolitisch fortschrittliche Position fallenzulassen – was nicht weh tut, denn man hatte nie vor, dieses Ziel wirklich zu erreichen –, um sich dafür im Gegenzug den Erhalt der Steinkohlesubventionen zu sichern. In einem Tausch- und Schacherprozeß setzen sich so die jeweils stärksten nationalen Partikularinteressen als internationale Entscheidungen durch; Entscheidungen, die in keiner Weise internationales Gemeinwohl widerspiegeln. Die mangelhafte Qualität nationaler Entscheidungen wird auf internationaler Ebene noch mangelhafter, weil sie nicht nur dem nationalen, sondern auch dem internationalen Gemeinwesen schadet.

EUROPA OHNE VISION UND KONZEPT

Europa ist populär, die Europäische Union ist es nicht. Denkt man an die Europäische Union, fallen einem eine wuchernde Bürokratie, korrupte europäische Kommissare, eine mit Milliarden subventionierte und ökologisch katastrophale Landwirtschaft sowie wie die beschämende Unfähigkeit von Europa, außenpolitisch mit einer Stimme zu sprechen, ein. Diese Beurteilung reflektiert durchaus die Mehrheitsmeinung in Europa. Je weiter die Integration der europäischen Institutionen voranschreitet, desto mehr nimmt die Begeisterung für Europa und die Identifikation mit den europäischen Institutionen ab und leidet deren Glaubwürdigkeit. Dies ist ein brüchiges Fundament für die gegenwärtige europäische Politik. Es stimmt bedenklich, wenn rund die Hälfte der Bevölkerung in Europa gegen die europäische Integration ist und drei Viertel zugleich der fatalistischen Meinung, man könne sowieso nichts dagegen machen. Diese Annahme entspricht allerdings auch den tatsächlichen Machtverhältnissen in Europa. 50 Prozent aller nationalen Gesetze und 80 Prozent der gesamten sozialen und ökonomischen Gesetze werden heute bereits in Brüssel beschlossen.

Der Integrations- und Erweiterungsprozeß auf der einen Seite und die Entfremdung der Bürger von den europäischen Institutionen auf der anderen Seite haben sich verselbständigt. Der Zug der europäischen Einigung, mit dem »Euro als Lokomotive«, dampft unaufhaltsam weiter. Leider ist der Zielbahnhof unbekannt. Es spricht für die weitgehende Konzeptlosigkeit der europäischen Politik, daß einem ökonomischen Instrument, nämlich der gemeinsamen Währung, der Einigungsprozeß übertragen wurde. Der Euro funktioniert, wie Helmut Kohl es einmal ausgedrückt hat, als ein Hilfsaggregat für überfällige Reformen. Das muß nicht unbedingt schlecht sein, nur sollte darüber Klarheit bestehen, wer eigentlich welche sozial- und wirtschaftspolitischen Ziele setzt.

Die mangelnde Popularität der EU hat mehrere Gründe. Der

wichtigste ist, daß die Menschen in Europa sich nicht als Europäer fühlen, weil sie zu keiner Zeit wirklich an Konstruktion und Weiterentwicklung der europäischen Institutionen beteiligt waren. Das Europa von heute und die europäischen Institutionen sind das Produkt von Bürokraten. Dies schlägt sich in einer gefährlichen demokratischen Legitimationslücke nieder. Europa ist so etwas wie eine legitimationsfreie Zone, ein wirtschaftlicher Zweckverband, der sich ganz einfach dadurch rechtfertigt, daß er da ist. Das Prinzip der Volkssouveränität ist ausgehöhlt. Demokratische Legitimation erfordert eine ununterbrochene Legitimationskette vom Volk zu den mit staatlichen Aufgaben betrauten Organen und Amtsverwaltern. Davon kann nicht die Rede sein. Die Bürger werden von Vertretern im Ministerrat repräsentiert, dessen Legitimation darauf beschränkt ist, daß seine Mitglieder Angehörige demokratisch gewählter Regierungen sind. Der Ministerrat trifft Entscheidungen, die die europäischen Völker signifikant angehen. Aber er ist den gewählten Vertretern dieser Völker, nämlich dem weitgehend machtlosen Europaparlament, nicht verantwortlich.

Das Projekt Europa in seinem jetzigen Zustand kann auch deshalb nicht überzeugen, weil die Kluft zwischen den Sorgen und Wünschen der Bürger und dem, was die Europäische Union ihren Bürgern bietet, erheblich ist. Etwa 90 Prozent der europäischen Bevölkerung sorgen sich in erster Linie um Jobs und wirtschaftliche Stabilität sowie um äußere und innere Sicherheit, etwa 85 Prozent um die globale Umweltzerstörung. Die Hälfte des Budgets der Europäischen Union fließt jedoch in die Landwirtschaft und ein Fünftel aller ministeriellen Sitzungen und Treffen befassen sich mit diesem Wirtschaftszweig. Diese Diskrepanz zwischen dem, was die Bürger sich wünschen, und dem, was Europa für sie tut, hat zu Apathie und Desinteresse gegenüber den europäischen Institutionen und allem, was europäische Politik ist, geführt.

Schließlich sind die Vorteile der europäischen Integration äußerst ungleichmäßig verteilt. Sie kommen im wesentlichen Minderheiten zu. Die Hälfte des europäischen Budgets geht an die Bauern, diese stellen jedoch nur 6,5 Prozent der Bevölkerung und erwirtschaften nur 2,3 Prozent des Bruttoinlandsprodukts. Von anderen Vorteilen, wie größerer Mobilität, profitieren eher die gut ausgebildeten und bessergestellten Schichten der Bevölkerung. Weder die Masse der Bürger noch die Masse der Verbraucher scheint die Zielgruppe der Brüsseler Wohltaten zu sein. Die skandalöse EU-Landwirtschaftspolitik ist dafür das beste Beispiel. Nicht der Verbraucher, sondern einige wenige Wirtschaftszweige profitieren davon.

Das wichtigste Defizit der Europäischen Union ist jedoch das Fehlen einer Vision. Den zahlreichen europäischen Symbolen, die die Politiker mittlerweile konstruiert oder erfunden haben, fehlt ein Inhalt. Die ursprünglichen Ziele der europäischen Einigung nach dem Weltkrieg waren klar definiert: erstens Frieden zwischen Nationalstaaten, zweitens wirtschaftliche Prosperität und drittens Demokratie. Diese Ziele hat der europäische Einigungsprozeß mit großem Erfolg erreicht. Griechenland, Portugal und Spanien haben sich zu stabilen Demokratien entwickelt. Der wirtschaftliche Wohlstand in Europa war noch nie so hoch, und es gibt keine Kriegsgefahr mehr zwischen den europäischen Nationen. Doch was kommt jetzt? Was sind die Ziele einer weiteren europäischen Integration oder einer Erweiterung? Politiker allerorten drücken sich vor einer klaren Antwort, und die Bürger verstehen Brüssel nicht mehr. Der europäische Einigungsprozeß wird wesentlich von den Wirtschaftsinteressen vorangetrieben. Diese haben im Gegensatz zu den Politikern wenigstens eine klare Vision. Rolf Breuer, der ehemalige Vorstandssprecher der Deutschen Bank, antwortete auf die Frage nach seiner europäischen Vision: »Wirtschaftlich werden alle Beteiligten von einer Erweiterung profitieren. Die mit der EU-Osterweiterung verbundenen wirtschaftlichen Perspektiven sind in der letzten Zeit zu sehr auf ihren kurzfristigen Kostenaspekt verkürzt worden. Ein größerer gemeinsamer Markt eröffnet für die Unternehmen neue Absatzchancen und für die Verbraucher ein größeres Angebot an Waren und Dienstleistungen. Die Aufnahme neuer Mitglieder und die damit verbundene bessere wirtschaftliche Integration hat sich in der Vergangenheit immer positiv auf die Wachstumsperspektiven der Gemeinschaft ausgewirkt. Das wird auch dies Mal der Fall sein.«

Diese Vision reicht allerdings mitnichten aus, vor allem dann nicht, wenn der Anspruch besteht, mit Europa die Globalisierung zu gestalten. Dafür bedarf es als Klammer aller Aktivitäten einer Menschenrechte und Demokratie durchsetzenden europäischen Außenpolitik – und damit einer effizienten europäischen Regierung. Diese kann jedoch nur Handlungsfähigkeit beweisen, wenn sie demokratisch legitimiert ist. Ist sie das nicht, wird sich die Außenpolitik wie bisher abspielen: Tauschgeschäfte, um verschiedene nationale Interessen und Interessensgruppen zu befriedigen, als lahme Kompromisse, die keine Durchsetzungskraft besitzen. Damit bleibt jedoch auch eine europäische Gestaltung der Globalisierung nur ein Wunschtraum und wahrscheinlich die Gestaltung der Globalisierung überhaupt.

Nur eine demokratisch legitimierte europäische Regierung könnte also die Welt verändern, denn sie hätte sowohl die Legitimation als auch die Autorität, große Probleme der Menschheit zu lösen. Wer für oder gegen ein starkes, demokratisches Europa ist, ist auch für oder gegen eine aktive Politik der gerechten Globalisierung. Ein derartiges Europa könnte die Globalisierung entscheidend umgestalten, indem es gerechte Handelspolitik durchsetzt (▶ Kapitel 2), in der Klima- und Tropenwaldpolitik vorangeht (▶ Kapitel 3), Beispiele einer die Menschenrechte durchsetzenden Außen- und Sicherheitspolitik gibt (z. B. im Maghreb) und eine weltweite Initiative zur Abrüstung von Massenvernichtungswaffen startet (▶ Kapitel 4). Die Diskussion einer Verfassung im europäischen Konvent bietet darüber hinaus die einmalige Gelegenheit, erstmals in der Geschichte den Prinzipien eines zukunftsfähigen Wirtschaftswachstums (▶ Kapitel 3) und der Generationengerechtigkeit Verfassungsrang zu geben, also ein neues, anderes Verständnis von gesellschaftlichem Fortschritt in die Verfassung zu integrieren. Zur Idee der Generationengerechtigkeit schreibt Robert Leicht: »Die Über-

lebensfähigkeit der moderenen Demokratien hängt entscheidend
von folgender Frage ab: Gelingt es, die jeweiligen Zeitgenossen dazu anzuhalten, für die Kosten ihrer eigenen Ansprüche hier und
jetzt aufzukommen, anstatt sie im Wege einer Kreditkartenpolitik
auf die nachwachsenden Generationen zu verlagern, sei es als
wachsende Staatsverschuldung, als verdorbene Umwelt oder als
Abwälzung der Lasten der Altersversorgung in einem Generatio-
nenvertrag, indem es nur an einem fehlt: an künftigen chancenrei-
chen Generationen, also nach dem Motto ›Buy now, pay later‹, kau-
fe heute, bezahle morgen? Bisher ist dieses Problem noch nicht als
Frage der Verfassungspolitik erkannt worden. Aber von der Haus-
haltspolik über die Sozialpolitik bis zur Technologie- und Umwelt-
polik müßte diese Dimension in die Verfassung eingebaut werden,
z. B. dadurch, daß von der Verfassung festgelegt wird, daß alle Entscheidungen und Gesetzentwürfe in bezug auf die voraussehbaren
Zukunftsauswirkungen geprüft werden.« Langzeitverantwortung
müßte also der zentrale neue Staatszweck eines europäischen Pro-
jektes sein. Es kann keine Nebenbedingung sein, wie es gegenwärtig in der Präambel des Amsterdamer Vertrages der Fall ist. Diese
besagt, die Prinzipien einer »nachhaltigen Entwicklung« sollten »in
Betracht gezogen werden«, eine Formulierung, die besonders gut
den Kompromißcharakter des Amsterdamer Vertrages beschreibt
und damit den gegenwärtigen Zustand der europäischen Einigung.
Es ist weder glaubwürdig noch logisch, Überlebensfragen zur Nebenbedingung zu degradieren. Die Erweiterungsstratei der EU von
15 auf 25 Staaten verbaut den Weg zu diesen europäischen Visionen. Es wäre nötig gewesen, die Vision eines vereinten Europa zuerst EU-intern zu diskutieren und dann andere europäische Länder
einzuladen, an ihr teilzuhaben. Dieses Europa wird, so steht zu befürchten, handlungsunfähig bleiben und möglicherweise dadurch
auch seine wirtschaftlichen Ziele verfehlen.

Die Diskussion über eine europäische Verfassung ist ein wichtiger
Fortschritt, aber sie leidet an einem gravierenden Manko. Sie dreht
sich im wesentlichen um die Stärkung der Exekutive. Ohne die Le-

gitimation dieser Exekutive, d.h. ohne ein Europäisches Parlament, das die Exekutive wählt, kontrolliert und abwählt, ist ein starkes Europa, das die Globalisierung umgestaltet, nicht zu haben. Ein starkes europäisches Parlament braucht jedoch ein europäisches Volk. Das Bewußtsein, neben der Zugehörigkeit zur eigenen Nation auch Teil eines europäischen Volkes zu sein, ist mindestens so wichtig wie eine Verfassung.

Die Politik kann die Bildung eines »europäischen Bewußtseins« vorantreiben, durch praktische Politik, die den Bürgern nützt und die Europa für den Bürger attraktiv macht. Beispielsweise durch:

o   Die Förderung einer europäischen Sprache, nämlich des Englischen, als Pflichtsprache neben der jeweiligen Muttersprache in allen Schulen, um die Kommunikation nicht nur zwischen den Staaten, sondern vor allem zwischen den Individuen eines zukünftigen europäischen Volkes zu erleichtern. Nur etwa die Hälfte der Europäer kann sich in einer zweiten Sprache miteinander verständigen. Jeder Europäer muß mit jedem anderen auf Englisch kommunizieren können.

o   Eine europäische Bildungspolitik, die einerseits Vielfalt und Wettbewerb ermöglicht, auf der anderen Seite Schulabschlüsse und Qualifikationen unbürokratisch und grenzüberschreitend in Europa anerkennt.

o   Eine europäische Arbeitspolitik, die Migration und den Zuzug von Europäern ermöglicht sowie die Aufnahme von Arbeit in allen Ländern.

o   Eine Verbraucherpolitik, die dem europäischen Verbraucher nützt und nicht den Interessen von privilegierten Wirtschaftszweigen.

o   Und natürlich als Voraussetzung eine »echte« Reform der europäischen Institutionen: mehr Transparenz, weniger Behörde, erhöhte Legitimation.

8
DIE DEFORMATION DER DEMOKRATIE

KURZFRISTIGKEIT ALS PRINZIP

Es fehlt nicht an der Gestaltung der Globalisierung, sie wird ja gestaltet – aber die Richtung stimmt nicht. Die Ärmsten bleiben arm, die Zerstörung der Lebensgrundlagen beschleunigt sich, eine veraltete zwischenstaatliche »Realpolitik« und ein zielloser »Krieg gegen den Terror« destabilisieren die globale Sicherheitslage. Diese in den vorigen Kapiteln beleuchteten Entwicklungen verstärken sich wechselseitig. Die Menschheit aber wartet auf einen Befreiungsschlag, auf einen »großen Wurf«. Sie hofft, daß die Politiker nicht nur reden, sondern handeln. Konzepte gibt es zuhauf. Aber sie werden nicht umgesetzt.

Es ist aussichtslos, diese Umsetzung von den internationalen Organisationen und Konferenzen zu erwarten; dazu müßten diese durchgreifend demokratisiert werden. Das wird noch lange dauern, obwohl Verbesserungen möglich sind. Aber vor allem sind es ja die Nationalstaaten, die die internationale Politik bestimmen. Von diesen müssen also die Handlungsimpulse ausgehen. Den sieben großen Industriestaaten, darunter Deutschland, kommt dabei der entscheidende Part zu. Es scheint allerdings, daß das deutsche politische System – wie das der anderen Industriestaaten auch –, selbst beim besten Willen der Akteure, gar nicht in der Lage ist, diese Herausforderung zu meistern.

Die deutsche Demokratie funktioniert wie ein Dampfkessel. Langfristige Probleme, wie die Reform des Bildungswesens, der Renten und des Gesundheitswesens, der Bundeswehr und die Sanierung des Haushaltes, werden so lange auf die lange Bank geschoben, bis der Druck zu stark wird. Wenn die Studenten Molotow-Cocktails schmeißen, beginnt eine hektische Debatte über Hochschulreformen, wenn die PISA-Studie das deutsche Bildungssystem auf einem hinteren Platz in der internationalen Skala plaziert, ereifern sich die Politiker über die Ganztagsschule, und ganz schnell werden einige zusätzliche Mittel bereitgestellt.

Schon lange streiten die Politiker nicht mehr vorausschauend und substantiell über die Lösung langfristiger Probleme. Vielmehr geht es stets darum, wer sich am besten darstellt, am besten medial »rüberkommt«, am wenigsten aneckt. Einige Themen werden sogar offiziell zu Nicht-Themen deklariert: Die Zuwanderung dürfe kein Wahlkampfthema sein, hieß es. Aber was ist das für eine Demokratie, die sich in der Auseinandersetzung um die Stimmen der Bürger selbst verbietet, ein fundamentales Problem unserer Gesellschaft zu diskutieren und Konzepte zur Lösung vorzuschlagen? Künstlicher Konsens und gemeinsames Verschweigen haben offene, kontroverse und erbitterte Debatten über die Zukunft ersetzt. Das hat verheerende Konsequenzen für die Leistungsfähigkeit der repräsentativen Demokratie. Sie ist offensichtlich nicht mehr in der Lage, langfristige Probleme anzupacken und zu lösen. Damit wird sie in ihrer gegenwärtigen Form aber auch zum globalen Sicherheitsrisiko.

Am 28. Juni 2002 diskutierte das deutsche Parlament den Abschlußbericht der Enquete-Kommission: »Globalisierung der Weltwirtschaft – Herausforderungen und Antworten«. Die eineinhalbstündige Aussprache im gähnend leeren Plenarsaal, Tagungsordnungspunkt 24, folgte der Diskussion über »Kapitalteilhabe stärken – Vermögensbildungsförderung altersvorsorgegerecht ausbauen«. Sie fand vor Tagesordnungspunkt 25: »Zur umfassenden und nachhaltigen Förderung des Sports in Deutschland« statt. Der Vorgang zeigt symptomatisch den Zustand der Demokratie in Deutschland: Mehr als zwei Jahre hatten 18 Parlamentarier, unterstützt von Dutzenden von Wissenschaftlern und Gutachtern, an dem 600 Seiten langen Bericht gefeilt. Das war es dann auch. Zu einem qualifizierten Austausch von Argumenten kam es nicht.

Dieser unterblieb auch bei der Parlamentsdebatte über Globalisierung. Dem Wahlkampfritual folgend, warfen sich die Abgeordneten ihre jeweilige Unkenntnis und ideologische Verblendung vor. Wenn überhaupt ein Bürger diese Diskussion verfolgt hat, dann hat er sie mit Sicherheit nicht verstanden.

In einer lebendigen, leistungsfähigen Demokratie müssen die Politiker Herausforderungen und Kosten der Globalisierung den Bürgern erklären und mit ihnen diskutieren. Doch diese Diskussionen finden unter Ausschluß der Öffentlichkeit in Expertenkreisen und Enquete-Kommissionen statt, wo sie anschließend einem Mehrheitsvotum unterzogen werden. Die globale Erwärmung, Stammzellenforschung und Biotechnologie und jetzt die Globalisierung, diese Überlebensfragen werden an Expertenzirkel und Kommissionen delegiert. Die öffentlich wahrgenommene tägliche Politik befaßt sich mit der Pleite eines Medien- oder Baukonzerns, den Zuzahlungen der Krankenversicherten zum Brillengestell und mit der korrekten Abrechnung der Dienstreisen des Verteidigungsministers. Zwar ist auch das nötig, aber es reicht nicht.

LOBBYKRATIE

Die aktuellen Kontroversen um die sozialen Sicherungssysteme, deren Reformen langfristig angelegt werden müssen, illustrieren dieses Dilemma. Die organisierten Standesvertretungen und Interessengruppen errichten stets aufs neue Blockaden und schieben die Lösung von Zukunftsproblemen immer wieder hinaus. Das Innovationspatt bedeutet aber nicht nur Stillstand, sondern Rückschritt, weil die Zukunftslösungen immer teurer werden. Unsere Gesellschaft bittet damit die zukünftigen Generationen zur Kasse, und zwar doppelt. Junge Menschen müssen mit stetig steigenden Beiträgen zur Rentenversicherung die Pensionsansprüche der in den Ruhestand Getretenen finanzieren. Die Beiträge steigen, weil der Kreis der Beitragzahler aus demographischen Gründen kleiner und die

Zahl der Bezieher von Renten immer größer wird. Die hohen Beiträge schränken jedoch die Möglichkeiten der Jungen, selber genug für ihre Altersvorsorge zu tun, ein. Im Alter werden sie dann das zweite Mal zur Kasse gebeten – durch schmerzhafte Schnitte in ihr Einkommen. Die Illusion, daß Rentenempfänger im Alter das monatlich Angesparte mit Zinsen zurückbekommen, hält sich noch immer. Das Geld wird nur umgelegt: Die einen zahlen, die anderen erhalten es. Die »Rentenillusion« der Leichtfertigkeit der Beitragszahler anzulasten trifft jedoch die Falschen.

Die nötigen Reformen verhindert eine fatale Koalition des Stillstands, die die großen Standesvertretungen der Republik geschmiedet haben: die Gewerkschaften, als Vertreter derer, die Arbeit haben; die organisierten Interessen der Industrie; die Standesvertretungen der sozialen Sicherungssysteme (z. B. Krankenkassen) und der öffentliche Dienst. Obwohl es differierende Interessen innerhalb der organisierten Gruppen und auch zwischen ihnen gibt, herrscht doch ein gemeinsames Interesse, das Innovationspatt und damit die eigenen Privilegien zu erhalten. Andernorts bilden die Agrarlobby und die Chemieindustrie eine starke Allianz gegen die Reform der Landwirtschaft. Die Industrieverbände, deren Programme »Dynamik«, Strukturwandel und ähnliches einfordern, vertreten auch Unternehmen innerhalb ihrer Klientel, die den Strukturwandel befürchten müssen. Deshalb kommt es zu der absurden Situation, daß der Bundesverband der Deutschen Industrie und andere Wirtschaftsverbände sich in der Praxis für überkommene Strukturen einsetzen, die – ginge es nach den pompösen Manifesten der Industrie – schon längst durch den Marktmechanismus obsolet geworden sein sollten. Oft arbeiten die Standesvertretungen auch zusammen, um überkommene Strukturen zu erhalten. Dann hat Veränderung erst recht keine Chance. Die Gewerkschaften sind gegen den Abbau der Kohlesubventionen, und die Industrieverbände unterstützen sie darin. Die eine Gruppe besteht auf dem Schutz hochsubventionierter Arbeitsplätze, die andere auf den Schutz der hochsubventionierten Produktion vor preiswerterer Konkurrenz aus dem Ausland. Wie die Lobby der Großindustrie verstehen sich die Gewerkschaften in erster Linie als Verhinderer, nicht als kreative Ideengeber. Es verwundert deshalb nicht, daß neue Vorschläge zur Überwindung der Arbeitslosigkeit vom Vorstandsmitglied eines Großkonzerns unterbreitet wurden (Hartz-Kommission) und nicht von einer der großen Gewerkschaften.

Der Lobbyismus ist Bestandteil der repräsentativen Demokratie und erfüllt ursprünglich auch eine wichtige Funktion. Volksvertreter und Exekutive haben vom Bürger den Auftrag, Gesetze, die das »Allgemeinwohl« am besten spiegeln, zu beschließen und umzusetzen. Zu diesem Zweck ist der Austausch mit Interessensgruppen wichtig, um einen Ausgleich ihrer Interessen herbeiführen zu können. Dieser Austausch soll im Dienst der Bürger geschehen, um in Vertretung derselben die für sie besten Entscheidungen zu erzielen. Der Lobbyismus hat jedoch inzwischen eine Entwicklung genommen, die den ursprünglichen Gedanken pervertiert. Unsere Demokratie ist zu einer Lobbykratie deformiert, in der sich Partikularinteressen flächendeckend durchsetzen. Diese üben ihren Einfluß auf allen gesellschaftlichen Ebenen aus, außerhalb und innerhalb des Parlaments, in der Verwaltung.

Der Einfluß der Interessensverbände ist eine Folge ihres hohen Organisationsgrades und deren Verflechtung mit der Ministerialbürokratie und den Volksvertretern auf allen Ebenen. Politiker können es sich nicht leisten, die Privilegien dieser mächtigen Gruppen zu beschneiden. Jede politische Initiative, die das Machtgleichgewicht der Standesvertretungen zu stören droht, führt zu einem Aufschrei der Empörung. Medien nehmen den Protest nur allzu bereitwillig auf und stilisieren ihn zu einem dramatischen »show down«. Politiker hüten sich deshalb davor – aus ihrer Sicht völlig rational –, es sich mit einer Standesvertretung wirklich zu verderben. Das wesentliche Ziel der Politiker, die Wiederwahl bzw. der Machterhalt, kann eine derartige Auseinandersetzung ernsthaft gefährden. Der Mechanismus erklärt das beredte Schweigen der Politiker im letzten Wahlkampf zu den wirklich wichtigen Problemen.

Auch im Verhältnis zwischen Regierenden und Großkonzernen herrscht – ähnlich den Beziehungen zwischen Regierung und Standesvertretungen sowie Sozialverbänden – ein subtiler Erpressungsmechanismus. Großkonzerne verfügen über ein besonders wirksames Drohpotential. Sie entscheiden über Investitionen und deshalb über Tausende von Arbeitsplätzen. Die damit verbundene mediale Aufmerksamkeit verstärkt noch einmal den Einfluß auf die Politik. Die Drohung, bei unliebsamen Regierungsentscheidungen die Produktion ins Ausland zu verlegen – ob realistisch oder nicht –, ist zum Erpressungsritual der Wirtschaft geworden. Daß aus beschäftigungspolitischer Sicht dieser Druck falsche Signale setzt, ist bedeutungslos. Zwar sind für die Beschäftigung die mittelständischen Betriebe entscheidend, denn bei ihnen arbeiten über 70 Prozent der Arbeitnehmer in Deutschland. Doch wenn 20 mittelständische Betriebe mit je 250 Beschäftigten pleite gehen, sind das Nachrichten für die Kreiszeitungen. Wenn dagegen eine Großbank ankündigt, 5000 Stellen zu streichen, ist dies ein Aufmacher in der Tagesschau. Die Möglichkeit, sich über die Medien in die Politik einzumischen, besitzt die mittelständische Industrie nicht. Dagegen braucht sich der Vorstandssprecher der Deutschen Bank nur in einem Nebensatz über die Attraktivität von London als Standort für die Großfinanz zu äußern, und schon reagieren die Politiker in Panik.

Während in den Vereinigten Staaten die Großindustrie ihre Politiker mehr oder weniger direkt kauft und bezahlt (die Energiekonzerne haben den Wahlkampf von George W. Bush maßgeblich finanziert – und es ist nicht überraschend, daß die Energiepolitik der USA, für die Vizepräsident Dick Cheney, wie George W. Bush auch ein Mann der Ölindustrie, verantwortlich zeichnet, präzise die Interessen der Ölkonzerne widerspiegelt), ist der Einfluß der deutschen Industrie auf die Politik nicht weniger effektiv, vielleicht etwas subtiler. Der Verband der deutschen Zigarettenindustrie hat dem Bundesgesundheitsministerium 11,8 Millionen Euro für eine Kampagne, die Jugendliche vom Rauchen abhalten soll, zur Verfügung gestellt. Die deutsche Regierung hat sich in der EU-Kommis-

sion gegen ein Werbeverbot für Zigaretten zur Wehr gesetzt. In
Deutschland ist es ganz legal, Politikern Geld zu geben – Bedingung
ist lediglich, daß das Finanzamt informiert wird.

Während der Begriff »Lobby« ursprünglich für den Einfluß der
Interessensgruppen außerhalb des Parlamentes, nämlich in der
»Lobby«, steht, haben diese schon längst das Parlament selbst erobert. Von der Unabhängigkeit der Parlamentarier zu sprechen ist
angesichts der Doppel- und Dreifachfunktionen der Abgeordneten,
der Zugehörigkeit zu Berufsverbänden, Aufsichtsräten und Wirt-
schaftsverbänden eine grobe Verkennung der Tatsachen. Die absolute Mehrheit im Parlament stellen Angehörige des öffentlichen
Dienstes. Allein schon deshalb kann man die für den Abbau der Bürokratie so notwendige Reform des öffentlichen Dienstes und des
Berufsbeamtentums nicht erwarten.

Welches Ausmaß die Verquickung von Interessensvertretung und
Parlamentsarbeit hat, hat Conrad Schuhler am Beispiel der Abgeordneten der 14. Legislaturperiode prägnant dargestellt:

»Ausschließlich im Namen des Volkes betätigen sich nur 167 der momentan 666 Bundestagsabgeordneten. Das Gros der Parlamentarier geht
Nebenbeschäftigungen nach: 206 Abgeordnete arbeiten für öffentliche
Anstalten oder Körperschaften wie Sparkassen, Rundfunk- oder Fernsehanstalten. Oder sie engagieren sich – oft gegen Bezahlung – in Vereinen, Verbänden und Stiftungen. 293 Abgeordnete finden sich darüber
hinaus auf den Gehaltslisten von Privatfirmen als Aufsichtsrat, Berater
oder Angestellter. Manche sind selbst Unternehmer. Mindestens 405 solcher Beziehungen existieren zwischen dem Bundestag und der privaten
Wirtschaft. So stehen 83 Abgeordnete in Diensten von Banken und Versicherungen, 37 in Diensten der Landwirtschaft. 101 Abgeordnete werden von Mischunternehmen bezahlt, darunter Beteiligungsgesellschaften
oder Unternehmensberater. Zahlreiche Abgeordnete arbeiten sogar für
mehrere Unternehmen. ... Eine besondere Form der politischen Einflußnahme hat sich die Rüstungsindustrie mit dem ›Förderkreis Deutsches
Heer‹ (FDH) einfallen lassen. Sie stützt sich nach eigener Darstellung
auf ›drei Säulen: Abgeordnete des Deutschen Bundestages, Generäle in

Spitzenverwendungen des Heeres und führende Herren aus der deut
schen, heerestechnischen Industrie‹. An Bundestagsabgeordneten sind an
führender Stelle die Mitglieder des Verteidigungsausschusses Günther
Friedrich Nolting (FDP), Werner Siemann (CDU), Verena Wohlleben
und Peter Zumkley (beide SPD) zu finden. Frau Wohlleben nennt im
Bundestagshandbuch ihre Mitgliedschaft im Arbeiter-Samariter-Bund
und in der Rheumaliga. Ihr Engagement im FDH erwähnt sie nicht. In
der *Welt* äußerte sie, ›für die internationalen Planer‹ sei ›ein überzeugen-
des Maß an wehrtechnischer Selbständigkeit eine notwendige Voraussetzung für souveräne außenpolitische Handlungs- und Gestaltungsmög-
lichkeiten‹. Den Auftrag der 410 neuen Schützenpanzer über mindestens
zwei Milliarden Euro erhielten Rheinmetall und Krauss-Maffei-Weg-
mann, zwei ›fördernde Mitglieder‹ des FDH.

Den Ausschuß ›Verbraucherschutz, Ernährung und Landwirtschaft‹
dominiert die Agrarindustrie. Vorsitzender seit 1994 ist Peter Harry Carstensen (CDU), Aufsichtsrat der CG Nordfleisch AG, die gerade die Fu-
sion mit der Westfleisch vorbereitet und so größter Fleischvermarkter
Deutschlands wird mit 14 Fleischzentren in elf Bundesländern, jährlich
neun Millionen geschlachteten Schweinen und 600.000 Rindern. Während der BSE-Krise wandte sich Carstensen mit seiner Firma gegen die
Absicht der Bundesregierung, den Einsatz tierischer Fette in Lebensmitteln zu verbieten. Carstensen kann sich in seinem Ausschuß auf über ein
Dutzend Mitstreiter aus der Landwirtschaftslobby stützen, darunter Al-
bert Deß, Vorstandschef der Bayernland eG. Was Nordfleisch für Fleisch,
ist Bayernland für Milch – mehr als 750 Millionen Euro setzte die Firma
vergangenes Jahr um. Mit 37 parlamentarischen Vertretern scheint die
Agrarlobby stark genug, rigorose Verbraucherschützer in die Schranken
zu weisen.

Der Vorsitzende des Ausschusses für Wirtschaft und Technologie,
Heinz Riesenhuber (CDU), ist Geschäftsführer einer eigenen Unterneh-
mensberatung, Aufsichtsrat des Chemie- und Pharmaherstellers Altana,
der *Frankfurter Allgemeinen Zeitung*, der Frankfurter Versicherungs-
AG, der HBM Bio Ventures AG, der Heidelberg Innovation BioScience
Venture II GmbH & Co. KG, der Henkel KgaA, der Karstadt Quelle
New Media AG, der Mannesmann AG, der Osram GmbH sowie der Por-
tum AG und der Evotec BioSystems AG. Nebenbei ist er Kopräsident des

Deutsch-Japanischen Kooperationsrats für Hochtechnologie und Um-
welttechnik sowie Vorsitzender des Kuratoriums des Deutschen Mu-
seums.«

Dem ist nichts hinzuzufügen.

PARTEIENKARTELL

Interessen- und Standesvertretungen sind hierzulande doppelt organisiert, einmal in ihren eigenen Verbänden, zum anderen in den
Parteien, die in Deutschland, laut Grundgesetz, Artikel 21, bei der
politischen Willensbildung des Volkes mitwirken sollen. Der Sta-
gnationspakt der Interessensverbände findet seine Fortsetzung im
Parteiensystem – und verstärkt diese Stagnation noch. Dies deshalb, weil die Parteiendemokratie mittlerweile zum Parteienstaat
deformiert ist, »der sich zwar immer mehr durchsetzt, aber selber
nicht mehr durchsetzt« (Robert Leicht). Wie ein Krebsgeschwür haben sich die Parteien im Staat und in der Gesellschaft ausgebreitet.
Parteienvertreter sitzen in der öffentlichen Verwaltung und bieten
den Parteien somit eine wichtige Machtbasis und Einfluß auf politische Entscheidungen. Nebenbei dient die Verwaltung den Parteien
auch als Auffangnetz für abgewählte oder ausgeschiedene Politiker;
die Vergabe von Botschaftsposten ist besonders beliebt. Aber auch
die Justiz ist nicht unabhängig: Die Richterstellen beim obersten
Verfassungsgericht haben die Parteien so aufgeteilt, daß im Fall
einer Vakanz feststeht, welche Partei den Vorschlag zur Neube-
setzung machen darf. Auch bei der Besetzung der obersten Bun-
desrichter spielen die Parteien eine Rolle, ebenso bei Rechnungs-
höfen, Landesmedienanstalten und Datenschutzbeauftragten. Parteien entsenden ihre Vertreter in die Institutionen der politischen
Bildung, üben Einfluß auf die Personalabteilungen von Verkehrs-
betrieben, öffentlichen Banken (Sparkassen) und Krankenhäusern
aus. Mit Steuergeldern finanzieren die Parteien ihre Stiftungen.

Schließlich haben sie auch noch diejenigen Institutionen im Griff, die sie kontrollieren sollen. Parteien nehmen auf Kontrollgremien und Programmgestaltung von öffentlich-rechtlichen Rundfunk- und Fernsehanstalten Einfluß. Sogar Korrespondentenposten werden beim öffentlich-rechtlichen Fernsehen noch nach Parteienproporz vergeben. Die Hemmschwelle, diese Machtfülle legal oder illegal finanziell abzusichern, ist niedrig. Parteien genehmigen sich großzügige Wahlkampfkostenerstattung aus Steuergeldern für volksverdummende Wahlkampfwerbung, nehmen Geld von Unternehmen und Organisationen an und geben gleichzeitig vor, unabhängig zu sein. Daß der Parteieneinfluß nicht eingedämmt wird, ist nicht verwunderlich. Die Parteien machen schließlich die Gesetze selber. Nicht aus den Parteien kommende Gesetze und Regelungen werden immer erst dann beschlossen, wenn es zum öffentlichen Skandal kommt.

Der totale Parteienstaat ist Gift für die Demokratie. Eigentlich soll der Wettbewerb zwischen den Parteien die Effizienz der Demokratie gewährleisten. Doch ein Kartell hat den Wettbewerb ersetzt. Nicht mehr unabhängige Abgeordnete streiten im Namen des Allgemeinwohls, sondern Parteien. Parteien, die geschlossen auftreten und geschlossen abstimmen müssen, um die Macht gegenüber den anderen Parteien zu erhalten. Die Auseinandersetzung der Parteien ist keine politische mehr, sondern eine parteipolitische. Wer zuerst mit unangenehmen Wahrheiten herausrückt, hat schon verloren, weil die Rivalen dies parteipolitisch ausnutzen. So kommt es dann zu den bekannten Ritualen, von denen sich Bürger und Wähler schon längst grausend abgewendet haben. Partei A sagt dies, und Partei B sagt genau das Gegenteil, um A zu schaden. Das Sachproblem selber steht nicht im Mittelpunkt. Die Medien verstärken diesen lähmenden Mechanismus. Die Konzentration auf News, der Durst nach Aufstieg und Fall von Politikern, um Auflage und Quote zu machen, heizt das Rede-Gegenrede-Ritual der politischen Opponenten erst richtig an. Das Ziel demokratischer Prozesse, das Allgemeinwohl zu fördern, bleibt dabei auf der Strecke.

Allerdings führt für Politiker kein Weg an den Parteien vorbei: Wer in Deutschland politische Karriere machen will, muß zuvor eine Parteikarriere machen, sich also einem Selektionsprozeß aussetzen, der die fähigsten politischen Überlebenskämpfer und besten strategischen Intriganten hervorbringt, aber nicht die unabhängigen, selbständig denkenden und kreativen Persönlichkeiten, die heute eine Demokratie braucht. Der Parteienstaat produziert den mittelmäßigen Berufspolitiker, der die parlamentarische Aufgabe als Belohnung für die internen überstandenen Parteikämpfe ansieht, mit der Perspektive eines prestigeträchtigen und alterssichernden Staatssekretärpostens vor Augen.

DAS ALLGEMEINWOHL-DEFIZIT

In Deutschland haben viele eine Lobby, aber offensichtlich nicht die, für die die Demokratie da ist: die Bürger. Der Bürger darf zwar wählen, aber da, wo die politischen Entscheidungen fallen, hat er keinen Einfluß mehr. In den Verhandlungen über eine Reform des Gesundheitswesens sitzen Pharmaindustrie, Krankenhäuser und Ärzte am Tisch, die Patienten bleiben außen vor. Die Agrarpolitik wird vom Bauernverband, Raiffeisenverband und der Chemieindustrie gemacht, die Verbraucher, die diese Politik besonders angeht, bleiben außen vor. Das Europäische Parlament, die Vertretung der europäischen Bürger, darf noch nicht einmal über das Agrarbudget bestimmen. Qualitätsanforderungen, Normen, Kennzeichnung von Nahrungsmitteln: Der Verbraucher ist nicht gefragt. Die dafür zuständige Kommission auf nationaler und internationaler Ebene dominieren die Industrieverbände und die Ministerialbürokratie.

Wer erwartet hätte, mit der rot-grünen Regierung käme ein Wechsel dieser Politik, wurde enttäuscht. Wie ihre Vorgängerin machte sie Bücklinge vor den starken Interessensgruppen. Beispiel Arzneimittelpreise: Deutschland hat pro Kopf mit Abstand die weltweit höchsten Ausgaben für Arzneimittel, aber keineswegs die besten Gesundheitsleistungen. Seit Jahren verzichtet die Politik, dieses Problems Herr zu werden, vor allem mit der Begrenzung des Arzneimittelbudgets und einer Positivliste. Als das Arzneimittelbudget Anfang 2001 abgeschafft wurde, stieg die Verordnung von Arzneimitteln deutlich an, um 8 Prozent auf fünf Milliarden Euro pro Jahr. Die Umsätze der Arzneimittelhersteller wuchsen im Inland allein im ersten Quartal um 120 Millionen Euro. Die Positivliste – die es den Ärzten erlaubt, die wirtschaftlich günstigsten Medikamente auszuwählen, die diesen Ausgabenschub verhindern könnte – wurde dagegen wieder einmal verschoben, auch weil die Pharmaindustrie beim Kanzler vorstellig wurde. Seit Jahren verhindert nun die Pharmalobby diese Liste, mit der es in den Niederlanden hervorragende Erfahrungen gibt und wo es gelang, Kostensenkungen durchzusetzen.

Im Gesundheitswesen sind unmittelbar die Interessen der Bürger betroffen. So ist es auch beim Verbraucherschutz. Er gehört zu den markig postulierten Reformprojekten der rot-grünen Koalition. Doch war die Entwicklung eines Verbraucherschutzministeriums keineswegs eine Folge vorausschauender Politik, sondern es mußten erst über 100 Menschen in Großbritannien und Frankreich am Verzehr von BSE-infiziertem Rindfleisch sterben, bevor es in Deutschland eingerichtet wurde. Bisher wurde noch kein Politiker für diesen unglaublichen Skandal zur Verantwortung gezogen. Auch deutsche Politiker, die grüne Gesundheitsministerin Andrea Fischer und der SPD-Agrarminister Heinz Funke, vertuschten und verharmlosten die Seuche. BSE und viele andere Nahrungsmittelkrisen verletzen in massiver Weise das Grundrecht der Verbraucher auf körperliche Unversehrtheit. Die Benachteiligung der Verbraucher hat System. Kommerzielle Interessen besiegen auch auf diesem Feld die Politik.

Eine Stärkung der Verbraucherinteressen ist nicht im Sinne der Industrie. Je weniger der Verbraucher weiß oder wissen darf, je weniger Rechte erhat, desto besser und reibungsloser ist der Wettbewerb. Ende 2001 legte Bundesministerin Renate Künast den Ent-

34

wurf eines Verbraucherinformationsgesetzes vor. Es sollte den Verbrauchern das Recht gestalten, direkt von Unternehmen Informationen über Inhaltsstoffe in Nahrungsmitteln und andere für sie
wichtige, das Geschäftsgeheimnis nicht unterlaufende Informationen einzufordern. Eigentlich eine Selbstverständlichkeit, möchte
man meinen. Am Rande der »Grünen Woche« 2002 trafen sich
Gerhard Schröder, der Staatssekretär im Wirtschaftsministerium
Alfred Tacke und Kanzleramtsminister Frank-Walter Steinmeier
mit den Vertretern der Nahrungsmittelbranche und den Spitzen
deren Lobbyverbandes, dem »Bund für Lebensmittelrecht und Le-
bensmittelkunde« (BLL). Nach kurzer Diskussion war das grundlegende Informationsrecht gestrichen. Der modifizierte Text er-
möglichte lediglich Behörden, auf Anfrage von Bürgern Auskünfte
über Nahrungsmittel von Unternehmen einzuholen, und auch nur
dann, falls ein »potentielles gesundheitliches Risiko« für die Verbraucher bestünde. Selbst das Informationsrecht staatlicher Auto-
ritäten im Auftrag ihrer Bürger war der Lobby zuviel. Das Gesetz,
schon im Übermaß verwässert und zahnlos, scheiterte dann endgültig Juli 2002 im Bundesrat.

Die Stärkung des Verbraucherschutzes war in Europa von Anfang an dem Wettbewerbsrecht untergeordnet. Verbraucherschutz
war kein Thema der wirtschaftlichen Integration Europas. Erst
1997 im Vertrag von Amsterdam taucht der Begriff als politisches
Ziel auf. Die einseitige Förderung des freien Warenverkehrs in der
Europäischen Union höhlte jedoch die wenigen Verbraucherrechte
noch weiter aus und vollzog sich parallel zu einer immer groteske-
ren landwirtschaftlichen Produktionsweise. Die ungleichen Machtverhältnisse zwischen Verbraucher- und kommerziellen Interessen
dokumentiert besonders gut der Futtermittelmarkt. Futtermittel
waren regelmäßig der Ausgangspunkt von Nahrungsmittelskandalen in den letzten Jahren. BSE oder Hormon- und Pestizid-Be-
lastungen von Nahrungsmitteln – alle diese Skandale gehen auf
kontaminierte, also verunreinigte, Futtermittel zurück. In den achtziger Jahren mußten die Inhaltsstoffe auf Futtermittelsäcken noch

ausführlicher deklariert werden, das ist heute nicht mehr der Fall. Auch der Landwirt weiß also nicht mehr, was im Futter tatsächlich drin ist. Es gilt das Mißbrauchsprinzip – alles ist erlaubt, was nicht verboten ist. Dabei müßte es umgekehrt sein: Alles ist verboten, was nicht erlaubt ist.

Für eine Stärkung der Verbraucherrechte hat die Bundesregierung bisher ein schlüssiges Konzept vermissen lassen. Der Koalitionsvertrag enthält nur unverbindliche Allgemeinplätze. Die Lebensmittelkennzeichnung soll »novelliert«, das Futtermittelrecht »verbessert« und die Informationsrechte der Verbraucher »nachhaltig verbessert« werden. Die Aussagen sind so hilfreich wie die Angaben auf einem Futtermittelsack. Die Verbraucher müssen jedoch das Recht haben zu erfahren, wo ihre Nahrungsmittel herkommen, wie sie hergestellt werden und was drin ist. Sie müssen berechtigt sein, sich bei Behörden und Unternehmen direkt zu informieren.

Bezeichnend für die Verbraucherbenachteiligung ist der Umgang der Regierung mit Acrylamid. Der Stoff entsteht unter bestimmten Umständen bei gebackenen, fritierten oder gerösteten Lebensmitteln. Acrylamid ist krebserregend und erbgutverändernd. Die EU-Trinkwasserrichtlinie verbietet diesen Stoff völlig, der Grenzwert liegt bei der technischen Nachweisgrenze von 0,1 Mikrogramm pro Liter. Für Acrylamid im Trinkwasser gilt das Vorsorgeprinzip, doch was ist bei Lebensmitteln?

Das Verbraucherschutzministerium und dessen nachgeordnete Behörde, das Bundesinstitut für Risikobewertung, winden sich. Für strikte Grenzwerte sei weitere Forschung notwendig, man wolle mit einem »dynamischen Minimierungskonzept« dem Problem Herr werden. Dabei werden innerhalb einer Produktgruppe die höchstbelasteten zehn Prozent der Produkte aufgespürt. Dann sollen gemeinsam mit den Herstellern »Lösungen« gefunden werden. Am schlimmsten ist aber, daß das Ministerium, das die Verbraucher schützen soll, nicht die Acrylamid-Gehalte der verschiedenen Produkte und ihre Hersteller veröffentlicht. Sie enthält ihnen damit ein wesentliches Recht vor, das der Wahlfreiheit, das am wenigsten

schädliche Produkt zu erwerben. Der BLL begrüßt diese Haltung
der Regierung. Er findet die Veröffentlichung der Acrylamid-Werte
für die Verbraucher »wenig hilfreich« und schädlich für eine »sach-
liche Diskussion«.

EINE GENERALÜBERHOLUNG STEHT AN

Die Unfähigkeit des politischen Systems ist keine Frage der Moral
oder des fehlenden politischen Willens. Sie ist im System selber angelegt. Die Akteure verhalten sich nicht unmoralisch, sondern rational. Die Standesvertretungen und Interessenverbände müssen
den Willen ihrer Mitglieder durchsetzen. Je unnachgiebiger sie dies
tun, desto größer ist ihre Legitimation und die Anerkennung ihrer
Mitglieder. Die Politiker wollen im wesentlichen eines: Macht er-
langen und Macht erhalten. Auch das ist nicht verwerflich. Deshalb
verteilen sie Geschenke an die stärksten Lobbygruppen, um sich deren Wohlwollen zu versichern. Das Prinzip »Macht auf Zeit« wird
damit zum Leitprinzip, obwohl eigentlich das Prinzip »Verantwortung auf Dauer« die politischen Entscheidungen leiten sollte. Hans
Herbert von Armin schreibt:

»Ursächlich für schlechte Politik sind vor allem Mängel des Systems, und
auch dafür sind die Parteien und ihre politische Klasse verantwortlich.
Diese sind nämlich nicht nur Teilnehmer am politischen Kräftespiel. In
parteiübergreifender Einigkeit gestalten sie vielmehr auch die Spielregeln, also den institutionellen Rahmen, innerhalb dessen Politik sich
abspielt. Sie sitzen mitten im Staat an den Hebeln der Macht und entscheiden über Gesetze und Haushaltspläne, ja sogar über die Verfassung.
Sie haben das Monopol über alle wesentlichen Entscheidungen. ›Volkssouveränität‹, wie sie die Verfassung proklamiert, ist nur noch ein schöner Schein. Damit liegt das ganze System in den Händen der politischen
Klasse und wird nach ihren Interessen geformt. Warum auch sollten
Berufspolitiker sich ausgerechnet dann nicht von ihren Eigeninteressen
leiten lassen, wenn es um das in ihren Augen Wichtigste geht, nämlich

darum, wie politische Macht erworben und behalten wird? Mängel und
Deformation unseres Systems sind also nicht vom Himmel gefallen, sondern das Werk jener, die sich im Zentrum der Macht eingerichtet haben.«

Die unzureichende Politik liegt also in einem unzureichenden System begründet. Es ist derzeit nicht zukunftsfähig. Eine grundlegende Änderung der Politik erfordert deshalb eine Änderung des
Systems. Anzusetzen ist am Kern des Übels: der unzureichenden Effizienz der zur Lobbykratie deformierten nationalen repräsentativen Demokratie. Eine grundlegende Reform muß die Demokratie
von der Herrschaft der Partikularinteressen entschlacken und vom
Parteifilz befreien. Das Parlament muß wieder das Sagen haben,
und nicht Konsensrunden von Standesorganisationen. Unabhängige Parlamentarier müssen entscheiden und nicht ins Parlament
delegierte Abgeordnete von Foren und Berufsverbänden. Die öffentlich-rechtlichen Medien müssen dem Zugriff der Parteien ent-
zogen werden und befreit von Proporzzwängen ihrem Bildungs-
und Kontrollauftrag nachkommen. Und das Volk sollte direkt entscheiden, wo sich das anbietet. Eine derartige Entschlackungskur
der Demokratie muß folgende Maßnahmen einschließen:

o   Die Parteien müssen entmachtet werden. Parteien dürfen nur
    noch Spenden von Privatpersonen annehmen sowie Mitglieds-
    beiträge erheben. Spenden von Industrieunternehmen an Par-
    teien oder Politiker in jeglicher Form werden verboten. Ihre
    Finanzen werden von Wirtschaftsprüfern im Auftrag des Bun-
    desrechnungshofes geprüft. Für Stiftungen erhalten die Parteien
    keine Steuergelder mehr. Der Einfluß der Parteien in Körper-
    schaften, staatlichen Wirtschaftsbereichen und in der Justiz wird
    abgeschafft.
o   Alle Abgeordneten müssen vollständig unabhängig sein, sie dür-
    fen weder dem öffentlichen Dienst angehören noch Beamte sein,
    noch dürfen sie in ihrer Zeit als Parlamentarier irgendwelche an-
    deren Funktionen ausüben. Sie dürfen nicht Mitglied von Inter-

32

essensverbänden sein, dürfen keine Aufsichtsratsmandate bekleiden und keine Nebeneinkünfte beziehen.

o Die Parteien müssen sich nach außen öffnen. Nicht-Parteiangehörige müssen über Parteilisten kandidieren können und somit eine Chance haben, ohne Parteikarriere in die Parlamente zu gelangen.

o Der Einfluß von Interessensgruppen im Gesetzgebungsprozeß und auf die Ministerialbürokratie muß weiter zurückgedrängt werden. Es gibt eine zu enge Verzahnung zwischen Ministerialbürokratie und Industrieverbänden. Die Branchenabteilungen des Wirtschaftsministeriums und das Landwirtschaftsministerium müssen abgeschafft werden. Vertreter eines Berufsstandes oder von Wirtschaftsbranchen dürfen nicht Mitglieder eines demokratisch gewählten Kabinetts sein.

o Effektive und unabhängige Kontrollen müssen politischen Mißbrauch verhindern. Staatsanwälte müssen unabhängig sein und nicht mehr weisungsgebunden. Parlamentarische Untersuchungsausschüsse müssen durch unabhängige Untersuchungskommissionen ersetzt werden, die nicht mehr dem Parteienproporz unterliegen.

o Die Amtszeit für Mandatsträger muß begrenzt und damit auch das Berufspolitikertum abgeschafft werden. Die Fähigkeiten, einen Staat oder ein Ministerium zu leiten, unterscheiden sich nicht von denen, die generell für Führungsaufgaben in komplexen Privatorganisationen erforderlich sind. Begrenzte, aber längere, vielleicht sogar eine einmalige Amtszeit für alle Mandatsträger mit einer entsprechenden Absicherung würde bewirken, daß die Wiederwahl nicht mehr primäres Motiv politischen Handelns ist, sondern das Allgemeinwohl. Außerdem würde die politische Kaste aufgebrochen, und Politik könnte für Persönlichkeiten, die ihr Lebensziel nicht in einer Parteikarriere sehen, interessant werden.

o Der Gesetzgebungsprozeß muß von der Ministerialbürokratie emanzipiert werden. Die Gesetzgebung ist gegenwärtig als politischer Wettbewerb konstruiert, in dem nicht die für die Probleme der Gesellschaft bestgeeignete Lösung prämiert wird. Der Gesetzgebungsprozeß muß also so angelegt sein, daß er nicht die machbare, sondern die bestgeeignete Lösung für die Probleme der Gesellschaft auswählt und daß im Konfliktfall die gesellschaftlichen Werte den Sieg über die interessenorganisierten Gruppen davontragen. Gegenwärtig haben weder Politiker noch Lobbyisten ein Interesse daran, die optimale Lösung vorzuschlagen. Insbesondere die Ministerialbürokratie nicht. Sie tendiert dahin, die Gesetzgebung so zu beeinflussen, daß ihre eigenen Interessen gefördert werden oder zumindest gewahrt bleiben. Die Ausweitung der Staatsaufgaben ist für sie der sicherste Weg, das Eigeninteresse zu fördern. So wie die Politik Wählerstimmen maximiert, indem sie durch Gesetzgebung transferabhängige Gruppen wie etwa Subventionsempfänger erzeugt, so liegt es im Interesse der Bürokratie, verwaltungs- und betreuungsbedürftige Gruppen zu erzeugen und möglichst zu vergrößern, wie Arme, Alte, Behinderte, Pflegebedürftige, Arbeitslose, Begabte, Wohnungssuchende, Ausländer, Frauen. Andere außerstaatliche, funktionierende Systeme liegen nicht im Interesse der Bürokratie eines Sozialstaates. Die lobby-geleitete Ministerialbürokratie muß deshalb im Gesetzgebungsverfahren größerer Konkurrenz ausgesetzt werden. Der Politikwissenschaftler Werner Patzelt schlägt vor, daß die Politik im Gesetzgebungsprozeß nur noch die Ziele festlegt, aber das Wie, also die Ausarbeitung der Gesetze, wie bei einer öffentlichen Ausschreibung von Bauvorhaben konkurrierenden Expertenkommissionen, Gutachtern oder auch der Ministerialbürokratie überlassen wird. Brächte die Politik die Ministerialbürokratie in Konkurrenz zu externen, in Universitäten, wissenschaftlichen Instituten und Beratungsunternehmen vorhandenen Sachverstand, so wäre auch die Bürokratie daran gehindert, eigennützig motivierte Gesetze durchzusetzen.

○ Zusätzlich müssen Elemente der direkten Demokratie eingeführt werden. Ein wesentlicher Vorteil direkter Demokratie ist, daß der Einfluß der Interessensgruppen erheblich zurückgedrängt wird. Fundamentale Fragen über die zukünftige Entwicklung können dem gesamten Volk zum Entscheid vorgelegt werden. Das Verfahren zwingt Politiker und Wähler, eine intensive Diskussion über die Zukunftsprobleme zu führen. Mittlerweile ist erwiesen, daß direkte Demokratie tendenziell zukunftsfähigere Entscheidungen produziert als das repräsentative System. Gesellschaftliche Probleme werden nicht vertagt, sondern früher aufgegriffen. Schon sehr früh, 1989, wurde in der Schweiz ein Referendum über den Einsatz der Atomenergie veranstaltet. Viel früher als in Deutschland wurde fundiert über die Gentechnologie diskutiert und entschieden. Direkte Demokratie ist auch ein wichtiger Lernprozeß. Die oft geäußerte Befürchtung, Bürger würden nicht über Steuern abstimmen können, weil sie keine Steuern bezahlen wollen, stimmt nicht. Sie stimmen dann gerne über Steuern ab, wenn offensichtlich wird, was mit diesen Steuern geschieht. Es ist auch belegt, daß die Effizienz der öffentlichen Verwaltung in Systemen mit direkter Demokratie höher ist.

o Eine entschlackte, durch plebiszitäre Elemente angereicherte Demokratie muß die Beziehungen zwischen nationalen Parlamenten und internationalen Konventionen/Organisationen/Verhandlungen im Sinne einer Demokratisierung neu gestalten. Der Mangel an Unmittelbarkeit in den Beziehungen zwischen den nationalen Parlamenten und den internationalen Entscheidungen sowie deren Mangel an Transparenz muß durch effektivere Einbindung der nationalen Parlamente zumindest teilweise überwunden werden. Die nationalen Parlamente müssen die nationalen Positionen debattieren und auch die Ergebnisse der internationalen Verhandlungen. Die Fraktionsvorsitzenden der Parteien könnten in den Verhandlungsprozeß eingebunden werden. Die Position der deutschen Regierung bei den für die Welt so wichtigen Verhandlungsrunden der WTO in Doha/Quatar war dem Deutschen Parlament genauso wenig eine Diskussion wert, wie es die Ergebnisse dieses Ministertreffens waren.

o Auch können plebiszitäre Elemente internationalen Entscheidungen mehr Legitimation verleihen. Volksbefragungen bei wichtigen internationalen Verträgen würden die Volks- bzw. Regierungsvertreter schon im Vorfeld zwingen, stärker den Volkswillen zu konsultieren und zu berücksichtigen. Auf diese Weise könnte das Volk die anstehenden Entscheidungen zu seiner eigenen Sache machen und würde sie weniger als Fremdbestimmung empfinden.

33

9
ZUR WAHL GEHEN REICHT NICHT

DIE INDUSTRIESTAATEN, NICHT DER ISLAM SIND EIN
GLOBALES SICHERHEITSRISIKO

Noch einmal: Eine Politik der gerechten Globalisierung muß folgende Ziele erreichen: die weltweite Armut überwinden, globale Sicherheit und eine Welt ohne Terror schaffen sowie die globale Erwärmung begrenzen und die biologische Vielfalt erhalten. Der gegenwärtige Prozeß der Globalisierung verfehlt diese Ziele. Scheinbar handlungsunfähig treiben die Menschen auf eine immer kritischere Lage zu. Sie sind aber nicht handlungsunfähig. Denn die Industrieländer gestalten die Globalisierung durchaus – aber falsch.

Die Industrieländer betreiben eine koloniale Handelspolitik, die unter dem Einfluß von Macht- und Wirtschaftsinteressen regional die Armut verschärft und weltweit den Trend zur Ungleichheit verstärkt (▶ Kapitel 2). Sie betreiben auch eine koloniale Klima- und Umweltpolitik. Sie sind hauptverantwortlich für die globale Erwärmung. Da tropische Regenwälder und biologische Vielfalt, Atmosphäre und Meere keinen Preis haben, verstärkt die Liberalisierung der Märkte den Raubbau an diesen Ressourcen (▶ Kapitel 3).

Der Kampf gegen den Terror ist bislang ein rein militärischer, eine zivile Strategie gibt es nicht. Das Scheitern dieser militärischen Strategie ist abzusehen. Die globale Sicherheitslage in der Welt gleicht der in Palästina: gegen Terror gibt es keine Sicherheit, nur die Notwendigkeit, die Ursachen des Terrors zu beseitigen (▶ Kapitel 4).

Die Europäer unterscheiden sich in ihrer Außenpolitik nicht wesentlich von den USA. In ihrem Einflußbereich, beispielsweise in

Nordafrika, unterstützen sie aus innenpolitischen und kommerziellen Überlegungen Terrorregimes (Algerien), repressive Polizeistaaten (Tunesien) und Feudalstaaten (Marokko), die alle die Menschenrechte verletzen, demokratische Entwicklungen bremsen und die soziale Entwicklung sträflich vernachlässigen (▶ Kapitel 4). Deutsche und europäische Intellektuelle kritisieren jedoch lieber die USA, als ihre eigenen Länder und die unzulängliche europäische Außenpolitik ins Visier zu nehmen. Ihre Kritik geht auch deshalb ins Leere, weil sie keine Alternativen nennen. Dabei gibt es genug Gestaltungsräume für europäische Politik (Afrika, Naher Osten), und niemand verbietet es, alternative Strategien der Terrorbekämpfung auf den Tisch zu legen.

Die Klammer einer gerechten Globalisierungspolitik ist eine zwischenstaatliche Politik, die sich nicht mehr an nationalen Partikularinteressen ausrichtet, sondern sich konsequent für Menschenrechte und Demokratie und damit für das globale Allgemeinwohl einsetzt. Eine derartige Politik ist keine idealistische Träumerei, sondern angesichts der globalen Sicherheitslage die einzig »reale« Sicherheitspolitik – sie entspricht daher einer Strategie der Selbsterhaltung. Weder die europäische noch die deutsche Außenpolitik beherzigen diese Erkenntnis. Die deutsche Außenpolitik ist konzeptlos und innenpolitisch nicht weniger interessengeleitet als die der USA. Eine Außenpolitik, die den Schutz der Menschenrechte und die Entwicklung der Demokratie sowie den Erhalt der Lebensgrundlagen aktiv vertritt, ist in Deutschland nicht zu erkennen und damit auch nicht eine zwischenstaatliche Politik, die Globalisierung umgestalten könnte.

Gegenwärtig verstärken sich die negativen Wechselwirkungen zwischen politisch/militärischer Strategie des Krieges gegen den Terror und der wirtschaftlichen Globalisierungsstrategie des Westens. Die wirtschaftliche Globalisierung überwindet die weltweite Armut nicht, da die aktuelle zwischenstaatliche Politik nicht die institutionellen Voraussetzungen dafür schafft: nämlich starke, demokratisch legitimierte Staaten und die Stärkung demokratischer Rechte. Der Krieg gegen den Terror bewirkt das Gegenteil: er stärkt autoritäre politische Systeme, die die Radikalisierung begünstigen.

Krasse Armut, verbunden mit autoritären Strukturen oder Staatsverfall wiederum sind ein Sicherheitsrisiko und behindern den Kampf gegen den Terrorismus: Dieser Kampf kann nur erfolgreich in Zusammenarbeit mit demokratischen Institutionen geführt werden. Armut ist kein guter Bundesgenosse im Kampf gegen den Terrorismus, denn Armut produziert Gleichgültigkeit oder gar Schadenfreude im Angesicht terroristischer Angriffe, keine Loyalität.

Die Zerstörung der natürlichen Lebensgrundlagen beschleunigt sich aufgrund der wirtschaftlichen Globalisierung, ist aber gleichzeitig auch eine Folge der politisch/militärischen Strategie der Industrieländer. Trotz internationaler Klimavereinbarungen, die den Norden verpflichten, seinen Verbrauch an fossilen Brennstoffen drastisch zu reduzieren, steuert der Hunger nach Öl dessen Außenpolitik: im Nahen und Mittleren Osten, in Afrika (Algerien, Sudan, Angola) und in Zentralasien. Der ungestillte Hunger nach Öl aber heizt das Klima auf. Die deswegen zunehmenden Naturkatastrophen treffen die Ärmsten, erhöhen die Armut und damit auch wiederum die Sicherheitsprobleme.

PRÄMISSEN GERECHTER GLOBALISIERUNGSPOLITIK

Die Politik für eine gerechte Globalisierung muß Außenpolitik, Handelspolitik, Entwicklungspolitik und globale Umweltpolitik integrieren. Eine integrierte Globalisierungspolitik kann aber nur erfolgreich realisiert werden, wenn ihre Prämissen und Werturteile transparent gemacht und von der Bevölkerung akzeptiert werden. Sonst bleiben alle Bekenntnisse zu einer Umgestaltung der Globalisierung bloße Phrasen.

Zuallererst müssen sich die Industrieländer darauf verständigen, daß sie mit dem Rest der Welt teilen müssen. Nicht in einem karitativen Sinne, sondern im Sinne einer Verteilung von Einfluß und Chancen. Dieses Teilen kann kein Verhandlungsgegenstand sein, und es ist auch kein Almosen, es muß eine Selbstverständlichkeit sein. Es ist deshalb auch falsch, von »Vorleistungen« des Nordens zu sprechen. Der Norden muß in zweifacher Hinsicht teilen. Er kann dem Süden nicht länger den Markzugang zu seinen Märkten verwehren, den er selber für sich von den Ländern der Dritten Welt einfordert. Diese krasse Benachteiligung der Entwicklungsländer darf nicht über jahrelange Verhandlungen, die sich immer noch ein Hintertürchen offen lassen, hinweg weiterbestehen. Darüber hinaus muß der Norden dem Süden Mitsprache ermöglichen, vor allem in den internationalen Gremien. Die Handelspolitik und die Finanzpolitik werden fast nach Gutdünken von den G7-/G8-Staaten und einigen anderen großen Ländern (China) dominiert. Eine faire Mitbestimmung der Dritten Welt in den internationalen Institutionen kann hingegen deren Legitimation und damit Effizienz stärken.

Eine weitere Prämisse ist, daß der Norden anerkennt, daß der Süden ein »Recht« auf niedrigere Sozialstandards und auf Umweltverschmutzung hat, soweit es sich nicht um die Verletzung von Menschenrechten (z.B. Zwangsarbeit) und irreversible Schädigungen alle Menschen betreffender Umweltgüter (zum Beispiel Meere, Tropenwälder) handelt. Mit der Mär, globale Umweltpolitik müsse im »schmutzigen« Süden ansetzen, muß Schluß sein. Die wirtschaftliche Entwicklung im Süden ist zwangsläufig mit steigender Umweltbelastung verbunden. Gleichermaßen muß der Norden, wie er das prinzipiell auch im Kyoto-Protokoll anerkannt hat, den Ausstoß von Treibhausgasen drastisch zurückfahren und seinen Energieverbrauch reduzieren. Dies ist ebenfalls keine Vorleistung, sondern eine Erfordernis der globalen ökologischen Gerechtigkeit. Der Schutz der natürlichen Lebensgrundlagen ist Menschenrechtspolitik, denn die globale Erwärmung vernichtet Existenzgrundlagen der Menschen in der Dritten Welt und verletzt ihr Menschenrecht auf körperliche Unversehrtheit.

Eine Politik der gerechten Globalisierung darf nicht auf un-

34

begrenztes Wirtschaftswachstum mit steigendem Rohstoff- und Energieverbrauch setzen. Wirtschaftliches Wachstum hat nur Zukunft, wenn es mit sinkendem Rohstoff- und Energieverbrauch einhergeht. Die Industrieländer müssen sich daher auf niedrigere Wachstumsraten einstellen. Das Funktionsprinzip der westlichen Demokratien, gesellschaftliche Konflikte durch wirtschaftliches Wachstum zu lösen, stößt an seine ökologischen Grenzen. Der Versuch, diesem Dilemma zu entkommen, indem man auf noch mehr wirtschaftliches Wachstum setzt, muß fehlschlagen. Der dänische Statistiker Björn Lomberg argumentiert, wenn das wirtschaftliche Wachstum nur hoch genug sei, dann könne man auch die Kosten der globalen Erwärmung bezahlen, deshalb sei es besser, das wirtschaftliche Wachstum anzukurbeln, anstatt sich um Klimaschutz zu kümmern. Diese Ansicht blendet nicht nur immaterielle Werte und eine angemessene Risikovorsorge, sondern auch die Notwendigkeit globaler Gerechtigkeit aus. Natürlich kann sich der reiche Norden gegen Überschwemmungen, Taifune, Erdrutsche und andere Auswirkungen der Klimaänderung schützen. Es ist wahrscheinlich genug Geld da, um höhere Deiche gegen den Anstieg des Meeresspiegels zu bauen. Aber die armen Länder haben diese Mittel nicht. Wachstum und materieller Wohlstand sind nicht alles. Es geht eben auch darum, mehr »Glück und Zufriedenheit« aus weniger Rohstoffen und Energie zu gewinnen. Nicht alles kann dem Streben nach immer mehr materiellem Wohlstand untergeordnet werden. Wir müssen nicht nur einsehen, sondern auch akzeptieren, daß in den Industrieländern viele wirtschaftliche Ziele nicht gleichzeitig mit dem Erhalt der Lebensgrundlagen erreicht werden können.

Wir brauchen eine andere Vorstellung von gesellschaftlichem Fortschritt. Dieses neue Fortschrittsmodell muß auf dem Vorsorgeprinzip beruhen und darf nicht mehr kollektive Risiken ausblenden, um privaten Wohlstand und Profit zu maximieren. Noch nie haben die Menschen im Norden so viele Versicherungen abgeschlossen: gegen Diebstahl, Hausratverlust, Krankheit, Unfall, Berufsunfähigkeit, gegen den Tod und schlechtes Wetter im Urlaub.

Würde man diese Vorsorge-Paranoia auf kollektive Risiken übertragen, gäbe es schon lange eine vorsorgende Gesellschaftspolitik.
Privater Überversicherung steht kollektive Unterversicherung gegenüber. Ursächlich dafür ist, daß es sich im ersten Fall um private
und im zweiten Fall um kollektive Güter handelt, für deren Schädi-
gung niemand zur Verantwortung gezogen wird, oder jeder hofft,
daß schon andere dafür zahlen werden müssen. Auch die privaten
Versicherungen können nicht mehr helfen, wenn uns das Wasser
einmal wirklich bis zum Hals steht.

Der Fortschritt ist keine extern vorgegebene Größe, sondern wir
machen ihn selber. Wir müssen uns deshalb darauf verständigen,
welchen Fortschritt, vor allem welchen technischen Fortschritt wir
haben wollen und welche Risiken die Gesellschaft bereit ist zu tragen. Der gegenwärtige technische Fortschritt bietet nur scheinbare
Lösungen für die globalen Probleme. Der These, »wenn etwas möglich ist, werden Menschen es auch machen«, muß eine Politik der
internationalen Konventionen entgegentreten, die dieses schran-
kenlose »Machen des Möglichen« auch unterbindet. Das gegenwärtige Fortschrittsmodell grundsätzlich in Frage zu stellen heißt
nicht, gegen Fortschritt zu sein. Vielmehr fordert diese Kritik einen
Fortschritt, der die Probleme weltweite Armut, Zerstörung der
Lebensgrundlagen und globale Sicherheit löst. Die internationalen
Konzerne bestimmen einen technischen Fortschritt, der sich ausschließlich an den Marktinteressen und der Konzernlogik orientiert. Der technische Fortschritt ist profit-, nicht problemorientiert.
Weil die rechtlichen und wirtschaftlichen Anreize falsch gesetzt
sind, löst er die globalen Probleme nicht, sondern verschärft sie.

Die Umgestaltung der Globalisierung erfordert politische Veränderungen, und Veränderungen wecken Widerstand. Es muß deshalb insgesamt die Bereitschaft der Bevölkerung bestehen, auch
bedeutende Änderungen mitzutragen. Wenn, wie es gegenwärtig
in Deutschland der Fall ist, die Einkommensschere wächst, wenn
Unsicherheit und Angst herrschen, wenn also soziale Harmonie
und soziale Gerechtigkeit auf dem Rückzug sind, wird es schwieri-

ger, politische Veränderungen durchzusetzen. Soziale Gerechtigkeit und soziale Harmonie im eigenen Land sind Grundvoraussetzungen für eine gerechte Globalisierungspolitik. Die großen deutschen Parteien haben versagt, weil sei es versäumt haben, den Begriff der sozialen Gerechtigkeit in Zeiten der Globalisierung neu zu definieren. Während die konservativen Parteien ihre Kritik auf die Verschwendung und die Ineffizienz der sozialen Sicherheitssysteme konzentrieren, aber die Frage nicht beantworten, wie bei größerer Effizienz soziale Gerechtigkeit zu definieren ist, verwechseln die Sozialdemokraten Gleichheit und flächendeckende Subventionierung mit sozialer Gerechtigkeit. Eine zeitgemäße Sozialpolitik muß den Effizienzgedanken mit gezielten Interventionen in die Einkommensverteilung verbinden, um soziale Gerechtigkeit herzustellen. Der Markt alleine wird nicht für soziale Gerechtigkeit sorgen. Was das ist, muß schon die Politik erst definieren und dann umsetzen.

DIE RETTUNG DER WELT: BILLIG UND SCHNELL

Eine gerechte Globalisierungspolitik, die von den Industrieländern ausgeht, ist preiswert zu haben. Sie bringt sogar mehr, als sie kostet. Und die Vorteile sind keineswegs abstrakter Natur, etwa Glück und Zufriedenheit oder das Wohl zukünftiger Generationen. Es sind handfeste Vorteile, die der Allgemeinheit in den Industrieländern und auch in der gesamten Welt unmittelbar zugute kommen. Außerdem sind diese Vorteile schnell zu realisieren.

Eine Öffnung der Märkte der Industrieländer für Agrar- und Industrieprodukte aus der Dritten Welt, eine langfristige Klima- und Energiepolitik, das Ende der unsinnigen Subventionen der Industrieländer für Landwirtschaft, Verkehr und Energie, die Zahlung von Kompensationen für den Erhalt der biologischen Vielfalt, eine Reform der internationalen Institutionen, die der Dritten Welt mehr Mitspracherecht gibt, eine Außenpolitik, die sich nicht mit terroristischen Regimes arrangiert, sondern diese ächtet, ehrliche

Fortschritte in der Abrüstung und Kontrolle von A-, B- und C-Waffen: Alle diese Maßnahmen sind für die Allgemeinheit gut und stabilisieren die weltweite Sicherheitslage, und sie sparen Geld. Langwierige internationale Verhandlungen zwischen Staaten wären hierzu nicht erforderlich. Eine kleine Anzahl von Staaten, nämlich die größten europäischen Industrieländer, Japan und die USA, halten den Schlüssel zu dieser veränderten Wirtschafts-, Umwelt- und Außenpolitik in der Hand. Der Rest der Welt würde folgen. Denn von den zu ergreifenden Maßnahmen würden alle anderen Staaten auch profitieren.

Aber allen Anstrengungen, eine Politik der gerechten Globalisierung zu entwerfen und umzusetzen, werfen sich die gut organisierten Lobbygruppen in den Industriestaaten mit Vehemenz entgegen. Agrar-, Textil- und Zuckerlobby kämpfen gegen eine Öffnung der Märkte, Energie- und Autoindustrie gegen eine langfristig angelegte Klimapolitik, Großbanken und Investmentgesellschaften gegen eine Reform der internationalen Finanzinstitutionen und die Rüstungslobby gegen Abrüstungsbemühungen. Jede dieser Partikularinteressen ist nicht unüberwindlich stark, aber alle zusammen sorgen sie dafür, daß das weltweite Allgemeinwohl auf der Strecke bleibt. Partikularinteressen bestimmen auch die Außenpolitik und hintertreiben deren Ausrichtung an Demokratie und Menschenrechten.

Je mächtiger ein Staat ist, desto mehr bestimmen innenpolitische Interessen seine Außenpolitik. So ist der Krieg gegen den Terror mitnichten nur ein Krieg gegen die externe Bedrohung durch Terroristen. Er ist auch ein Krieg, der die Machtpositionen der Republikaner in den USA langfristig stabilisieren soll, der Interessen der Rohstoffsicherung verfolgt und der nie zum Erfolg führen kann, solange eine starke Lobby in den USA einen gerechten Frieden im Nahen Osten hintertreibt. Ähnlich interessengeleitet, auf niedrigerem Niveau, ist die europäische Außenpolitik, vor allem die Nahost- und die Afrikapolitik. Das hat verheerende Konsequenzen, weil Europa damit eine einmalige Chance verpaßt, die Globalisierung umzugestalten. Eine an Menschenrechten und Demokratie ausgerichtete Afrikapolitik, die autoritäre, korrupte Staaten nicht für mögliches Wohlverhalten mit zusätzlichen Geschenken belohnt, wie es das NEPAD-Abkommen mit einigen afrikanischen Staaten vorsieht, sondern konsequent diese Regime ächtet, würde in Afrika südlich der Sahara einen gewaltigen Schritt im Kampf gegen die Armut bedeuten. Eine vergleichbare Außenpolitik hätte in Nordafrika dramatisch positive Auswirkungen im Kampf gegen den Terrorismus, weil sie den radikalen Bewegungen ihren Nährboden entzieht und positive Beispiele für Demokratie und wirtschaftliche Entwicklung in islamischen Ländern setzt.

Im System des internationalen Regierens werden diese auf nationaler Ebene dominierenden Einzelinteressen nicht zu einem internationalen Gemeinwohl gebündelt. Wegen fehlender demokratischer Legitimation und Kontrolle besteht internationales Regieren aus Tauschgeschäften, die zum Konsens führen sollen. Der erzielte Konsens transponiert jedoch die jeweiligen Partikularinteressen der beteiligten Staaten lediglich auf ein höheres Niveau. Für die Regierungsrepräsentanten der Nationalstaaten ist diese Situation komfortabel. Verbal können sie sich für hehre internationale Ziele stark machen, ohne darüber Rechenschaft ablegen zu müssen. In der Praxis setzen sie sich für die stärksten Lobbygruppen zu Hause ein. Das bringt politische Unterstützung, und das Scheitern der großen Ziele kann man dem internationalen Entscheidungsprozeß anlasten. Die EU ist für diese Art der Politik repräsentativ: Internationale Initiativen für eine Globalisierungspolitik kann man von ihr, vor allem nach der Erweiterung auf 25 Staaten, nicht erwarten. Das europäische Projekt folgt wirtschaftlichen Interessen. Eine politische Vision ist nicht erkennbar.

EIN SCHRITT GLOBALER VERANTWORTUNG:
DIE REFORM DER NATIONALEN DEMOKRATIE

Die wenigen mächtigen Industriestaaten, die das Schicksal der Welt in ihren Händen halten, haben alle funktionierende demokratische Systeme, die grundlegende bürgerliche Freiheiten achten und politische Macht demokratisch kontrollieren. Diese Staaten müssen sich jedoch fragen lassen, warum die Demokratie in ihren Ländern nur noch vornehmlich Partikularinteressen befördert – auf Kosten des Allgemeinwohls – und zwar nicht nur des nationalen, sondern auch des globalen Allgemeinwohls. Die demokratischen Systeme sind offensichtlich defekt – und das hat gravierende Auswirkungen. Es gibt keine Rechtfertigung dafür, daß der Norden die aktuelle Funktionsweise seiner Regierungssysteme der Welt als Exportschlager andient.

Die kritische Weltlage wird sich weiter zuspitzen, wenn es nicht bereits auf der nationalen Ebene gelingt, mehr Gemeinwohl und weniger Einzelinteressen durchzusetzen. Dieses Ziel ist um so wichtiger, je globaler die Welt wird. Wenn Einzelinteressen einen Staat ruinieren, ist das eine Sache. Wenn gebündelte Einzelinteressen sich aber auch auf globaler Ebene flächendeckend durchsetzen und damit sogar die gesamte Menschheit gefährden, dann muß sich etwas ändern. Eine andere Politik ist nötig, eine Globalisierungspolitik, die vom Nationalstaat ausgeht. Diese andere Politik ist keine Frage des politischen Willens oder einer neuen Ethik. Das System, das die politischen Entscheidungen produziert, muß sich ändern. Oder anders ausgedrückt: Wichtiger als die Frage, wie eine Reform der Renten aussehen könnte, ist die Frage, wie diese Reform politisch umgesetzt werden kann, ohne von Partikularinteressen bis zur Unkenntlichkeit und Wirkungslosigkeit zerstückelt worden zu sein.

DIE RATIONALITÄT DES STILLSTANDS

Der Stillstand des Systems ist nicht das Ergebnis bösartigen Handelns, sondern vielmehr der Tatsache, daß sich alle Akteure rational verhalten (▶ Kapitel 8). Um ihr wichtiges Ziel, die Stimmenmaximierung, also die Erlangung und den Erhalt von Macht zu erreichen, macht es keinen Sinn für die Politiker, sich mit den starken Lobbygruppen anzulegen, sondern es ist zweckdienlicher, diese durch klug verteilte Wohltaten zu befriedigen. Für langfristige Politik halten die repräsentative Demokratie und das existierende Parteiensystem gegenwärtigen Zuschnitts keine Belohnungen parat. Stillstand wird zum Programm, Macht auf Zeit, statt Verantwortung auf Dauer zum Prinzip. Da Globalisierungspolitik langfristig angelegt sein muß, wird dieses System auch keine Globalisierungspolitik produzieren. Auch von den internationalen Konzernen ist nicht zu erwarten, daß sie die Welt positiv verändern (▶ Kapitel 5). Sie maximieren ihren Nutzen genauso, wie dies die Verbraucher tun, die nicht schlagkräftig organisiert sind und deshalb in dem Bewußtsein handeln, daß sie alleine sowieso nichts verändern können. Natürlich verhalten sich auch die verschiedensten Interessensgruppen rational, denn sie wollen nicht den Verlust ihrer Privilegien in Kauf nehmen: Die Landwirte organisieren sich, weil sie nicht auf die Subventionen verzichten und ausländische Konkurrenz vermeiden wollen; die Ölgesellschaften wollen nicht weniger Öl und die Chemiekonzerne nicht weniger Pestizide verkaufen, die Diplomaten in einem Entwicklungsland wehren sich dagegen, die Entwicklungshilfe aus außenpolitischen Gründen zu kürzen, denn das schwächt ihre Position gegenüber der Regierung des Empfängerlandes und so fort.

Alle Akteure werden sich erst anders verhalten, wenn sich die Anreizsysteme des marktwirtschaftlichen Modells und der repräsentativen Demokratie ändern. Beide Systeme sind bereits bis zur Unkenntlichkeit deformiert. Die Prinzipien, auf denen sie ursprünglich aufbauten, sind längst verlorengegangen. Die Marktwirtschaft ist keine Marktwirtschaft mehr, sie ist Machtwirtschaft. Das Agieren der Konzerne erhöht nicht das Gemeinwohl, es ist nicht mehr problemorientiert. Diese Machtwirtschaft trägt nicht zur Lösung der globalen Probleme bei. Andererseits ist die Demokratie zur Lobbykratie deformiert. Sie befriedigt Lobbyinteressen und fördert nicht mehr das Allgemeinwohl. Gleichermaßen wird auch die zwischenstaatliche Politik von Lobbygruppen dominiert. Es muß sich also zunächst das wirtschaftliche und politische Anreizsystem ändern. Und zwar zuerst das politische. Denn nur wenn die Politik wieder in der Lage ist, frei von einseitigem Lobbyeinfluß kurzfristiger Interessen dem Allgemeinwohl dienende Entscheidungen zu fällen, wird sie auch damit fähig sein, das wirtschaftliche Anreizsystem so zu gestalten, daß die wirtschaftlichen Aktivitäten nicht destruktiv, sondern konstruktiv wirken.

ZUR WAHL GEHEN REICHT NICHT

In den sechziger Jahren war die bürgerliche Demokratie Gegenstand auch kritischer wissenschaftlicher Auseinandersetzung. Ihr wurde vorgeworfen, sie agiere als Befehlsempfänger des Monopolkapitalismus (Johannes Agnoli, »Transformation der Demokratie«). In den siebziger und achtziger Jahren war Demokratiekritik kein wichtiges Thema mehr. Die Überlegenheit westlicher Demokratien gegenüber sozialistischen Diktaturen, die ihren Bürgern die grundlegenden bürgerlichen Freiheitsrechte vorenthielten, war zu offensichtlich. Von der westlichen Demokratie hieß es lapidar, sie sei das beste aller schlechten Regierungssysteme.

Heute fehlt eine fundierte wissenschaftliche Auseinandersetzung mit der bürgerlichen Demokratie als Gesamtsystem, die Grundlage für weitreichende Reformen sein könnte. Demokratiekritik bezieht sich im wesentlichen auf Einzelaspekte. Diese Einzelaspekte, wie etwa der »gläserne Abgeordnete« oder die Transparenz der Parteienfinanzierung und das föderale System, werden meist im Zusam-

menhang mit politischen Skandalen behandelt. Doch eine grundlegende Reform ist nirgendwo Programm. Die Demokratie muß jedoch von Kopf bis Fuß reformiert werden. Auch der Umbau des
Parteienstaates und die Entmachtung der Parteien gehören dazu.
Es wäre allerdings naiv zu erwarten, daß die Protagonisten der
politischen Systeme, die vom gegenwärtigen Zustand profitieren,
derartige Reformen vorantreiben. Diese Reformen werden nur
stattfinden, wenn Druck von außen und von unten entsteht. Wir
brauchen eine Bewegung, die mehr Demokratie auf allen Ebenen
fordert und durchsetzt. Erst wenn diese Bewegung stark wird, werden die Parteien diese Ideen aufgreifen.

In meiner Funktion als NGO-Repräsentant und damit »profes-
sioneller« Kritiker bestehender Verhältnisse werde ich oft gefragt,
was man denn »machen« könne. Meine Antwort ist immer: Wir
können uns wehren. Wir haben das Privileg, in einem System zu
leben, in dem das möglich ist. Und wir haben die Möglichkeit – wie
das viele Initiativen dokumentieren –, uns erfolgreich zu wehren.
Wir müssen uns aber insbesondere dagegen wehren, daß unsere
Demokratie immer unkenntlicher wird. Es gibt unzählige Organisationen, deren Engagement »Demokratisierung« indirekt voran-
treibt, indem sie sich für Anliegen des Allgemeinwohls einsetzen:
für Umweltschutz, für Menschenrechte, für Flüchtlingshilfe, für die
Beseitigung von Minen, für Katastrophenhilfe, für die Entschuldung von Entwicklungsländern und für vieles andere mehr.

Auch wenn Verbraucher sich zusammentun, können sie die Politik ändern. Verbraucher haben besonders viel Macht, denn sie stimmen an der Ladentheke ab und können damit das Verhalten von
Konzernen beeinflussen, können sie zwingen, Produkte oder Herstellungsverfahren zu verändern. Verbraucherinteressen sind aber
generell zersplittert. Sie müssen deshalb gebündelt werden, damit
sie Einfluß ausüben können. Ich habe vor einiger Zeit die Verbraucherorganisation *foodwatch* gegründet. Sie setzt sich dafür ein, daß
die Verbraucher ihre Rechte als Konsumenten von Nahrungsmitteln wahrnehmen können. Daß sie erfahren, was im Essen drin ist

und wo es herkommt, daß endlich Schluß mit den sich stetig
wiederholenden Nahrungsmittelskandalen ist, daß das Grundrecht
auf körperliche Unversehrtheit – wie das bei der BSE-Krise der Fall
war – nicht mehr mit Füßen getreten wird. Daß die Verantwortlichen für diese Skandale endlich zur Rechenschaft gezogen werden, daß die Steuergelder der Verbraucher nicht weiter durch die
unsägliche EU-Agrarpolitik verschwendet werden und vieles andere mehr. Am Beispiel der Nahrungsmittel lassen sich der negative
Einfluß kommerzieller Interessen auf die Selbstbestimmung der
Menschen besonders gut dokumentieren. *foodwatch* bietet den
Verbrauchern, die sich die Zustände im Nahrungsmittelbereich
nicht mehr länger gefallen lassen wollen, die Möglichkeit, gemeinsam etwas zu ändern. Die harte Konkurrenzsituation im Großhan-
del stärkt die Position von Verbrauchern. Wir müssen diese Macht
nützen, indem wir gemeinsam bestimmte Produkte gemeinsam bevorzugt oder nicht mehr kaufen. Wenn wir als Verbraucher keine
Schokolade mehr wollen, die aus von Kindersklaven geerntetem
Kakao hergestellt worden ist, werden die Konzerne dafür sorgen,
daß Kindersklaven nicht mehr eingesetzt werden. Wenn wir das
Recht haben, von den Herstellern zu erfragen, was wirklich im
Essen drin ist, dann werden diese die Anliegen der Verbraucher um
so ernster berücksichtigen. Eine Stärkung der Verbraucher-Infor-
mationsrechte ist auch eine Stärkung der Demokratie gegen übermächtige Einzelinteressen. Deshalb betrachte ich die Gründung von
foodwatch als einen kleinen Beitrag zu der notwendigen Reform
unserer Demokratie, die ich auch aus globaler Verantwortung for-
dere.

Aber das reicht noch nicht. Wir müssen auch an den Kern des
Problems. Wir brauchen eine Bewegung, die direkt die Funktionsweise unserer demokratischen Systeme ins Visier nimmt, wie etwa
die negativen Auswirkungen des Parteienkartells. Auch hier gibt es
konkrete Wege. In vielen Bundesländern besteht die Möglichkeit,
durch Volksbegehren und Initiativen Einfluß zu nehmen. Und
vielfach ist das auch erfolgreich geschehen. Wir müssen diese Mög-

lichkeiten nutzen, um das System der Gesetze und Regeln unserer Demokratie aufzubrechen und zu erneuern: für mehr direkten Einfluß des Volkes, gegen das Diktat von Minderheiten, gegen die Allmacht der Parteien, gegen den Kauf von Politikern, für eine langfristige Politik.

Der großartige Erfolg Dutzender Nichtregierungsorganisationen zeigt, daß Engagement möglich und effektiv ist. Um den Lauf der Dinge von außen zu beeinflussen, sind keine Massen, keine großen Mehrheiten erforderlich. Gut organisierte Minderheiten sind es, die unter Beachtung demokratischer Spielregeln die Gesellschaft ändern können. Wir müssen uns nur auf die Macht besinnen, die wir haben, wenn wir gemeinsam handeln.

QUELLENHINWEISE

Kapitel 1

Deutscher Bundestag, Schlussbericht der Enquete-Komission »Globalisierung der Weltwirtschaft – Herausforderungen und Antworten, Drucksache 14/9200, Berlin 2002.

Enquete-Kommission, Globalisierung der Weltwirtschaft – Herausforderungen und Antworten: Zwischenbericht vom 13.09.2001, Bundestagsdrucksache 14/6910.

Enquete-Kommission, Globalisierung der Weltwirtschaft – Herausforderungen und Antworten, Kurzfassung des Abschlussberichtes, Berlin 24.6. 2002.

Erler, Gernot u. a., Mehrheiten mit Links. Werkstattberichte aus Berlin für eine moderne Politik zur Gestaltung der Globalisierung, Bonn 2002.

Parteiprogramme von CDU, SPD, FDP, Grünen und PDS für die Bundstagswahlen 2002.

Rau, Johannes, 3. Berliner Rede vom 13.05.2002.

Schröder, Gerhard, In Sicherheit und Gerechtigkeit leben können, in: *Das Parlament*, 24.5.2002.

Schröder, Gerhard, Regierungserklärung, 236. Sitzung des Deutschen Bundestages am 16. Mai 2002.

Kapitel 2

Angres, Volker u.a., Bananen für Brüssel. Europa – wie unsere Steuern vergeudet werden, München 2000.

Angres, Volker u.a., Futter fürs Volk. Was die Lebensmittelindustrie uns auftischt, München 2001.

Bertsch, Frank, Staat und Familien. Familien- und Kinderarmut in Deutschland, in: *Aus Politik und Zeitgeschichte* 22 – 23 (2002), S. 11 – 19.

Blume, Georg, Kommunisten lindern Not, in: *Die Zeit* Nr. 31, 27.7.2000.

Bolesch, Cornelia, Vom neuen Bauern, in: *Süddeutsche Zeitung* Nr. 158, 11.7.2002.

Brot für die Welt/Greenpeace e.V. (Hg.), Ernährung sichern. Nachhaltige Landwirtschaft – eine Perspektive aus dem Süden, Frankfurt/Main 2001.

Brown, Lester R. u.a., State of the World 2000. A Worldwatch Institute Report on Progress Toward a Sustainable Society, New York / London 2000.

Brown, Lester R. u.a., Vital Signs 2000: The Environmental Trends that are Shaping Our Future, New York / London 2000.

Bundesministerium für wirtschaftliche Zusammenarbeit und Entwicklung, Armutsbekämpfung – eine globale Aufgabe. Aktionsprogramm 2015. Der Beitrag der Bundesregierung zur weltweiten Halbierung extremer Armut, Bonn 2001.

Bundesministerium für wirtschaftliche Zusammenarbeit und Entwicklung, Elfter Bericht zur Entwicklungspolitik der Bundesregierung, Bonn 2001.

Chossudovsky, Michel, Global Brutal. Der entfesselte Welthandel, die Armut, der Krieg, Frankfurt / Main 2002.

Cohen, Daniel, Fehldiagnose Globalisierung. Die Neuverteilung des Wohlstands nach der dritten industriellen Revolution, Frankfurt / Main / New York 1998.

Deutsch, Klaus Günter / Bernhard Speyer (Hg.), The World Trade Organization. Millenium Round, London / New York 2001.

Deutscher Raiffeisenverband, Bericht 2001. Ausblick 2002.

FIBL Dossier, Bio fördert Bodenfruchtbarkeit und Artenvielfalt. Erkenntnisse aus 21 Jahren DOK-Versuch, Frick 2000.

Food and Agriculture Organization of the United Nations, The State of Food and Agriculture 2001, Rome 2001.

French, Hilary, Vanishing Borders. Protecting the Planet in the Age of Globalization. New York / London 2000.

Fuchs, Nikolai / Christian Hiß, Hat der Wahn einen Sinn? Ideen für die Wende, Heidelberg 2001.

Galbraith, James u.a., Is Inequality Decreasing? Debating the Wealth and Poverty of Nations, in: *Foreign Affairs* 81 (2002) 4, S. 178–183.

Graupner, Heidrun, Das große Grauen, in: *Süddeutsche Zeitung* Nr. 159, 12.7.2002.

Grefe, Christiane, Die neue Dreifelderwirtschaft, in: *Die Zeit* Nr. 30, 18.7.2002.

Huhn, Karsten, Das süßeste Kartell der Welt, in: *Die Zeit* Nr. 43, 17.10.2002.

Klimawandel unter Forschern?, Interview mit Mojib Latif, in: *Süddeutsche Zeitung* 23.7.2002.

Knickel, Karlheinz, Nachhaltige Nahrungsmittelproduktion: Szenarien und Prognosen für die Landwirtschaft bis 2030, Berlin 2002.

Kröncke, Gerd, Massaker über dem Meeresgrund. Schatzsuche, in: *Süddeutsche Zeitung* 25.7.2002.

Krugman, Paul, Der amerikanische Albtraum, in: *Die Zeit* Nr. 46, 7.11.2002.

Langhammer, Rolf J./Matthias Lücke, WTO Negotiations and Accession Issues for Vulnerable Economies, Kieler Arbeitspapiere Nr. 990, Institut für Weltwirtschaft Kiel 2000.

Mabe, Jacob E. (Hg.), Das Afrika Lexikon. Ein Kontinent in 1000 Stichwörtern. Wuppertal/Weimar 2001.

Meyer, Holger/Wilfried Gaum, 10 Jahre nach Rio – Wie nachhaltig ist die Agrarpolitik? in: *Aus Politik und Zeitgeschichte* 31 – 32 (2002) S.25 – 36.

Neudeck, Rupert, Lassen Sie sich nicht düpieren, Offener Brief an Klaus Kinkel, in: *die tageszeitung* 25.9.1995.

Nollmann, Gerd/Herrmann Strasser, Armut und Reichtum in Deutschland, in: *Aus Politik und Zeitgeschichte* 29 – 30 (2002) S. 20 – 28.

Nunnenkamp, Peter, Shooting the Messenger of Good News. A Critical Look at the World's Bank's Success Story of Effective Aid, Kieler Arbeitspapiere Nr. 1103, Institut für Weltwirtschaft Kiel 2002.

Ökologie & Landbau, Schwerpunkt: Externe Leistungen und Kosten der Landwirtschaft, Nr. 2, 2002.

Oxfam, Rigged Rules and Double Standards. Trade, Globalisation, and the Fight Against Poverty, 2002.

Pettersson, B.D. u.a., Düngung und Bodeneigenschaften. Ergebnisse eines 32jährigen Feldversuches in Järna, Schweden, Darmstadt 1992.

Plate, Christoph/Theo Sommer (Hg.), Der bunte Kontinent. Ein neuer Blick auf Afrika. Stuttgart/München 2001.

Raupp, Joachim/Meike Oltmanns (Hg.), Düngungssysteme im ökologischen Landbau auf der Basis von Langzeitversuchen, Darmstadt 2000.

Schäder, Barbara, Weniger Weizen, mehr Wiese, in: *die tageszeitung* 11.7.2002.

Schäfer, Rita, Gender und ländliche Entwicklung in Afrika, in: *Aus Politik und Zeitgeschichte* 13 – 14 (2002), S. 31 – 38.

Schmidt, Götz/Ulrich Jasper, Agrarwende oder die Zukunft unserer Ernährung, München 2001.

Sen, Amartya, Ökonomie für den Menschen. Wege zu Gerechtigkeit und Solidarität in der Marktwirtschaft, München 2002.

Stiglitz, Joseph, Schatten der Globalisierung, München 2002.

Suchanek, Norbert, Die dunklen Seiten des globalisierten Tourismus, in: *Aus Politik und Zeitgeschichte* 47 (2001), S. 32 – 39.

UNDP/Deutsche Gesellschaft für die Vereinten Nationen, Bericht über die menschliche Entwicklung 2001, Bonn 2001.

UNDP, Human Development Report 2000, New York 2000.

UNICEF, Zur Situation der Kinder in der Welt 2002, Frankfurt/Main 2001.

Weizsäcker, Ernst Ulrich von u.a., Faktor Vier. Doppelter Wohlstand – halbierter Naturverbrauch. Der neue Bericht an den Club of Rome, München 1995.

Weltbank, Weltentwicklungsbericht 2000/2001. Bekämpfung der Armut, Bonn 2001.

Weltbank, Weltentwicklungsbericht 2002. Institutionen für Märkte schaffen, Bonn 2002.

Wörl Volker, Der überforderte Alleskönner, in: *Süddeutsche Zeitung*, Nr. 86, 13./14.4.2002.

The World Bank, Global Development Finance. Building Coalitions for Effective Development Finance. Analysis and Summary Tables 2001, Washington 2001.

The World Bank, World Development Report 1999/2000. Entering the 21st Century, New York 2000.

The World Bank, World Development Report 2003. Sustainable Development in a Dynamic World. Transforming Institutions, Growth, and Quality of Life. New York 2003.

The Worldwatch Institute, Vital Signs. The Trends That Are Shaping Our Future, New York/London 2002.

Zoellick, Robert B., Weg zur globalen Agrarwende, in: *Financial Times Deutschland* 30.7.2002.

Kapitel 3

Alfred-Herrhausen-Gesellschaft für internationalen Dialog (Hg.), Der Kapitalismus im 21. Jahrhundert, München 1999.

Amery, Carl/Hermann Scheer, Klimawechsel. Von der fossilen zur solaren Kultur, München 2001.

Balmford, Andrew et al., Economic Reasons for Conserving Wild Nature, in: *Science* 297, 950 (2002).

Bhagwati, Jagdish, Coping with Antiglobalization, Papier für die Kieler Woche, Konferenz des Instituts für Weltwirtschaft an der Universität Kiel, 24./25. Juni 2002.

BUND/Misereor (Hg.), Wegweiser für ein zukunftsfähiges Deutschland, München 2002.

Greenpeace/Deutsches Institut für Wirtschaftsforschung (Hg.), Wirtschaft ohne Wachstum? Denkanstöße – Handlungskonzepte – Strategien, Wiesbaden 1999.

Greenpeace e.V. (Hg.), Der Preis der Energie. Plädoyer für eine ökologische Steuerreform, München 1995.

Grubb, Michael u.a., The ›Earth Summit‹ Agreements: A Guide and Assessment. An Analysis of the Rio '92 Un Conference on Environment and Development, London 1993.

Haukkala, Ville (Hg.), Every Human Has An Equal Right ...? Equity Problems in Climate Policy and Politics, Tampere 2000.

International Energy Agency, World Energy Outlook 2002.

Lomborg, Björn, The sceptical Environmentalist. Measuring the Real State of the World, Cambridge 2001.

Lovins, Amory/Hennicke Peter, Voller Energie. Vision: Die globale Faktor-Vier-Strategie für Klimaschutz und Atomausstieg, Frankfurt/Main/New York 1999.

Maxeiner, Dirk/Michael Miersch, Lexikon der Öko-Irrtümer. Fakten statt Umweltmythen, München/Zürich 2000.

Maxeiner, Dirk/Michael Miersch, Öko-Optimismus, Reinbek bei Hamburg 1999.

Münchener Rück, Perspektiven. Ideen von Heute für die Welt von Morgen. Der Umweltbericht der Münchener Rück 2000, München 2000.

Münchener Rück, Topics 2000. Naturkatastrophen – Stand der Dinge, München 1999.

Münchener Rück, Topics. Jahresrückblick Naturkatastrophen 1999, München 2000.

Münchener Rück, Topics. Jahresrückblick Naturkatastrophen 2001, München 2002.

OECD, Environmental Outlook, Paris 2001.

OECD, Environmental Performance Reviews: Germany, Paris 2001.

OECD, Sustainable Development: Critical Issues, Paris 2001.

Pfister, Christian (Hg.), Das 1950er Syndrom. Der Weg in die Konsumgesellschaft, Bern u. a. 1995.

Sachverständigenrat für Umweltfragen, Umweltgutachten 2002, Stuttgart 2002.

Scheer, Hermann, Solare Weltwirtschaft. Strategie für die ökologische Moderne, München 1999.

Staudt, Erich u.a., Die Verpackungsordnung. Auswirkungen eines umweltpolitischen Großexperimentes, Bochum 1997.

Trittin, Jürgen, Welt Um Welt. Gerechtigkeit und Globalisierung, Berlin 2002.

Ulrich, Bernd, Deutsch, aber glücklich, Berlin 1997.

Umweltbundesamt, Nachhaltige Entwicklung in Deutschland. Die Zukunft dauerhaft umweltgerecht gestalten, Berlin 2002.

Umweltbundesamt, Nachhaltiges Deutschland. Wege zu einer dauerhaft-umweltgerechten Entwicklung, Berlin 1997.

UNEP, Global Environment Outlook 3: Past, Present and Future Perspectives, London 2002.

Vorholz, Fritz, Ein Land aus Beton, in: Die Zeit Nr. 46, 7.11.2002.

Vorholz, Fritz, Tanz um die Dose, in: Die Zeit Nr. 52, 18.12.2002.

Vorholz, Fritz, Umweltschutz: Die Wende steht noch aus, in: Die Zeit Nr. 7, 2002.

Wege aus dem Energie-Irrsinn, Zeit-Gespräch mit Stephan Kohler, in: Die Zeit Nr. 31, 26.7.2001.

Wilson, E. O. (Hg.), Ende der biologischen Vielfalt? Der Verlust an Arten, Genen und Lebensräumen und die Chancen für eine Umkehr, Heidelberg u. a. 1992.

Wissenschaftlicher Beirat der Bundesregierung Globale Umweltveränderungen, Welt im Wandel: Neue Strukturen globaler Umweltpolitik, Berlin u. a. 2001.

Wissenschaftlicher Beirat der Bundesregierung Globale Umweltveränderungen, Entgelte für die Nutzung globaler Gemeinschaftsgüter. Sondergutachten, Berlin 2002.

Worldwatch Institute Report, Zur Lage der Welt 2001. Zehn Jahre nach Rio: Das Ende der »Wilden Globalisierung«?, Frankfurt/Main 2001.

Worldwatch Institute Report, Zur Lage der Welt 2002. Zukunftsfähige Gestaltung der Globalisierung für eine nachhaltige Klimapolitik, Frankfurt/Main 2002.

Kapitel 4

»Die Welt mit anderen Augen sehen«, Interview mit Karl Lamers, in: die tageszeitung 9.7.2002.

»Man muss die Wurzeln ausreißen«, Interview mit Otto Schily, in: Süddeutsche Zeitung Nr. 100, 30.4./1.5. 2002.

Afrikas Erster Weltkrieg, RechercheDienst taz Juni 2002.

Ali, Tariq, Aug' in Auge, in: Süddeutsche Zeitung 29./30.5.2002.

amnesty international, Jahresbericht 2002, Frankfurt/Main 2002.

Aust, Stefan /Cordt Schnibben (Hg.), 11. September: Die Geschichte eines Terrorangriffs, Stuttgart/München 2002.

Barakai, Matin, Islamismus und Großmachtpolitik in Afghanistan, in: Aus Politik und Zeitgeschichte 8 (2002), S.32–38.

Beck, Ulrich, Risikogesellschaft – auf dem Weg in eine andere Moderne, Frankfurt/Main 1986.

Beydoun, Abbas, Die Schuld des Westens, in: *Die Zeit* Nr. 51, 13.12.2001.

Chimelli, Rudolph, Der gekränkte Islam, in: *Süddeutsche Zeitung* 28./ 29.12.2002.

Chimelli, Rudolph, Der süße Duft von Petrolium, in: *Süddeutsche Zeitung* Nr. 233, 10.10.2001.

Chimelli, Rudolph, Islamism, Zürich 2001.

Chimelli, Rudolph, Öl und Opium, Zürich 2001.

Conesa, Pierre / Olivier Lepick, Washington verschrottet Abrüstungsabkommen, in: *Le Monde diplomatique* Juli 2002.

Czempiel, Ernst-Otto, Neue Gefahren verlangen neue Politik. Multilateralismus statt Dominanz, in: *Aus Politik und Zeitgeschichte* 51 (2001), S.36 –41.

»Datenschutz = Terroristenschutz? Unsinn!«, Interview mit Spiros Simitis, in: *Die Zeit* Nr. 41, 4.10.2001.

Denninger, Erhard, Freiheit durch Sicherheit? Anmerkungen zum Terrorismusbekämpfungsgesetz, in: *Aus Politik und Zeitgeschichte* 10–11 (2002), S. 22–30.

Der heranwachsende Krieg, Interview mit Gunnar Heinsohn, in: *Die Zeit* Nr. 16, 11.4.2002.

Elendsbekämpfung erhöht die Sicherheit der Industrieländer, Auszug aus einem Memorandum von germanwatch, in: *Frankfurter Rundschau* 8.5.2002.

Fassbender, Bardo, Der Internationale Strafgerichtshof: Auf dem Weg zu einem »Weltinnenrecht«?, in: *Aus Politik und Zeitgeschichte* 27–28 (2002), S. 32–38.

Follath, Erich, Jäger des schwarzen Goldes, in: *Der Spiegel* Nr. 52 2001.

Freitag-Wirminghaus, Rainer: Zentralasien und der Kaukasus nach dem 11. September: Geopolitische Interessen und der Kampf gegen den Terrorismus, in: *Aus Politik und Zeitgeschichte* 8 (2002), S. 3–13.

Fried, Nico, »Der Terror ist im System der Globalisierung angelegt«, in: *Süddeutsche Zeitung* Nr. 146, 27.6.2002.

Gareis, Sven Bernhard, Der Wandel der Friedenssicherung durch die Vereinten Nationen, in: *Aus Politik und Zeitgeschichte* 27–28 (2002), S. 19–25.

Garzón, Baltasar, Die einzige Antwort auf den Terror, in: *Die Zeit* Nr. 44, 25.10.2001.

Gössner, Rolf, Die Rasterfahndung ist ein Desaster für Polizei und Bürgerrechte, in: *Frankfurter Rundschau* 12.4.2002.

Gresh, Alain, Das großzügige Angebot, das keines war, in: *Le Monde diplomatique*, Juli 2002.

Gruen, Arno, Der Kampf um die Demokratie. Der Extremismus, die Gewalt und der Terror, Stuttgart 2002.

Halberstam, David, The Best and the Brightest, New York (1969) 1993.

Hesse, Reinhard, Ground Zero. Der Westen und die islamische Welt gegen den globalen Djihad, München 2002.

Hirsch, Burkhard, Abschied vom Grundgesetz, in: *Süddeutsche Zeitung* 2.9.2001.

Huntington, Samuel P., Kampf der Kulturen. Die Neugestaltung der Weltpolitik im 21. Jahrhundert, Berlin 1998.

Hutter, Reinhard, »Cyber-Terror«: Risiken im Informationszeitalter, in: *Aus Politik und Zeitgeschichte* 10–11 (2002), S.31–39.

Ibrahim, Ferhad, Irak und Iran in der Phase II des amerikanischen Krieges gegen den Terror, in: *Aus Politik und Zeitgeschichte* 25 (2002), S. 31–38.

Ignatieff, Michael, Lehrer Atta, Big D und die Amerikaner, in: *Die Zeit* Nr. 34, 15.8.2002.

Kleine-Brockhoff, Thomas u. a., Angriffsziel Irak, in: *Die Zeit* Nr. 9, 21.2.2002.

Knapp, Manfred, Die Rolle Deutschlands in den Vereinten Nationen, in: *Aus Politik und Zeitgeschichte* 27–28 (2002), S. 11–18.

Krause, Alexandra, Die EU als internationaler Akteur in Afrika, in: *Aus Politik und Zeitgeschichte* 13–14 (2002), S. 24–30.

Krippendorff, Ekkehart, Kritik der Außenpolitik, Frankfurt/Main 2000.

Lind, Michael, Die Israel-Lobby in den Vereinigten Staaten, in: *Blätter für deutsche und internationale Politik* 6 (2002), S. 685–697.

Mair, Stefan, Die Globalisierung privater Gewalt. Kriegsherren, Rebellen, Terroristen und organisierte Kriminalität. Stiftung Wissenschaft und Politik-Studie, Berlin 2002.

Mair, Stefan, Die regionale Integration und Kooperation in Afrika südlich der Sahara, in: *Aus Politik und Zeitgeschichte* 13–14 (2002), S. 15–23.

Malek, Martin, Geopolitische Veränderungen auf dem »eurasischen Schachbrett«: Russland, Zentralasien und die USA nach dem 11. September 2001, in: *Aus Politik und Zeitgeschichte* 8 (2002), S. 14–22.

Manifest deutscher Intellektueller, Eine Welt der Gerechtigkeit und des Friedens sieht anders aus, in: *Frankfurter Rundschau* 2.5.2002.

Müller, Friedemann, Energiepolitische Interessen in Zentralasien, in: *Aus Politik und Zeitgeschichte* 8 (2002), S. 23–31.

Müller-Heidelberg, Till u.a. (Hg.), Grundrechte-Report 2002. Zur Lage der Bürger- und Menschenrechte in Deutschland, Reinbek bei Hamburg 2002.

Münchner Rückversicherungs-Gesellschaft, 11. September, München 2001.

Münkler, Herfried, Die brutale Logik des Terrors, in: *Süddeutsche Zeitung* Nr. 225, 29./30. 9.2001.

Patten, Chris, Arme Staaten, Terrorhöhlen, in: *Die Zeit* Nr. 14, 27.3.2002.

Perthes, Volker (Hg.), Deutsche Nahostpolitik. Interessen und Optionen, Schwalbach/Ts. 2001.

Perthes, Volker, Marshallplan für Nahost. Sechs Empfehlungen zur Nahost-Politik, in: *Blätter für deutsche und internationale Politik* 8 (2002), S. 954–962.

Perthes, Volker, Vom Schurkenstaat zum Gesprächspartner. Iraks Versuche, einen Militärschlag zu vermeiden, in: *Blätter für deutsche und internationale Politik* 7 (2002), S. 836–845.

Pfaff, William, Schrittmacher der Menschheit – Geistige Grundlagen der amerikanischen Außenpolitik, in: *Blätter für deutsche und internationale Politik* 6 (2002), S. 698–706.

Power, Samantha, Genocide and America, in: *The New York Review of Books*, 14.3.2002.

Prantl, Heribert, Pontius Pilatus schüttelt blutige Hände, in: *Süddeutsche Zeitung* 5./6.12.1998.

Prantl, Heribert, Verdächtig. Der starke Staat und die Politik der inneren Unsicherheit, Hamburg/Wien 2002.

Rashid, Ahmed, Afghanistans Gotteskrieger und der Dschihad, München 2001.

Rashid, Ahmed, Heiliger Krieg im Hindukusch, München 2002.

Replik der amerikanischen Intellektuellen, Der Stachel im Fleisch, in: *Süddeutsche Zeitung* 10./11.8.2002.

Robin Cook's speech on the Government's Ethical Foreign Policy, in: *The Guardian* 12.5.1997.

Rotter, Gernot /Shirin Fathi, Nahost Lexikon. Der israelisch-palästinensische Konflikt von A – Z, Heidelberg 2001.

Roy, Arundhati, Wut ist der Schlüssel, in: *Frankfurter Allgemeine Zeitung* 28.9.2001.

Rudolf, Peter, »Präventivkrieg« als Ausweg? Die USA und der Irak. Berlin 2002.

Rudolf, Peter, Macht ohne Moral? Zur ethischen Problematik internationaler Wirtschaftssanktionen, in: Die Friedenswarte. *Blätter für internationale Verständigung und zwischenstaatliche Organisation* 72 (1997) 4, S. 313–326.

Rudolf, Peter, Menschenrechte und Souveränität: Zur normativen Problematik »humanitärer Interventionen«. Stiftung Wissenschaft und Politik-Studie, Berlin 2001.

Schmidt-Häuser, Christian, Im Namen der Völker, in: *Die Zeit* Nr. 27, 27.6.2002.

Schröder, Gerhard, Afrikas Zukunft liegt in Afrikas Händen, in: *Süddeutsche Zeitung* Nr. 145, 26.6.2002.

Schumann, Harald, Die Doppelmoral der Bush-Krieger, in: *Spiegel Online* 26.9.2002.

Szukala, Andrea/Thomas Jäger, Die innenpolitische Steuerung der amerikanischen Irak-Politik, in: *Blätter für deutsche und internationale Politik* 1 (2003), S. 37–48

Tetzlaff, Rainer, Die Staaten Afrikas zwischen demokratischer Konsolidierung und Staatszerfall, in: *Aus Politik und Zeitgeschichte* 13–14 (2002), S. 3–6.

Tibi, Bassam, Selig sind die Belogenen, in: *Die Zeit* Nr. 23, 29.5.2002.

Toulabor, Comi M., Die Demokratie ist eine Baustelle, in: *Le Monde diplomatique* Oktober 2001.

Tutu, Desmond, Südafrika als Modell für den Nahen Osten, in: *Welt am Sonntag* 23.6.2002.

Varwick, Johannes/Wilhelm Knelagen, Die Rolle der Vereinten Nationen in der internationalen Politik, in: *Aus Politik und Zeitgeschichte* 27–28 (2002), S. 3–10.

Weiss, Dieter, Europa und die arabischen Länder. Krisenpotenziale im südlichen Mittelmeerraum, in: *Aus Politik und Zeitgeschichte* 19–20 (2002), S. 12–20.

Kapitel 5

»Globalisierung ist täglicher Terror«, Interview mit Jean Ziegler in: *die tageszeitung* 7.9.2001.

BASF, Gesellschaftliche Verantwortung 2000. Wir nehmen unsere Verantwortung ernst, Ludwigshafen 2001.

BASF, Gesellschaftliche Verantwortung 2001. Werte schaffen Wert, Ludwigshafen, 2002.

BASF, Umwelt, Sicherheit, Gesundheit 2000. Ständige Verbesserung ist unser Ziel, Ludwigshafen 2001.

BDI, Handelspolitik ist nicht Sozialpolitik. BDI-Präsident Michael Rogowski über den globalen Wettbewerb, die Welthandelsorganisation und die Rolle der organisierten Globalisierungsgegner, in: *Frankfurter Rundschau* 12. März 2001. Zitiert in: Elmar Altvater/Achim Brunngräber, NGOs im Spannungsfeld von Lobbyarbeit und öffentlichem Protest, in: *Aus Politik und Zeitgeschichte* 6–7 (2002), S.6–14.

Beck, Ulrich (Hg.), Politik der Globalisierung, Frankfurt/Main 1998.

Beck, Ulrich, Was ist Globalisierung? Frankfurt/Main 1998.

Big is beautiful. Nestlé-Präsident Helmut Maucher über die Globalisierung und die Notwendigkeit einer weltweiten Fusionskontrolle, in: *Die Zeit* Nr. 29/1998.

Bondurant, Amy L., Making the World Safer for our Company's Investments: EOCD Principles of Corporate Governance, in: *Director's Monthly* 24 (2000) 5.

BP, Environmental and Social Review 2001, London 2002.

Breuer, Rolf E., Die fünfte Gewalt, in: *Die Zeit* Nr. 18, 27.4.2000.

Chomsky, Noam, Profit Over People. Neoliberalismus und globale Weltordnung, Hamburg/Wien 2000.

DaimlerChrysler, Umweltbericht 2001, Stuttgart 2001.

Giddens, Anthony, Die Frage der sozialen Ungleichheit, Frankfurt/Main 2001.

Greenpeace, Tabubruch: Patente auf Leben. Der größte organisierte Raubzug in der Geschichte der Menschheit, Hamburg 2000.

Grefe, Christiane, Lizenz auf Leben, in: *Die Zeit* Nr. 46/2001.

Grill, Bartholomäus, Dollars, Gene, grünes Gold. Südafrikas Umweltschützer protestieren gegen den Verkauf heimischer Pflanzen an einen US-Konzern. Der Gipfel der Welt (2), in: *Die Zeit* Nr. 32/2002.

Hertz, Noreena, Wir lassen uns nicht kaufen! Keine Kapitulation vor der Macht der Wirtschaft, München 2001.

Hoffmann, Andreas, Bittere Pillen für die Armen. Die Globalisierung und ihre Kritiker (17), in: *Süddeutsche Zeitung* 27./28. 10. 2001.

IMD International, Monsanto's Genetically Modified Organisms: The Public Outcry, International Institute for Management Development OIE 086, Lausanne 2000.

International Institute for Management Development, Under the Spotlight: It's »Always Coca-Cola«, GM 1043, Lausanne 2001.

Johanssen, Klaus-Peter/Ulrich Steger (Hg.), Lokal oder Global? Strategien und Konzepte von Kommunikations-Profis für internationale Märkte, Frankfurt/Main 2001.

Klein, Naomi, No Logo, München, 2002

Kleinert, Jörn, The Role of Multinational Enterprises in Globalization: An Empirical Overview, Kieler Arbeitspapier Nr. 1069, Institut für Weltwirtschaft Kiel 2001.

Kollek, Regine/Ingrid Schneider, Verschwiegene Interessen. Die DFG-Position zur Stammzellenforschung und der Streit um den Import embryonaler Zellen, in: *Süddeutsche Zeitung* 5.7.2001.

Maitland, Alison, Bitter Taste of Success. Corporate Social Responsibility (IV), in: *Financial Times* 11. März 2002.

Mander, Jerry/Edward Goldsmith (Hg.), Schwarzbuch Globalisierung. Eine fatale Entwicklung mit vielen Verlierern und wenigen Gewinnern, München 2002.

Markl, Hubert,»Wir verjagen unsere Forscher«. Agenda Deutschland (13), in: *Die Zeit*, Nr. 23/2002.

Minc, Alain, Globalisierung. Chance der Zukunft, Wien 1998.

Nestlé, Nestlé in der Gemeinschaft, London 2001.

Nestlé, Nestlé-Unternehmensgrundsätze, Vevey 2002.

Nestlé, The Nestlé Sustainability Review, Vevey 2002.

Öko-Institut: Forschungsvielfalt für die Agrarwende, Freiburg 2002.

RWE, Energiepolitik zwischen Liberalisierung und RE-Regulierung. Chancen und Risiken der zukünftigen Weltenergieversorgung. Weltenergiebericht 2001, Essen o. J.

RWE, Umweltbericht 2000, Essen 2000.

RWE, Umweltbericht 2001, Essen 2001.

Schägerl, Christian, Die Geister, die sie riefen. Hintergründe der politischen Durchsetzung der Embryonennutzung – Eine Erforschung der Forscher, in: *Frankfurter Allgemeine Zeitung* 16.6.2001.

Schumacher, Oliver, Das globale Missverständnis, in: *Süddeutsche Zeitung* 8.8.2001.

Schweickart, Nikolaus, Der getriebene Chef, in: *Die Zeit* Nr. 20, 10.5.2001.

Stolpe, Michael, Weltweiter Patentschutz für pharmazeutische Innovationen: Gibt es sozialverträgliche Alternativen?, Kieler Arbeitspapiere Nr. 1079, Institut für Weltwirtschaft Kiel 2001.

Then, Chrostoph/Greenpeace, Manipulieren, Patentieren, Abkassieren. Die Patentstrategie von Monsanto, Hamburg 2000.

Uchatius, Wolfgang, Konzerne gegen Nationen. Die Macht der Multis wächst – müssen globale Kartellwächter den Wettbewerb schützen? In: *Die Zeit* Nr. 29/2000.

Uchatius, Wolfgang, Vorsicht, Globalisierungslügner! In: *Die Zeit*, Nr. 31, 25.7.2002.

Volkswagen AG, Global Compact. Aufbruch. Zukunft. Verantwortung, Wolfsburg 2002.

Volkswagen Sachsen, Umwelterklärung Motorenfertigung Chemnitz 1999, Chemnitz 1999.

Volkswagen, Umweltbericht 2001/2002. Mobilität und Nachhaltigkeit, Wolfsburg 2001.

Volkswagen, Umwelterklärung 1998 Volkswagen-Werk Kassel, Kassel 1998.

Kapitel 6

Bundesministerium für Familie, Senioren, Frauen und Jugend, Freiwilliges Engagement in Deutschland: Frauen und Männer, Jugend, Senioren, Sport. Ergebnisse der Repräsentativerhebung 1999 zu Ehrenamt, Freiwilligenarbeit und bürgerschaftlichem Engagement, Bd. 3, Stuttgart u. a. 2000.

Deutscher Bundestag, Schlussbericht der Enquete-Kommission: Zukunft des bürgerschaftlichen Engagements, Berlin 2001.

Oswald von Nell-Breuning-Institut für Wirtschafts- und Gesellschaftsethik der Philosophisch-Theologischen Hochschule Sankt Georgen, Die Rolle der Umweltverbände in den demokratischen und umweltethischen Lernprozessen der Gesellschaft, Stuttgart 1996.

Kapitel 7

Beck, Ulrich (Hg.), Perspektiven der Weltgesellschaft, Frankfurt/Main 1998.

Bhagwati, Jagdish, Coping with Antiglobalization. A Trilogy of Discontents, in: *Foreign Affairs* 81 (2002) 1, S. 2 – 7.

Brand, Ulrich u. a., Global Governance. Alternative zur neoliberalen Globalisierung? Münster 2000.

Dahrendorf, Ralf, Liberale Ordnung, in: *Frankfurter Allgemeine Zeitung* 6.4.2002.

Grefe, Christiane / Mathias Greffrath / Harald Schumann, attac: Was wollen die Globalisierungskritiker? Berlin 2002.

Leonard, Mark, Rediscovering Europe, London 1998.

Nye Jr, Joseph S., Parliament of Dreams, in: *World Link*, March/April 2002, S. 15 – 17.

Reinicke, Wolfgang H. / Francis Deng, Critical Choices. The United Nations, Networks, and the Future of Global Governance, Ottawa u. a. 2000.

Scharpf, Fritz W., Was man von einer europäischen Verfassung erwarten und nicht erwarten sollte, in: *Blätter für deutsche und internationale Politik* 1 (2003), S. 49 – 59.

Schmidt, Helmut, Europa braucht keinen Vormund, in: *Die Zeit* Nr. 32, 1.8.2002.

taz-dossier zum EU-Verfassungs Konvent, in: *die tageszeitung* 28.2.2002.

Tenbrock, Christian, Multis einmal anders. Auf Initiative der Uno verpflichten sich Weltkonzerne, Umweltschutz und Menschenrechte zu fördern. In: *Die Zeit* Nr. 32/2000.

Vabel, Roland, Die wirren Gesetze der Eurokraten. In: *Die Zeit* Nr. 32, 1.8.2002.

Willems, Ulrich (Hg.), Demokratie auf dem Prüfstand. Bürger – Staaten – Weltwirtschaft, Opladen 2002.

Kapitel 8

Arnim, Hans Herbert von, Das Parteienkartell lähmt die Republik, in: *Die Welt* 27.7.2002.

Arnim, Hans Herbert von, Vom schönen Schein der Demokratie. Politik ohne Verantwortung – am Volk vorbei, München 2000.

Bollmann, Stefan (Hrsg.), Patient Deutschland, München 2002.

Borchert, Jürgen, Wozu noch Familie? in: *Die Zeit* Nr. 3, 10.1.2002.

Boss, Alfred/Astrid Rosenschon, Subventionen in Deutschland: Eine Aktualisierung, Kieler Diskussionsbeiträge Nr. 356, Institut für Weltwirtschaft Kiel 2000.

Büscher, Rainer, Reformbedürftige Sozialversicherungen? in: *das Parlament* 22.2.2002.

Collignon, Stefan, Alle Macht den Bürgern. In: *Die Zeit* Nr. 18, 25.4.2002.

Dohnanyi, Klaus von, Mehr Staat? Mehr Wagemut! Agenda Deutschland (3), in: *Die Zeit* Nr. 13, 21.3.2002.

Feld, Lars P. / Gebhard Kirchgässner, Die politische Ökonomie der direkten Demokratie, Diskussionspapier Nr. 9807, Universität St. Gallen 1998.

Gaus, Bettina, Die scheinheilige Republik. Das Ende der demokratischen Streitkultur, München 2000.

Grimm, Dieter, Parteien, wollt ihr ewig raffen? in: *Die Zeit* Nr. 16, 11.4.2002.

Herz, Dietmar, Politiker, in Beton gegossen, in: *Die Zeit* Nr. 28, 4.7.2002.

Joffe, Josef, Deutschland, einig Klüngelland. Agenda Deutschland (1), in: *Die Zeit* Nr. 11, 7.3.2002.

Kirchgässner, Gebhard, Direkte Volksrechte und die Effizienz des demokratischen Staates, in: *ORDO. Jahrbuch für die Ordnung von Wirtschaft und Gesellschaft*, Bd. 52, Stuttgart 2001.

Kloepfer, Inge, Die Patienten spielen keine Rolle, in: *Frankfurter Allgemeine Zeitung* 7.4.2002.

Leicht, Robert, Angsthasen und Panikmacher. In: *Die Zeit* Nr. 14, 27.3.2002.

Leicht, Robert, Die Parteien haben immer Recht. In: *Die Zeit* Nr. 25, 13.6.2002.

Miegel, Meinhard, Die deformierte Gesellschaft. Wie die Deutschen ihre Wirklichkeit verdrängen, München 2002.

Miegel, Meinhard, Vor uns: 30 magere Jahre. Agenda Deutschland (21), in: *Die Zeit* Nr. 31, 25.7.2002.

Nolte, Paul, Die neue Mitte – ein Selbstbetrug, in: *die tageszeitung* Pfingsten 2002.

Patzelt, Werner J., Politik als Ursache von Wachstum – eine Problemdiagnose, in: Rupert Riedl (Hg.), Die Ursachen des Wachstums. Unsere Chancen zur Umkehr, Wien 1996, S. 264-281.

Reinecke, Ingrid/Petra Thorbrietz, Lügen – Lobbies – Lebensmittel. Wer bestimmt, was Sie essen müssen, Reinbek bei Hamburg 1998.

Riedl, Rupert (Hg.), Die Ursachen des Wachstums. Unsere Chancen zur Umkehr, Wien 1996.

Schuhler, Conrad, Business as Usual, in: *Süddeutsche Zeitung* Magazin, 20.9.2002, S. 24 ff.

Soltwedel-Schäfer, Irene/Karin Köster-Lösche, Das BSE-Komplott. Das Protokoll des kalkulierten Wahnsinns, Bad Dürkheim 2001.

Steinmeier, Frank Walter, »Wir haben die Politik dialogfähig gemacht«, in: *Süddeutsche Zeitung* Nr. 114, 18.5.2001.

Tappeser, Beatrix u. a., Die blaue Paprika: globale Nahrungsmittelproduktion auf dem Prüfstand, Basel u. a. 1999.

Vereinbarung zwischen der Bundesrepublik Deutschland, vertreten durch die Bundesministerin für Gesundheit, und dem Verband der Cigarettenindustrie, 20.3.2002.

Vereinbarung zwischen der Regierung der Bundesrepublik Deutschland und der deutschen Wirtschaft zur Klimavorsorge, 9.11.2000.

Vollmer, Antje, Befreit das deutsche Parlament! Agenda Deutschland (2), in: *Die Zeit* Nr. 12, 14.3.2002.

Vorholz, Fritz, Berliner Blockade, in: *Die Zeit* Nr. 50, 5.12.2002.

Vorholz, Fritz, Wasser im Kochschinken, in: *Die Zeit* Nr. 17, 18.4.2002.

DANKSAGUNG

Zahlreiche Personen haben mich bei der Arbeit an diesem Buch unterstützt. Nicht alle kann ich hier namentlich erwähnen, einigen möchte ich besonders danken: Karin Graf für ihre sanfte, aber unwiderstehliche Ermunterung, diese Projekt anzugehen, und Barbara Wenner für ihre Hilfe in verlegerischen und thematischen Fragen; Uwe Lucks für sein sicheres inhaltliches Urteil und seinen stilistischen Rat; Fritz Vorholz für anregende fachliche Diskussionen; Irene Bark für ihre strukturellen Vorschläge; Alexa Färber für zahllose Recherchen und die Unermüdlichkeit, ein unübersichtliches Manuskript in eine lesbare Form zu bringen. Schließlich danke ich meinem Lektor Bernhard Suchy, der mir mit Akribie und konstruktiver Kritik bei der Vollendung des Textes zur Seite stand.

Thilo Bode, Berlin im Januar 2003

Bibliographische Information Der Deutschen Bibliothek
Die Deutsche Bibliothek verzeichnet diese Publikation in
Der Deutschen Nationalbibliographie; detaillierte bibliographische
Daten sind im Internet über http://dnd.ddb.de abrufbar.

2. Auflage 2003
© 2003 Deutsche Verlags-Anstalt, Stuttgart/München
Alle Rechte vorbehalten
Gesetzt aus der Sabon
Druck und Bindearbeit: GGP Media, Pößneck
Diese Ausgabe wurde auf chlor- und säurefrei gebleichtem,
alterungsbeständigem Papier gedruckt.
Printed in Germany
ISBN 3-421-05679-X